A

Castle

in

the

Air

蔡郁婉 · 著

悬空的玻璃房

从《萌芽》作者群透视80后写作

文化艺术出版社

Culture and Art Publishing House

图书在版编目（CIP）数据

悬空的玻璃房：从《萌芽》作者群透视80后写作 / 蔡郁婉著. ——
北京：文化艺术出版社，2021.12
ISBN 978-7-5039-7142-6

Ⅰ.①悬…　Ⅱ.①蔡…　Ⅲ.①作家—人物研究—中国
—现代　Ⅳ.①K825.6

中国版本图书馆CIP数据核字（2021）第223793号

悬空的玻璃房
——从《萌芽》作者群透视80后写作

著　　者	蔡郁婉
责任编辑	董良敏
责任校对	董　斌
书籍设计	姚雪媛
出版发行	文化艺术出版社
地　　址	北京市东城区东四八条52号（100700）
网　　址	www.caaph.com
电子邮箱	s@caaph.com
电　　话	（010）84057666（总编室）　84057667（办公室） 　　　　　84057696—84057699（发行部）
传　　真	（010）84057660（总编室）　84057670（办公室） 　　　　　84057690（发行部）
经　　销	新华书店
印　　刷	国英印务有限公司
版　　次	2022年1月第1版
印　　次	2022年1月第1次印刷
开　　本	710毫米×1000毫米　1/16
印　　张	18.75
字　　数	260千字
书　　号	ISBN 978-7-5039-7142-6
定　　价	68.00元

目 录

导

论

一、80 后写作的历史与现状

早在十多年前，白烨在谈及 80 后写作时便已指出，在 80 后写作中已呈现出了一些这一代人所特有的个人气质和共同特性。随着他们的成长与成熟，他们必将带给文学以他们应有的影响。在文学与市场交锋的当下，作家如何在市场经济之中自处，文学又如何在商业潮流中获得自身的发展，这些问题也正是 80 后一代的写作者正在面对的。而从他们已经表现出的素质与能力来看，我们没有理由不对他们寄予厚望。时至今日，80 后写作的发展已渐成气候。无论是在畅销书市场，还是在主流文坛，都可以见到 80 后写作者的身影。显然，80 后写作者已经成为一个不容忽视的群体，而 80 后写作的现状也印证了白烨当年的寄望。

在此首先要对本书所使用的 80 后写作进行定义。一般而言，80 后写作指的是一批出生于 20 世纪 80 年代的作者所进行的文学创作。"80 后"一词最早产生于诗歌领域之中。2000 年，网络论坛"诗参考"推出"80 年代出生的诗人的诗"专栏，后简化为"80 后"，从此，"80 后"一词风靡于网络。2003 年，恭小兵在天涯社区发表《总结：关于 80 后》，引起网民对这一现象的关注。"80 后"一词的影响力也逐渐从网络论坛走向现实社会，得到越来越多人的认可。随着 20 世纪 80 年代出生的这一代人的成长并渐渐进入社会，80 后也成为媒体和出版社用来指称这代人的专有名词。在这一命名过程中，美国《时代》周刊（亚洲版）起到了推波助澜的作用。2004 年 2 月 2 日，《时代》周刊将作家韩寒和春树、黑客满舟、摇滚青年李扬作为中国 80 后的代表进行介绍，同时将春树作为该期周刊的封面人物。此后"80 后"成为一个正式名称而取代其他称呼。这一代写作者所进行的写作则被相应地称为"80 后写作"。

从严格意义上说,以"代"对作者群进行命名有其不合理之处。一方面,这一命名虽然显示了代际的划分,但也同时突出了断裂的意味。对代际的强调恰恰意味着一种代的分隔,因而在一定程度上可能对 80 后写作背后的文化资源与文化脉络产生遮蔽。另一方面,80 后一代人的写作内部本来就存在着多元化,单就写作的题材上即有青春经历、校园生活、玄幻、武侠等多种种类。但随着这一代人的写作被以"80 后写作"统一命名,个别作者被树立为典型代表,这种内部的多样化也因此被遮蔽。因此,这种命名首先在 80 后写作者内部便引起了反对之声,从而引发了某种分化的倾向。

2004 年,在春树等人登上《时代》周刊后不久,新概念作文大赛一等奖获得者 AT 在《南方都市报》上发表《谁有权力代表"80 后"发言?》一文,对春树等人能否代表 80 后及 80 后文学提出质疑。接着,第四届新概念作文大赛的二等奖获得者张佳玮在《中华图书商报·书评周刊》上发表《80 后写作:你认为什么是文学?》一文,指出韩寒、郭敬明、春树等 80 后作者的写作只是商业包装的假象,而有一批真正富有创造性的写作者则因此被遮蔽了。而在 2004 年 7 月 8 日由上海市作家协会召开的 80 年代后青年文学创作研讨会上,80 后代表作家蒋峰、范继祖(小饭)、陶磊(夜 ×)及众多 80 后写作者,首次集体向评论界和文坛表示和韩寒、郭敬明等先期走红的 80 后写作者划清界限,并表达自己对"80 后"这一概念的反对。2004 年 5 月,由马原主编并作序的《重金属——80 后实力派五虎将精品集》出版,收录了鲜少为市场所关注的李傻傻、胡坚、小饭、张佳玮、蒋峰五位作者的作品,并将他们指认为 80 后写作中的"实力派"。这使 80 后写作内部的分化明晰化。尽管如此,这些反对的声音仍然显得相对微弱,以"80 后写作"来统称这些出生于 20 世纪 80 年代的作者的写作逐渐成为一种共识。同时,虽然在"80 后写作"这一命名之外,对这一群体还有"校园小说""青春小说"等命名。但这些命名既无法涵盖这一批作者写作的题材，又不能显示这些作者的写作中表现出的明显的代际特征。综合上述原因，本书在讨论这些作者的写作时仍将沿用"80 后写作"这一名称。

80 后写作的萌发可以追溯到 20 世纪 90 年代末。1997 年，春风文艺出版社出版了许佳的《我爱阳光》。这在某种意义上可被视为 80 后写作的先声。但 80 后写作真正地以群体形式出现，引发关注，并获得迅速发展，与《萌芽》杂志及其所主办的新概念作文大赛是分不开的。1999 年，《萌芽》杂志社联合包括北京大学、复旦大学等在内的七所知名高校，成功举办了第一届新概念作文大赛。新概念作文大赛主要面向青少年，尤其是中学生。这在当时就使 80 后成为新概念大赛参赛者的主体。一方面，随着大赛一等奖得主陈佳勇等人被北京大学等高校免试录取，新概念作文大赛引起了社会公众的关注。这一关注不仅针对大赛自身，也针对 80 后写作者。大赛的获奖者赛后继续在《萌芽》杂志上发表作品，并为杂志吸引了其他 80 后作者，使杂志成为 80 后写作的重要平台，形成了一个较为集中的《萌芽》作者群，并维持了公众对这一写作群体的关注。

另一方面，连续两年在大赛中获奖（第一届一等奖，第二届二等奖）的韩寒则开启了 80 后写作与图书市场密切互动关联的发展模式。韩寒不仅在写作中不遗余力地对现存秩序尤其是对应试教育制度进行了批判，同时也以退学行为身体力行地显示了与教育制度的不合作态度。"文学天才"和"叛逆少年"的双重角色，使韩寒受到了同龄人热情的追捧，迅速成为 80 后的少年偶像。2000 年，韩寒出版了处女作长篇小说《三重门》。《三重门》的畅销诚然与小说本身有关，但这一市场效应显然与韩寒本人作为"偶像"而具有的市场号召力具有更突出的联系。作者的市场号召力取代了作品在文学性方面的成熟与成功，成为 80 后作品畅销的重要凭借。这逐渐成为 80 后写作的显著特点。就这方面而言，《三重门》并非一个孤例。

2002 年，郭敬明借助发表在《萌芽》杂志上的短篇小说《幻城》一炮而红。在此基础上，2003 年，春风文艺出版社出版了郭敬明的长篇小说《幻城》，成为当年"开卷全国文学畅销书排行榜"的第一名。这本书的畅销与《萌芽》杂志上短篇小说《幻城》的发表为郭敬明积攒的读者基础关系重大。可以说，郭敬明在图书市场取得的成功，并不是因为他在文学修养上较其他 80 后作者有优胜之处，而是因为他作为韩寒之后的又一个少年偶像不断扩大的知名度。

除此之外，其他的 80 后作者也不断地以各自的创作引起公众对 80 后写作的关注。2002 年，春树出版《北京娃娃》，以其小说取材和描写的大胆引发热议；同年，1989 年出生的蒋方舟在她的第三本书《青春前期》中以谈论早恋、发育等表现着先锋和前卫。2004 年，春风文艺出版社将张悦然打造为与"金童"郭敬明比肩的文坛"玉女"，以"金牌畅销书"的规格推出其首部长篇小说《樱桃之远》。

可见，80 后写作的发展在很大程度上是与市场的运作相互缠绕的。读者与媒体的反响又反过来刺激了 80 后作品的出版和销售。2004 年，借助《时代》周刊的介绍，中国 80 后整体浮出水面。这一年出版的 80 后作品包括张悦然《樱桃之远》、周嘉宁《夏天在倒塌》、韩寒《长安乱》、霍艳《生如夏花》、颜歌（戴月行）《关河》、孙睿《草样年华》、李傻傻《红×》、辛唐米娜《绝不堕胎》、易术《孔雀》等，成为 80 后写作发展的一个高峰。80 后作品的大量出现和轰动效应一方面导致了 80 后写作对市场的依赖；另一方面在一定程度上改变了文学市场的格局，使其作为一个重要的文化现象而引起了主流文坛的关注。尽管由于这些作者的创作在很大程度上填补了 80 后一代人青春叙述的空白，因此而受到同龄读者的关注和追捧本不足为奇，但市场很快成为 80 后写作整体发展过程中影响极为重大的因素。相比较之下，80 后写作的文学性反而被忽略了。

　　但 80 后写作的发展对市场的依赖很快显示出了其弊端。2005 年，基于此前 80 后写作的轰动效应，各大出版社为抢占青春文学市场份额，不惜重金培养自己的青春文学明星，从而制造了 80 后写作市场兴盛的表象。可以说，2005 年的青春文学实际是一个在文学的名义之下，被出版界、媒体与写手本身一同操演的造星工程。80 后写作在这一年的繁荣正是这一文学造星工程的结果。至 2006 年，这种对青春文学的盲目投入产生了明显的反噬作用。前两年的非理性投资造成了青春文学市场的泡沫经济，使这一年出版界对青春文学的打造变得谨小慎微，图书出版人从大规模投资转向大规模撤资。① 作者自身的名气成为具有市场号召力的象征资本。这就使 80 后写作逐渐呈现出以几个明星作者为主导的局面，而名气不大的作者或新人都难以获得发展。以《萌芽》作者群为例，一些"新概念"得主实际在获奖后并未维持知名度，其中一部分最终离开了文学创作，如陈佳勇、李一粟等；一部分则转向从事其他行业，写作只是他们的副业，如小饭（范继祖）、职烨等；而坚持以写作为业者，除了韩寒、郭敬明、张悦然之外的其他作者，虽然作品可以顺利发表和出版，但知名度却一直不高，如周嘉宁、颜歌等。以当时的发展状况来看，80 后写作在 2004 年的短暂高峰后，并未获得长足发展的坚实基础。

　　经过 2005 年的"泡沫式"繁荣和 2006 年的低迷危机之后，80 后写作开始逐渐脱离市场，寻找独立表达的可能性。2007 年 8 月，张悦然、郭敬明、蒋峰、李傻傻等加入中国作家协会。这显示了主流文坛与 80 后作者之间的有效互动，同时也是主流文坛对 80 后作者的接纳。进入中国作家协会之后，郭敬明作为 80 后写作中最具市场号召力的作家，其小说不断进入畅

---

① 参见徐妍《在依附中独立：2006 年青春文学的生存图景》，《南方文坛》2007 年第 2 期。

销书排行榜上，创作呈现出了越来越明显的市场化倾向。同时，韩寒也以"公民韩寒"的形象，以另一种方式与纯文学写作保持了相当的距离。尽管最具知名度的作者郭敬明与韩寒代表了 80 后写作中商业化与社会化的倾向，但仍有相当一部分 80 后作家，如张悦然、周嘉宁、苏瓷瓷等，则代表了 80 后写作向纯文学轨道靠拢的可能性。总而言之，无论是在市场，还是在主流文坛上，都可见 80 后写作者的身影。如果说，十年之前的 80 后写作是以其市场影响力引起关注，那么时至今日，80 后写作已经成为不可忽视的一股文学力量。

2014 年第 5 期《收获》推出了"青年作家小说专辑"，收录了包括张悦然、七堇年、颜歌、马小淘等 80 后作家的短篇小说；同年《收获》长篇专号（秋冬卷）则刊发了笛安的《南方有令秧》和周嘉宁的《密林中》；2016 年第 2 期《收获》发表了张悦然的长篇小说《茧》；2014 年第 11 期《人民文学》刊载颜歌的中篇小说《江西巷里的唐宝珍》，第 12 期刊载甫跃辉的短篇小说《普通话》等。这些既意味着主流文坛对 80 后写作的重视，也传达了对 80 后作者们的寄望。

2016 年，张悦然推出长篇小说《茧》。这一写作期长达十年的小说为张悦然赢得了极高的评价。李敬泽认为《茧》回应了当代文学中的一系列基本主题，显示了探索和建构精神叙事的努力；谢有顺则认为《茧》意味着张悦然对自我和青春经验的突破，开始审视并处理个体与历史关系的命题。[①]

事实上，张悦然的《茧》并非 80 后写作的孤例。从一批 80 后写作者近年的新作可以看出他们在寻求写作上的深入与突破时的努力与成效。显然，随着这些作者的成长，80 后写作也日渐走向成熟，其当下的写作也预示着

---

① 转引自《2016 名人堂·年度作家揭晓 | 摆脱"青春文学"的 80 后张悦然》，凤凰资讯（http://news.ifeng.com/a/20170110/50551881_0.shtml）。

一个值得期待的前景。基于此，更有必要对 80 后写作的"前史"进行一次系统的梳理。

二、后革命语境下的代际经验

80 后一代人代际经验之所以显示出了某种特殊性甚至断裂性，是因为他们的成长期恰好遭遇了中国社会的转型期。对这一代人来说，从他们的生活环境到精神个性，都显示了这一转型产生的巨大影响。

1978 年，中共中央做出了将"工作重心转移到社会主义现代化建设上来"的决定，中国社会开始逐步转向社会主义市场经济体制。在这一转变的过程中，人道主义成为最为醒目的思潮。一方面，人道主义思潮将"个人"视作绝对的价值主体，并"在很大程度上成为 80 年代在批判 50—70 年代的马克思主义理论范式过程中形成的人文学科新知识体系结构的主要构成部分"[1]。另一方面，市场经济体制的确立本是这一转型过程中最为重要的一环。在李泽厚与刘再复的描述中，以经济为本是中国富强的道路，进入现代社会就是进入以市场经济为中心进行运作的社会，甚至更进一步将经济描述为现代社会中人格的独立与尊严的必需基础。[2] 在这一表述下，市场体制的建立与人道主义的兴起相互联系，成为一体的两面。此处，市场被寄予了激进的含义，"被视为个性、主体、解放、自由的归宿"[3]。显然彼时人道主义思潮的兴起，与以经济建设为主的转型，实际都是对"文化大革命"的拒绝和反拨，

---

① 贺桂梅：《"新启蒙"知识档案：80 年代中国文化研究》，北京大学出版社 2010 年版，第 51 页。
② 参见李泽厚、刘再复《政治与经济——本末倒置的世纪》，载李泽厚、刘再复《李泽厚刘再复对话录：告别革命——回望二十世纪中国》，（香港）天地图书有限公司 2004 年版，第 13—24 页。
③ 南帆：《后革命的转移》，北京大学出版社 2005 年版，第 27 页。

传达了一种"告别 70 年代"的诉求。此外，这种否定和对以政治为主的反思，更进一步地上升为李泽厚与刘再复所谓的"告别革命"①，呼唤改革。这就从另一层面上再度呼应和强调了市场经济的重要性。

值得注意的是，在这一向市场经济制度转变的过程中，文学也未能置身事外。一个明显的证明是，国务院在 1984 年发布了《国务院关于对期刊出版实行自负盈亏的通知》，即俗称的期刊"断奶"政策。至 1992 年，中国政府明确提出以市场经济取代计划经济，文学体制的改革也作为一项文化政策被直接提出。纯文学期刊因此被迫进入市场。②随着文学逐步被卷入市场，大众不再仅仅只是一个庞大的读者群，更意味着文化市场上的重要消费群体。这样，大众的选择也成为决定一部文学作品价值的重要标准之一——甚至成为比文学标准更为重要的参照。

与之形成对比的是，纯文学内部自 80 年代以来不断进行着的试验与创新，在当时已难以在大众之中引起反响："文学形式实验仍然盛行不衰。……作家摆出精英主义姿态回绝一切所谓'读不懂'的非议。当然，大众还是露骨地表示了他们的反感——许多实验之作没有得到任何响应。"③如果不愿仅仅被局限于一个小圈子之内，文学就必须考虑迎合大众的喜好。这是文学被卷入市场之后不得不面对的问题。而另外，是八九十年代以来大众文化的逐步兴起。正如戴锦华对 90 年代初文化地形图的描绘：进入 90 年代之后，尤其是 1993 年以降，"大众"文化迅速扩张和繁荣，大举入侵日常生活，对之产生了深刻的影响，并逐渐在社会主流文化中占据一处显眼的位置④，"名曰'大

① 李泽厚、刘再复：《李泽厚刘再复对话语录：告别革命——回望二十世纪中国》，（香港）天地图书有限公司 2004 年版。

② 参见邵燕君《倾斜的文学场——当代文学生产机制的市场化转型》，江苏人民出版社 2003 年版。

③ 南帆：《后革命的转移》，北京大学出版社 2005 年版，第 22 页。

④ 参见戴锦华《隐形书写》，江苏人民出版社 1999 年版，第 22 页。

众文化'的消费主义文化占据了社会的主流与中心地位"①。在这样的情况下，纯文学又被迫与大众文化争夺大众这一消费群体。显然，大众文化对（纯）文学在大众生活中原本占有的地位产生了冲击。90年代，文学期刊失去政策保护而发行量下跌，不得不纷纷改版以寻求出路。这不过是纯文学在当时进退失据处境的一个反映。

事实上，1978年之后，知识分子往往以大众启蒙者的角色自居。在80年代，无论是"伤痕""反思"文学的风靡，还是"美学热"的兴起，都显示了这一点。而与此相应的是，纯文学因在某种意义上充当了启蒙手段的角色而受到大众的关注。但反讽的是，在市场真正降临之时，纯文学则被拉下"神坛"，成为一件待价而沽的商品。在市场选择与文学标准之间产生了剧烈的冲突——是坚守文学的立场，还是满足大众的需要？而在市场的冲击下，文学实际发生了某种意义上的"分裂"：或坚持文学自律而乏人问津，或进入文化市场拥抱大众。而纯文学的式微正显示了知识分子"启蒙者"地位的旁落。1993年开始的人文精神大讨论显然与此不无关系。这一次讨论是在对王朔的"痞子文学"与张艺谋电影的商业化倾向进行批判的基础上，审视公众文化素养和精神素质的下降，并呼唤人文精神的重建和回归。②然而无论是从当时参与论辩者内部的分歧，还是从总体的文化环境而言，纯文学的边缘化和文学市场化在20世纪末已经是不可避免的倾向。

尽管在呼唤市场经济的同时一些人已试图对市场经济体制的弊端进行合理化，如李泽厚和刘再复就曾对市场经济体制可能导致的公平丧失而提出这样的说法：如果社会公平原则导致了经济衰退和人民贫困，那么这一公平原

---

① 戴锦华：《涉渡之舟：新时期中国女性写作与女性文化》，北京大学出版社2007年版，第361页。

② 参见王晓明、张宏、徐麟、张柠、崔宜明《旷野上的废墟——文学和人文精神的危机》，载王晓明编《人文精神寻思录》，文汇出版社1996年版，第1—18页。

则就是不需要的。① 但市场具有的反噬力显然超出了呼唤者曾经的预计，并与人道主义、人文精神之间产生了某种矛盾。除了人文精神的败北之外，市场一个往往被掩盖的弊端是其所具有的意识形态色彩。90 年代文化市场上的众声喧哗实际正是资本操纵下呈现的一处景观。在居伊·德波对"景观社会"的定义里，景观是"一种被展现出来的可视的客观景色、景象，也意指一种主体性的、有意识的表演和做秀"②。在德波看来，当代社会存在的主导性本质已然转化为一种被展现的图景。景观的在场实际是对社会本真的一种遮蔽。由于对景观的迷恋，人们失去了本真的渴望和要求。同时，资本家通过控制景观的生成和变化来操纵整个社会生活。因此，尽管景观乍看起来是去政治的，然而这种不干预中的隐性控制才是最为深刻的奴役。③ 在世纪末纷繁的文化市场中，大众看似可以根据自己的喜好来挑选文化产品。但这一描述一方面忽视了大众的选择实际是可以为景观所主导和操纵的："现代市场如此成熟，它们业已形成了支配甚至操纵大众的庞大系统。……一系列意识形态的制造物——正在愈来愈大程度上决定大众的消费趣味。这一切表明了市场背后隐藏的权力体系，资本成为这种权力体系的中心。"④ 另一方面，文化市场的这种虚假的自主性也验证了马尔库塞所描述的控制的新形式。在这一新形式中，意识形态本身即包含在了生产过程之中。产品所起的思想灌输作用不再以宣传的形式，而被表述为一种生活方式。这样便产生了一种单向度的思想

---

① 参见李泽厚、刘再复《政治与经济——本末倒置的世纪》，载李泽厚、刘再复《李泽厚刘再复对话语录：告别革命——回望二十世纪中国》，（香港）天地图书有限公司 2004 年版，第 13—24 页。

② 张一兵：《代译序：德波和他的〈景观社会〉》，载［法］居伊·德波《景观社会》，王昭风译，南京大学出版社 2006 年版，第 10 页。

③ 参见张一兵《代译序：德波和他的〈景观社会〉》，载［法］居伊·德波《景观社会》，王昭风译，南京大学出版社 2006 年版，第 10—11 页。

④ 南帆：《后革命的转移》，北京大学出版社 2005 年版，第 23 页。

和行为模式。在这一单向度的模式中，凡是超越了已确立的话语和行为领域的，如果不是受到排斥，就是被重新纳入已确立的领域之中。而领域的界限则由既定制度的合理性及其量的延伸的合理性来定义。①90年代以来，纯文学的式微实际正是这种单向度社会的一种投射。如果说，在80年代，纯文学以美学上的个人主义意味显示了强烈的反抗性②，那么它在90年代之后地位的旁落恰意味着景观社会对反抗的压制。正如德波所说，"景观总是现存体制条件和目标的总的正当性的理由"③，景观实际意图传达的是"呈现的东西都是好的，好的东西才呈现出来"④。

而上述这一社会转型期恰好是80后一代人出生、成长的时期。社会的变革不仅仅是80后一代人成长的背景，更深刻地嵌入他们的情感结构之中。有趣的是，80后写作的浮出水面原本就与文学市场化不可分割。20世纪90年代，大量文学期刊被卷入市场后面临着生死存亡的危机，《萌芽》杂志亦不能幸免。1995年，《萌芽》杂志的发行量下跌至1万多份，濒临破产的边缘。杂志不得不调整定位，进行品牌创新，于1996年起发行全新改版的杂志。但《萌芽》杂志改版成功的关键点是1999年新概念作文大赛的成功举办。一批80后写作者借此获得了登场的契机。而《萌芽》杂志则找到了准确的定位与合适的作者，并扩大了知名度，保证了杂志的销量。《萌芽》杂志由此转型成功，并迅速树立起杂志品牌，成为青春文学和80后写作的重要平台。在此基础上，杂志又打造了"萌芽青春文丛""萌芽书系"等系列丛书，巩固了"萌芽"品牌。80后写作的登场，显然与《萌芽》杂志的市场化转型不可分割。

---

① 参见［美］赫伯特·马尔库塞《单向度的人：发达工业社会意识形态研究》，刘继译，上海译文出版社2008年版，第11页。

② 参见张一兵《代译序：德波和他的〈景观社会〉》，载［法］居伊·德波《景观社会》，王昭风译，南京大学出版社2006年版，第31页。

③ ［法］居伊·德波：《景观社会》，王昭风译，南京大学出版社2006年版，第4页。

④ ［法］居伊·德波：《景观社会》，王昭风译，南京大学出版社2006年版，第5页。

除此之外，80 后写作登场的另一个直接的语境是 1998 年出现的一次关于素质教育的讨论。中学语文教育的改革是这次讨论的重要内容。此次的讨论中指出了中学语文教学，尤其是作文教学的弊端：由于教学被应试所主导，逐渐形成了一套应试的作文模式。这导致了作文的"新八股"。而写作模式的框定导致了写作思维的模式化，最终使作文教育成为一种应试的训练。在此意义上，新概念作文大赛不仅为当时的中学生开启了一个可以直抒胸臆的渠道，还要"还语文教学以应有的人文性和审美性之路"①，同时发掘中学生在突破应试教育藩篱之外有可能抵达的写作高度。

显然，80 后写作的出现实际受到市场原则与文学原则两方面的推动。如果说，在 80 后写作登场之初，这两种作用之间的冲突暂时缓和并趋于合一；那么 2005 年，80 后写作几乎全面遭受市场的影响，则使这一冲突日益尖锐。明星作者作品的畅销、无名气作者与新人难以出头；以叛逆与忧伤为主导的几种书写模式在市场上大行其道，从而遮蔽了 80 后写作的其他可能性。这些都显示了大众选择和消费市场对 80 后写作的影响。而随之在 2006 年，80 后写作陷入低迷实际也是市场化带来的恶果之一。

但有趣的是，相比于他们的前辈作家，80 后写作者们在登场之初并不曾对市场侵入文学领域而感到焦虑和担忧，而更多地表现出了对这一情况的适应。白烨曾提及，2004 年在西单图书大厦举行的一次 80 后作者的签名售书会上，面对记者关于如何看待和克服市场与文学的矛盾这一问题，在场的80 后写作者甚至否定了这一矛盾的存在。② 正如上文所述，80 后这一代的成长期几乎与中国社会转型同步。追求利润、实利主义对精神守则的冲击，文学在市场中被唤醒的商品性都未给他们带来大的惊诧体验。在 80 后写作那

---

① 《"新概念作文大赛"倡议书》，《萌芽》1999 年第 1 期。

② 参见白烨《"80 后"的现状与未来》，《当代文学研究资料与信息》2005 年第 3 期。

里，文学自律的诉求与市场原则之间的矛盾令人惊异地趋于缓和；人文精神与市场经济体制之间的矛盾在一定程度上被消弭了。同时，80后写作者对市场经济的适应也通过他们写作中对物质、后现代都市的迷恋得以传达。他们所讲述的青春故事往往以社会转型中的城市为背景，善于书写琳琅商品，或咖啡馆、酒吧、百货公司等场所。而对市场的认可实际也呼应了80后所置身的"告别革命"的时代。

事实上，80后写作也确乎在一定程度上联系着抵抗式的青年亚文化，传达了对精神守则的守望与对纯粹理想世界的向往。但在"告别革命"的语境中，这种青年亚文化的抵抗最终被悬置为一种空想。这正如在"单向度"的社会中，将建构虚幻的物质需要和精神需要这一生存斗争的过时形式永恒化，是反对解放的最有效、最持久的斗争形式。①这种虚无的对抗和实践能力的缺失在80后写作中体现为迷惘、颓废，以及现实感、历史感的缺乏等。若我们返回80后写作产生的缘起，可以发现，对于80后本身来说，写作出现的动机最直接地来自他们言说自我的欲望。这意指了一种建构主体性的企图。这也呼应着主流文坛最初对80后写作者所寄予的纯文学层面的希望。那么，在80后写作的发展过程中，市场原则的作用日渐凸显，写作逐渐为市场所主导，显然也影响了他们的主体性建构。此处，景观社会再度传达了对80后群体的操纵力。甚至可以说，80后们本身就是景观社会的产物。

正如胡适《文学进化观念与戏剧改良》所提出的，"一代有一代的文学"②。胡适的论述突出了文学与时代的关系，强调了文学是关于人类生活的记载。文学将随着人类生活的变化而变化，因而具有时代性。而"这种时代性

---

① 参见［美］赫伯特·马尔库塞《单向度的人：发达工业社会意识形态研究》，刘继译，上海译文出版社2008年版，第5页。

② 胡适：《文学进化观念与戏剧改良》，载夏晓虹选编《胡适论文学》，安徽教育出版社2006年版，第31页。

是与人类生活状态以及文学对其感受认知的深广度或采取的表现再现的独特方式联系在一起的，这就使文学的时代性具有不可因袭性不可重复性，无不烙上时代的独特印记"①。那么参照这一论述，80 后写作与这些作者的个人经验及其置身的历史语境之间必然存在着某种关系。80 后写作是这一代人代际经验的一个重要的镜像。在这一意义上，对 80 后写作的研究将为我们了解和认识 80 后一代人的历史处境提供一个有效的途径。

三、80 后写作研究现状

80 后写作在引起巨大的市场效应和社会关注之后也渐渐进入了主流文学界的视野之中。白烨是较早开始关注 80 后写作的学者之一。在 2003 年，白烨就已开始关注 80 后写作，指出青春文学与 80 后写作并非出版商炒作的结果，而是"他们自己冒出来的，而且含带了他们自己的明显特点"②的。2004年，白烨在接受《南方文坛》采访时，一方面肯定了 80 后作者们的才华以及"我手写我口"的共性，另一方面指出主流文坛对 80 后写作关注度不够，认为这些作者"进入了市场，还没有进入文坛"③，同时提醒 80 后作者警惕市场炒作，保持相对平和的心态和相对冷静的姿态。总体而言，白烨对 80 后写作读解时代的能力和前景都寄予了厚望。江冰的《论"80 后"文学》较早对80 后写作的发展历程、文化背景进行了梳理，并从消费文化角度简略分析了80 后写作，提醒作者们注意堕落为消费性写作的危险。④杨庆祥等人则将对

---

① 朱德发：《文学革命的核心理念——解读胡适文学进化观》，《山东师范大学学报（人文社会科学版）》2007 年第 5 期。

② 白烨：《我与"80 后"——〈我看"80 后"〉后记》，《文艺争鸣》2010 年第 5 期。

③ 白烨、张萍：《崛起之后：关于"80 后"的问答》，《南方文坛》2004 年第 6 期。

④ 参见江冰《论"80 后"文学》，《天津师范大学学报（社会科学版）》2007 年第 3 期。

80 后写作的研究置入时代背景之中①，并强调在多重视野中观照 80 后写作。②

2015 年，杨庆祥推出的《80 后，怎么办？》一书，试图追问、反思 80 后一代人的生存与精神困境，80 后写作在此仅被当作透视 80 后代际经验的窥镜，而未做系统的梳理。③在专著方面较有代表性的还有王涛的《代际定位与文学越位——"80 后"写作研究》④和郭艳的《像鸟儿一样轻，而不是羽毛：80 后青年写作与代际考察》⑤。前者考察了在消费主义时代的语境下讨论 80 后写作内部分化问题，提出"谁能代表'80 后'"的问题；后者则将 80 后写作置于"青年写作"的脉络中考察。两本专著都触及了一些 80 后写作的特质，但都不够深入，并未很好地完成对 80 后写作进行代际定位这一主题。

对"80 后"写作进行研究的学位论文也有一定数量，但大多是将 80 后视为一个文化现象，将其置于大众传媒的视域下进行考察。石培龙的博士学位论文《第二媒介时代的文学景观——"80 后"写作现象研究》⑥，将 80 后写作视为大众传媒推动之下而产生的文学景观，阐述了 80 后写作与大众传媒尤其是与互联网的关系，并在 80 后写作的繁荣中窥见了大众文化的民主意义。马芳芳的博士学位论文《80 后文学叛逆叙事与传播途径研究》⑦将 80 后写作整体置入全球化的大视野之下来进行考察。论文以 80 后写作所呈现的叛逆一面为切入点，考察 80 后写作叛逆叙事的脉络及形成原因。同时，

① 参见杨庆祥、金理、黄平《"80 后"写作与"中国梦"（上）——"我们时代的文学想像与文学生产"之一》，《上海文学》2011 年第 6 期。

② 参见金理《多重视野中的"80 后"文学》，《中国图书评论》2013 年第 7 期。

③ 参见杨庆祥《80 后，怎么办？》，北京十月文艺出版社 2015 年版。

④ 参见王涛《代际定位与文学越位——"80 后"写作研究》，巴蜀书社 2009 年版。

⑤ 参见郭艳《像鸟儿一样轻，而不是羽毛：80 后青年写作与代际考察》，文化艺术出版社 2012 年版。

⑥ 石培龙：《第二媒介时代的文学景观——"80 后"写作现象研究》，博士学位论文，兰州大学，2010 年。

⑦ 马芳芳：《80 后文学叛逆叙事与传播途径研究》，博士学位论文，吉林大学，2014 年。

将 80 后写作的叛逆叙事与其在消费社会中形成的独特的传播途径相联系，并以韩寒、郭敬明为媒介景观的个案，对 80 后文学的传播途径进行总结。论文在叙述 80 后写作形成之时，简要地叙述了《萌芽》杂志改版的经过和新概念作文大赛的出台，但也仅将这二者视为 80 后写作的背景。同时，无论是以"叛逆叙事"来涵盖 80 后写作的内容，还是以韩寒、郭敬明作为 80 后写作的代表，都显得褊狭，忽略了 80 后写作内部的复杂性，难以获得对 80 后写作整体的全面认识。硕士论文如汪婷的《传媒视阈下的"80 后"文学现象研究》[①]、余贞的《大众文化包围中的"80 后"写作》[②]、杜聪的《大众传播视野下的"80 后"文学现象研究》[③] 等，都将消费市场与 80 后写作相联系，重点分析了 80 后写作中作者明星化、创作高产化、作品时尚化的现象。这些学位论文或多将 80 后写作视为一个文化现象，从外部入手对其进行分析，比较重视的是 80 后写作与消费市场之间的关系，而较少关注其文学性本身。另一些对 80 后写作的小说文本进行分析，如蒋楠的《"新概念"下的青春文本——解析"80 后"文学创作热》[④]、周萤的《忧伤而明媚的青春——"80 后"创作热潮刍析》[⑤] 等，注意到了 80 后写作独有的代际特征和不足。但这些研究试图进入 80 后写作内部，对作家作品进行分析，却又往往强调了其作为青春文学的一面，对其写作中所暴露出的症候关注度也不够。

同时，这些论文在论述 80 后写作时鲜少注意到《萌芽》杂志，常常仅将《萌芽》杂志视为 80 后写作登场与发展的平台之一而一笔带过。而另一

---

① 汪婷:《传媒视阈下的"80 后"文学现象研究》，硕士学位论文，广西民族大学，2012 年。

② 余贞:《大众文化包围中的"80 后"写作》，硕士学位论文，华中师范大学，2006 年。

③ 杜聪:《大众传播视野下的"80 后"文学现象研究》，硕士学位论文，山东师范大学，2007 年。

④ 蒋楠:《"新概念"下的青春文本——解析"80 后"文学创作热》，硕士学位论文，吉林大学，2005 年。

⑤ 周萤:《忧伤而明媚的青春——"80 后"创作热潮刍析》，硕士学位论文，华南师范大学，2007 年。

些以《萌芽》杂志为分析对象的学位论文，却又仅着眼于90年代后期刊转型潮中《萌芽》的成功"突围"。如刘芝庭的《〈萌芽〉的个性特质及其文化现象研究》[1]、徐雅颖的《〈萌芽〉的市场化转型研究》[2] 等，都是对《萌芽》杂志转型的研究，或探讨其成功的策略，或以《萌芽》转型透视90年代之后文学场中几股力量的角力和地位的变化。新概念作文大赛和80后写作群体在这些论文中仅被视为《萌芽》杂志转型成功的转折点被谈及，而鲜少论及作为"80后写作重要平台"的《萌芽》杂志。

　　可以看出，当下的研究较少探讨80后与《萌芽》杂志之间的关系。基于此，本书将以《萌芽》杂志为中心对早期80后写作进行梳理，从《萌芽》杂志入手读解80后写作症候。一方面，许多80后写作者是借由《萌芽》杂志和新概念作文大赛而进入公众视野的，其中包括现下知名度较高的80后作家韩寒、郭敬明、张悦然、颜歌等。同时，《萌芽》杂志在80后写作的发展过程中产生了不容忽视的作用。另一方面，80后写作在发展过程中不断暴露出来的症候在其最初登场时就已经存在，只是在"少年写作"所引起的轰动效应中被遮蔽了。而《萌芽》杂志作为当时80后写作最为重要的发表平台，也集中地显示了80后写作的症候。因此，本书将以"《萌芽》作者群"为主要的观照和分析对象。这里的"《萌芽》作者群"指的是在第一届新概念作文大赛之后逐渐聚拢而形成的，以《萌芽》杂志为中心，以新概念作文大赛获奖者为主体的一批杂志作者。考虑作者的出生并不严格地以代际划分，本书所论的《萌芽》作者群并不绝对强调"生于20世纪80年代"，而相应有所扩展。《萌芽》作者群是80后写作中极为重要的一个群体。

　　在凭借对《萌芽》杂志（1999—2004）的读解而对80后写作症候进行分

---

① 刘芝庭：《〈萌芽〉的个性特质及其文化现象研究》，硕士学位论文，湖南师范大学，2011年。
② 徐雅颖：《〈萌芽〉的市场化转型研究》，硕士学位论文，中国海洋大学，2012年。

析时，本书尝试从内外两个方面进行把握。一方面进入《萌芽》杂志和作者创作的"内部"，对杂志和作品进行细读，探索《萌芽》杂志与 80 后写作的现状与症候之间的关系；另一方面关注《萌芽》杂志及作者群的"外部"，将其置于当时社会语境与时代背景之下，希望能借此更进一步考察 80 后的代际经验与其写作症候之间的关系。

本书主要以 1996 年到 2004 年的《萌芽》杂志为论述对象。这个时间的划定是以 2004 年 2 月春树、韩寒等人登上《时代》周刊亚洲版为中国 80 后被正式命名的标志。在此基础上，将 1999 年第一届新概念作文大赛的举行到 2004 年《萌芽》作者群的创作视为当下 80 后写作的前史。因此，1999 年到 2004 年的《萌芽》杂志将是本书分析的重点。同时，在论述对象的选择上，将这些作者同期的创作视为《萌芽》杂志的补充，也被纳入考察视野。而《萌芽》作者群在当下的发展和写作症候也是本书分析的范畴。此外，由于第一届新概念作文大赛的出台与《萌芽》杂志的改版密不可分，作为 80 后写作的重要背景，本书也将对 1996 年杂志的改版有所涉及。

本书主体部分分为四个章节。

第一章从《萌芽》杂志的转型进入，阐述《萌芽》杂志对 80 后写作的重要影响。由杂志社主办的新概念作文大赛成为一批 80 后写作者登场的契机。同时，杂志提供了他们进一步发展的平台，并逐渐形成了一个以杂志为中心的《萌芽》作者群。杂志的一系列举措则为《萌芽》作者群的后续发展奠定了基础。

第二章对这一时间段内《萌芽》作者群的写作本身进行解读，尝试从中发现被忽视的症候。这些少年作者在叙述青春、寻求抚慰的同时逐渐走向了逃避现实。他们建构主体性的企图最终成为一种退守和对现实的回避。这一退守和回避使他们对少年世界的书写和建构成为一处悬空的玻璃房子。它剔透晶莹，是少年作者们演绎、展示青春故事的幻境，却也使他们与现实疏离，使他们对现实的观照和批判都浅尝辄止，而青春之易逝恰如玻璃之易碎。终将被打破的玻璃房，提示着何去何从的未来，显示了作者们对于成长出路和自我定位的迷惘。

第三章则将《萌芽》作者群置入纵向与横向的对比。一方面是他们以"盗猎"的方式对代际外部的文化资源进行借用和编码，但实际抽空了这些资源背后的历史与现实语境。这也呼应了他们创作中对现实的回避。同时，《萌芽》作者群在创作中所呈现出的迷惘感与其他的 80 后们的写作，如大陆的春树、李傻傻以及台湾的 80 后写作群体等，日本的青山七惠又是与之相互呼应的。这显示了这种迷惘的青春体验突破不同的阶层背景与社会制度，成为这一代人共通的代际经验。

第四章是对《萌芽》作者群当下发展的考察，选择了韩寒、郭敬明、张悦然、周嘉宁和颜歌进行个案分析。其当下写作显示，随着年龄渐长，"玻璃房"的打破已是必须面对的现实。而在这一过程中，这些作者正经历着一场写作上的困境突围。由此，"重返现实"对 80 后写作而言便显示了重要性。此处所指的"现实"，强调的是一种立言的基础和观察的视角，也是尼采所谓的对脱离尘世的拒绝和忠于大地的要求。① 这一"现实"的给养将是 80 后写作突破困境的重要途径。

---

① 参见［德］弗里德里希·尼采《查拉图斯特拉如是说》，钱春绮译，生活·读书·新知三联书店 2012 年版，第 7 页。

第一章

《萌芽》作者群的形成

在 20 世纪 90 年代的文学期刊改版潮中，创刊于 1956 年的《萌芽》杂志迫于销量下跌，于 1996 年开始改版。经过几年的探索，1999 年第一届新概念作文大赛的成功举办成为《萌芽》杂志改版的重要节点，并最终促成其转型成功。那么，《萌芽》杂志改版，尤其是新概念作文大赛的举办与 80 后写作之间存在着怎样的关系？第一届新概念作文大赛之后，大赛引起强烈的共鸣和讨论。在此基础上，《萌芽》杂志运行了一系列相关举措。这些举措对 80 后作者群和读者群会产生什么影响？而这一作者群与读者群之间的关系又是如何？本章通过梳理《萌芽》杂志改版和新概念作文大赛出台的过程，尝试对这些问题进行解答。

第一节 《萌芽》杂志改版与 80 后作者的登场

一、"重新确立《萌芽》在青年读者中的地位"①:《萌芽》改版

《萌芽》杂志创刊于 1956 年 7 月,是新中国第一本青年文学杂志。杂志的创办意在提高青年学生的文学修养,培养更多的文学新人。创刊之初,《萌芽》杂志就获得了广大读者的欢迎。杂志创刊号发行 3600 册,不到一年,杂志的发行量就达到 20 万册。在 20 世纪 80 年代,《萌芽》杂志曾被称为"青年作家的摇篮"。90 年代,《萌芽》杂志获得了由中国作家协会颁发的"庄重文文学奖"。许多著名作家的处女作都曾在《萌芽》杂志上发表(如陆文夫的《小巷深处》),刊登在《萌芽》杂志上的作品也产生了广泛的影响(如彭见明的《那山那人那狗》)。可见《萌芽》杂志对文学界与青年读者的影响极大。②"'全国最早的创刊的青年文学月刊,几代作家在这里起步跨入文坛',并没有言过其实。"③

但是随着 20 世纪 90 年代文学场向市场原则的逐步"倾斜"④,新时期以来

---

① 本刊编辑部:《青年读者的精神家园》,《萌芽》1995 年第 11 期。

② 参见赵长天《从〈萌芽〉杂志 50 年历史谈起》,《文艺争鸣》2007 年第 4 期。

③ 本刊编辑部:《青年读者的精神家园》,《萌芽》1995 年第 11 期。

④ 邵燕君:《倾斜的文学场——当代文学生产机制的市场化转型》,江苏人民出版社 2003 年版。

的"文学热"消退,文学逐渐边缘化。同时,多种娱乐形式和通俗文化兴起并泛滥。多方面的原因造成了许多文学期刊发行量逐渐下跌。《萌芽》杂志虽仍保持着一定的作品质量,但其读者也在不断流失。至 1995 年,《萌芽》的发行量下降到 1 万多份。[①] 与此同时,我国文学期刊在 20 世纪 80 年代被迫进入了市场化的进程。国务院在 1984 年发布了《国务院关于对期刊出版实行自负盈亏的通知》,即俗称的期刊"断奶"政策。由此,国家逐步启动了对文艺体制的改革,包括对期刊的办刊制度、稿费制度的调整,要求期刊出版实行自负盈亏。到 1992 年,中国政府明确提出以市场经济取代计划经济,文学体制的改革也作为一项文化政策被直接提出。这样,便将文学期刊推向了市场的风口浪尖。发行量下跌又失去政策保护,文学期刊此时面临着生死存亡的危机。许多文学期刊纷纷改版以寻求出路。在这样的背景下,销量下跌的《萌芽》杂志也不得不进行改版,进行品牌创新。在进行了一系列的调研之后,杂志认为,销量下降的原因在于杂志对自身的定位与当下青年读者之间的脱节。因此,杂志的改版将着重于明确目标读者,调整刊物定位,缩小刊物与读者之间的距离。1995 年第 11 期,《萌芽》杂志刊发改版通知,称要"重新确立《萌芽》在青年读者中的地位"[②]。改版之后的《萌芽》杂志将"依然是一本文学刊物",但更"贴近当代青年的脉搏,追踪时代风云";而对读者群的定位则是"以大学生为主体的城市青年"。[③]

1996 年 1 月,全新改版的《萌芽》发行。改版后的杂志改变了原来"中篇小说""短篇小说""散文""诗歌"等以文学体裁来区分的栏目设置,改设为"小说家族""校园清泉"等栏目。从所刊登的作品来看,虽然其中很大一部分仍出自陈丹燕等作家之手,但在作品内容的选择上出现了明显的转向,

---

① 参见赵长天《从〈萌芽〉杂志 50 年历史谈起》,《文艺争鸣》2007 年第 4 期。

② 本刊编辑部:《青年读者的精神家园》,《萌芽》1995 年第 11 期。

③ 本刊编辑部:《青年读者的精神家园》,《萌芽》1995 年第 11 期。

多以表现大学生、中学生的生活为主。同时，在上述保留文学性的栏目之外，增设"青春偶像""流行公安""热点追踪"等栏目。这些栏目的内容实际已超出文学范畴，刊登的是一些青少年感兴趣的、具有流行性和话题性的文化热点，如 1996 年第 1 期上刊登的文章就包括对球星范志毅的采访，对青年少年街头文化的报道，对高校收费制度的追踪报道等。其目的显然是吸引青年读者。如赵长天所说，此时刊物的定位已"从'青年作家的摇篮'调整为'修养类的青年文学刊物'"①。

但是，改版并未彻底解决《萌芽》杂志所面临的问题。首先，在"小说家族"等栏目中，陈丹燕等作家的文章虽然在取材、视角上努力贴近青少年生活，模仿青少年的视角和叙事口吻，但由于作者与读者之间存在着年龄、阅历上的距离，大多数文章仍然是以成年人的眼光来观照青少年的生活，甚至出现某种教导的意味。如王周生的《星期四，别给我惹麻烦》(1996 年第 8 期)，叙述被视为不良学生的王一鸣在青年教师郦玲的帮助下敞开心扉而被同学师长所理解的过程。尽管小说试图呈现少年心灵的创伤，但在两代人以理解为目的的沟通中，却显示了叙述者某种居高临下的姿态。以此观之，改版之后《萌芽》杂志文学类栏目的作者及文章与其目标读者之间仍然存在着断裂。而杂志增设的其他栏目虽然确实是青少年感兴趣的内容，但是一则这些内容读者可以从别处获得，无法突出《萌芽》杂志的独特性；二则它们所关注的内容只是浮光掠影地触及了青少年生活的表层，而难以引起更深层的共鸣，产生更深远的影响。可以说，初步改版的《萌芽》杂志在与青年读者的磨合中尚未寻找到恰切的发展道路。因此，改版后杂志的销量虽有起色，却仍未达到编辑部的预期目标。基于此，杂志开始尝试着从读者之间去寻找作者，鼓励年轻人自己写自己。这就提出了对适合作者的要求。

---

① 赵长天：《从〈萌芽〉杂志 50 年历史谈起》，《文艺争鸣》2007 年第 4 期。

　　1996 年和 1998 年,《萌芽》杂志曾举办过两次征文活动,分别是 1996 年的暑假征文活动和 1998 年的"沪南杯"萌芽散文大赛。这两次征文活动或可被视为杂志寻求适合作者的尝试。1996 年暑假征文活动的内容要求以校园生活为主,而 1998 年"沪南杯"萌芽散文大赛则要求"写出自己真实的生活经历和人生感受"①。但从征文的结果来看,前者虽是以青少年之手写青少年之事,但题材单一、狭窄,也未对青少年的心理进行深入挖掘,且多数作品尚未摆脱课堂作文的腔调。而"沪南杯"征文的入选作品在取材上有所拓展,包含了人间百态,描写了包括打工、贫困失学的经历等。但一方面,这些作品中的大多数仍显得生硬粗糙,难以引发长久的阅读兴趣;另一方面,这些内容难以真正吸引《萌芽》杂志的预期读者群。杂志的预期读者是"城市青年"。这一群体在当时所指的,是大多数生于 20 世纪 80 年代,且主要的成长期都在城市之中度过的青少年。他们与杂志刊登的这些作品讲述的故事之间存在的隔膜是十分明显的。故此,他们对作品所产生的兴趣和共鸣也十分有限。综上所述,在两次征文比赛之后,寻求读者喜欢的,同时又是杂志所独一无二的东西,仍然是改版后的《萌芽》杂志尚未解决的难题。

　　在《萌芽》杂志探索和试行改版的同期,1998 年,社会上出现了关于素质教育的热烈讨论。可以说,当时的中学教育缺席尤其是考试制度中的不合理性已经成为全社会关注的一个焦点。在读者的要求下②,《萌芽》杂志也参与到这一讨论中来。在 1998 年第 6 期、第 9 期、第 11 期、第 12 期,杂志发表了一系列以"教育怎么办"为主题的文章,参与了此次讨论。这些文章分别从学生、老师、家长的不同角度出发,发表对当时教育制度的看法,普遍认为当时的教育制度对考试内容的划定,将教师教学与学生都限制在条条框

---

① 《"沪南杯"萌芽散文大赛征稿启事》,《萌芽》1997 年第 7 期。

② 参见《"教育怎么办"编者按》,《萌芽》1998 年第 6 期。

框内，学生难以获得更广泛的发展。而不合理的考试制度更阻碍了青少年心智与个性的成长。这其中也涉及了与语文教学有关，尤其是与作文教学有关的讨论。参与讨论者指出，考试制度无形中使学生作文形成了固定模式——在语文教学中，作文训练的目的不是提高学生的写作能力和语文素养，而是能够写好一篇"应试"作文，在考试中保证较高的分数。为了"应试"的目的，在长期的教学与实践中，逐渐形成了一套作文模式，导致了作文的"新八股"。按照这一固定模式来写作，可以保证作文成绩，从而保证在考试中晋级的可能性。而在作文中创新却有可能适得其反。因此，"与其仰天大笑一声'我本楚狂人'而被视为另类，还不如夹在人流中涌过桥去"[1]。而写作模式的框定将导致写作思维的模式化，最终使作文教学成为一种应试的训练。通过此次讨论，《萌芽》杂志意识到，在当时语文教育被应试目的主导，为"唯理性教学模式"[2]所贯穿的情况下，作文已经成为一种模式化的机械性训练。在这样的环境下，中学生所缺乏的正是一个可以自由抒发、宣泄个人情感的渠道。如果能给中学生们创造一个书写自己心声的机会，势必会受到学生的欢迎。这给《萌芽》杂志的改版和定位提供了新的思路："有编辑就提出，我们能不能发起一个作文比赛，让青少年学生写出自己真正的心里话，写出他们真心想写的文章。——新概念作文大赛由此而来。"[3]

1999 年 1 月，《萌芽》杂志联合七所高校，并邀请知名作家和学者担任评委，开启了第一届新概念作文大赛。在 1999 年第 1 期的杂志上，杂志社刊发了《"新概念作文大赛"倡议书》。倡议书提出，大赛要"还语文教学以应有的人文性和审美性之路"[4]，提倡写作要有真情实感，提倡想象力和创造力。

---

① 洪晓韵：《是什么框住了我们的作文思维》，《萌芽》1998 年第 12 期。

②《"新概念作文大赛"倡议书》，《萌芽》1999 年第 1 期。

③ 赵长天：《从〈萌芽〉杂志 50 年历史谈起》，《文艺争鸣》2007 年第 4 期。

④《"新概念作文大赛"倡议书》，《萌芽》1999 年第 1 期。

自此,"新思维""新表达""真体验"成为历届新概念大赛的口号和要求。大赛对参赛稿件的要求极为宽松,除对参赛者年龄(30 岁以下)和稿件的字数(5000 字以内)有所要求外,对于题材和体裁都无限制。这便为参赛者提供了可以自由发挥的写作环境。同时,《萌芽》杂志也邀请了知名专家学者来为新概念作文大赛的出台造势。在《专家学者谈作文与大赛》中,复旦大学附属中学的教师黄玉峰认为,新概念作文大赛将能够提高学生的语文兴趣,只有打破考试所形成的固有模式,才能体现写作的真正水平,并将新概念作文大赛与高考作文相联系;复旦大学中文系教授骆玉明认为,大赛所提供的宽松的写作环境有利于年轻人表达他们在特定的年龄所特有的感受;复旦大学历史系主任顾晓鸣指出,突破写作模式可能产生文体的变革,而这一变革应当由新一代人自己完成。[①] 从这些讨论中可以看出,新概念作文大赛被寄予了厚望,认为它将对青少年写作能力的提高和写作现状的突破产生重要的影响。

除此以外,杂志社认为新概念作文大赛"对优秀的人文学科的后备人才而言却有着毫无疑义的重要性"[②]。新概念作文大赛分为三个比赛组进行:A 组为应届高三毕业生;B 组为除高三以外的初高中学生;C 组为除中学生之外的 30 岁以下的青年人。获奖的高中应届毕业生将有可能被联合举办大赛的七所高校提前录取或优先考虑录取。新概念作文大赛亦因此被视为是长期缺乏的语文学科的"奥林匹克大赛"的补偿性尝试,并更进一步被认为是对长期重理轻文的中学教育的一次反拨。通过新概念作文大赛,可以"让高校以这种方式相对便捷地遴选自己所需要的优秀学生"[③]。随着第一届新概念作文大赛的优胜者因为大赛获奖而直升入各知名高校,新概念作文得到了社会和媒体

---

① 参见贾植芳、骆玉明等《专家学者谈作文与大赛》,《萌芽》1999 年第 1 期。

② 《"新概念作文大赛"倡议书》,《萌芽》1999 年第 1 期。

③ 《"新概念作文大赛"倡议书》,《萌芽》1999 年第 1 期。

更大的关注，成为公认的最有影响力的青年文学比赛。[①] 而"一篇作文上大学"也成为新概念作文大赛，以及大赛背后的《萌芽》杂志能够吸引青少年尤其是中学生的重要原因，从而使《萌芽》杂志收获了大量的中学生读者。这样，一方面，《萌芽》杂志通过新概念作文大赛发现了大批作者，许多大赛优胜者如宋静茹、周嘉宁等此后长期在《萌芽》上发表作品；另一方面，新概念作文大赛也成为《萌芽》杂志在青少年读者中打开知名度的有力凭借，保证了杂志的读者群。新概念作文大赛成为《萌芽》杂志树立品牌的最有效手段。杂志由此而解决了销量危机，完成了转型。到 2003 年，"《萌芽》每期发行量从 6 年前的 1 万份，发展到如今保持在 24 万份以上，最高达到 26 万份"[②]。

二、"通篇是我的故事"[③]：新概念作文大赛的影响

（一）对语文教学的影响

由前述可以看出，从某种意义上说，新概念作文大赛的出台是在素质教育的讨论中，质疑当时语文教学尤其是作文教学的结果。而第一届大赛的实际收效也可谓不负众望。

首先，这一届大赛收获了数目可观且质量上乘的来稿。大赛在题材、体裁等方面的宽松要求，为参赛的青少年提供了极为自由的空间。当写作不再为保证成绩和升学，而开始成为"在纸上随意地写，你曾想说却不敢说的，你想做却不可以做的，你心中的所梦、所爱、所恨"[④]时，在摆脱模式化的应试写作之后，这些青少年们显示了令评委会吃惊的写作能力，因此被《萌芽》

---

① 参见赵长天《从〈萌芽〉杂志 50 年历史谈起》，《文艺争鸣》2007 年第 4 期。

② 陈熙涵：《〈萌芽〉成功突围》，《文汇报》2003 年 4 月 14 日。

③ 周开颖：《说来话长》，《萌芽》2002 年第 6 期。

④ 一个高三女生：《附在参赛稿后的信》，《萌芽》2000 年第 2 期。

杂志的主编赵长天称为"意外的惊喜"①。而这也呼应了在"教育怎么办"的一系列文章所指出的当时作文教学中所存在的问题：并非中学生的文学思维枯竭，而是思维受到了应试教育的束缚。大赛的结果也显示了中学作文突破"八股"式教学的必要性和可能性。

其次，新概念作文大赛对当时的语文教学尤其是作文教学进行了一定的弥补和反拨。1999 年底，有消息称，上海市教委将发布高考语文向"突出文学性"转变的要求。这就为将新概念作文大赛与高考语文，特别是高考作文联系在一起创造了一个契机。2000 年第 1 期的杂志刊发了《萌芽》杂志社编辑赵长天等与上海各中学的知名语文教师关于高考语文"突出文学性"的讨论，重点关注了新概念作文大赛与高考作文之间的联系。

在此前关于语文教学的讨论中，当时语文教学整体效率不高的原因被认为是语文教学实践本身的问题。教学不能着眼于提高学生的语文素质，而是以考试为目的，围绕着教学大纲照本宣科。既使语文教学枯燥，同时也造成了学生的基础知识不扎实、知识面狭窄等问题，束缚了学生的思维发展。而新概念作文大赛的宽松和自由无疑激发和释放了学生的创造性思维。松江一中的高级教师沈剑虹认为，新概念作文大赛对语文教学的重要意义正在于"培养创造性思维"②；而华东师大二附中的一级教师郑桂华则认为，新概念作文大赛对学生们关注自己、关注他人、关注社会产生了一种呼唤。③显然，二人的观点都着眼于新概念作文大赛对开拓中学生眼界、活跃他们为应试模式所束缚和僵化的思维所能产生的有利影响。而这有助于推动中学语文教学的

---

① 赵长天：《意外的惊喜》，《萌芽》1998 年第 8 期。

② 《2000 年高考语文"突出文学性"之后——新概念作文大赛与高考作文的讨论》，《萌芽》2000 年第 1 期。

③ 参见赵长天《意外的惊喜》，《萌芽》1998 年第 8 期。

改革——因此，"真正帮助语文教学的还是这次新概念作文"[①]。同时，在这次讨论中，上海三林中学的吴鸿南也提出，"新概念作文不从高考、从文学性、从提高学生的实际写作能力挂钩，对大部分学生的影响就不会太大"[②]。可见，新概念作文大赛虽然对当时课堂作文的"八股式"写作产生了冲击，但它与意在提高文学素养的语文教学并不是互相抵消的，二者是一种相辅相成的关系。这样，一方面，一些获奖者凭借一篇作文而得到知名高校垂青对中学生产生了巨大的诱惑，吸引大量中学生来参赛；另一方面，大赛所鼓励的自由写作，实际开辟了应试作文以外的写作路径，有助于学生摆脱课堂和应试作文模式，提高写作能力，激发写作的兴趣。这两方面形成了一个良性的循环。而这些又是与高考语文"回到文学性"的转向相呼应的。可以说，新概念作文大赛对提高中学生的语文素养和写作能力起到了极为重要的推动作用。

在 2000 年第 11 期上，《萌芽》杂志又刊登题为《高考结束后再话新概念作文大赛》的文章，从高考作文的角度反观新概念作文大赛。文章指出通过作文大赛的结果，老师和家长们"感悟了作文的教育之道——说到底，作文教育的本质是让作文成为一件快乐的事"[③]。作文不应该用固定的模式去限制自由的思想；作文的目的也并非保证升学。它要求写作者灌注真实的情感，描述真实的经验；同时，也要求语文教学和考试制度允许中学生自由地抒发。这便再度将矛头指向了应试作文的"八股"式教育，同时也重申了改变这一模式的必要性和可能性。这样，新概念作文大赛的影响也不再仅限于写作者，它同时也对其他各类考试的作文命题产生了潜在的影响[④]，其中自然也包括对

[①] 赵长天：《意外的惊喜》，《萌芽》1998 年第 8 期。

[②] 《2000 年高考语文"突出文学性"之后——新概念作文大赛与高考作文的讨论》，《萌芽》2000 年第 1 期。

[③] 明亚：《高考结束后再话新概念作文大赛》，《萌芽》2000 年第 11 期。

[④] 参见《第三届新概念作文大赛工作会议纪要》，《萌芽》2000 年第 9 期。

高考作文命题的影响。"全国卷"的作文题从 1998 年二选一的"坚韧——我追求的品格"与"战胜脆弱"到 1999 年的"假如记忆可以移植";"上海卷"从 1998 年的"读报有感"到 1999 年的"回声的启示",这些转变表明,在考查学生的文学素养、知识积累以及思辨能力等方面,高考作文较之以往取得了明显的进步与突破。这种变化被认为是与新概念作文大赛在突破以往的模式化作文、改革语文教育等方面所做的努力相联系的。① 注重"新思维、新表达、真体验"的新概念作文大赛也因此得以不断扩大了自己的影响力和知名度。

（二）被改写的青少年形象和重新定义的青少年写作

与对语文教育所产生的影响相比,新概念作文大赛更明显也更深远的影响是,这批以 80 后为主体的青少年写作群体因此而获得了崭露头角的契机。从新概念作文大赛对参赛者的分组与年龄规定可以看出,大赛的参赛者以青少年为主体。这就使参赛者基本上由当时正处于青少年期的 80 后组成。② 而借助这些 80 后写作者的登场,80 后的青少年们也开始逐渐凸显出其代际特征,作为"一代人"而进入了公众视野。

新概念作文大赛收获的大量作品更新了中学生写作与青少年写作的内涵,同时也改写了公众眼中的 80 后形象。如前所述,在第一届新概念作文大赛之前,中学生的写作所呈现出的常常是模式化的倾向,如课堂作文里的"第一

---

① 参见《第三届新概念作文大赛工作会议纪要》,《萌芽》2000 年第 9 期。

② 这里有必要首先对"青少年期"一词的含义做出一点解释。根据马塞尔·达内西的观点,青春期主要指的是具有生理青春期特征的社会心理行为,多与生育能力的萌发有关,偏重于生理性;而青少年期更多地倾向于这一生命期限中由社会文化所建构和强加的范畴,偏重于社会文化。本书所指的青少年期与生理青春期有一定的相关性。但在对这些 80 后作者的写作进行讨论时,将主要在后者的意义上使用"青少年"这一概念。因此,本书所讨论的青少年期将在上限和下限都有相对的延伸,并不绝对地与生理青春期相吻合。

段起头，第二段叙事，第三段点题"①，或是议论与叙事各自所应占的比例，都有模式可套。② 这种模式化显然束缚了写作的自由发挥。而与此同时，另一个事实是在课堂和考试作文之外也仍有一部分中学生在进行文学写作的尝试和探索。

1996 年，郁秀出版了她 16 岁时创作的小说《花季·雨季》，风靡一时，获得国家图书奖提名奖、"五个一工程"奖。《花季·雨季》以深圳特区的一群中学生为书写对象。小说也包括了应付考试与升学的压力、应对家庭变故和时代变迁的冲击等内容。但《花季·雨季》不仅在文笔上仍显得稚拙，它所呈现的内容也不够深入。一方面，它虽然也涉及了诸如早恋等相对禁忌的话题，但其对青少年心理的开掘仍浅尝辄止，到底止于浮光掠影式的记录。如谢欣然假期在工厂勤工俭学时体会到的社会残酷竞争与人际关系淡漠的冲击、父母离异对刘夏的成长所产生的影响、林晓旭对江老师的朦胧爱恋等，小说对这些内容的书写未能进入一个较为深入的层面。另一方面，小说对人物的评价仍然在某种程度上沿用了主流社会对青少年的评判标准，如对品学兼优的谢欣然、萧遥的塑造。因此，无论是与课堂作文相比，还是与《花季·雨季》这样的青少年创作相比，"新概念"作文显示了一种从"外"向"内"的转变：透过青少年（中学生）生活的表层，将观照的重点置于心理与精神等内在的层面之上。"新概念"作文往往借助对青少年真实体验的记录和真实情感的表达，深入青少年尤其是中学生生活的深层之中，挖掘青少年生活中长期存在而又不为人注意，甚至被刻意遮蔽的内容。

以《首届全国新概念作文大赛获奖作品选》中的第一篇作品——徐敏霞的《站在十几岁的尾巴上》为例。小说叙述的是 19 岁少女的成长故事。内容

① 陈丹燕：《〈孩子〉和作文课》，《萌芽》1999 年第 5 期。
② 参见洪晓韵《是什么框住了我们的作文思维》，《萌芽》1998 年第 12 期。

包括父母离异的经历、母女二人寄人篱下的生活、对理想父亲的渴望、母亲再婚又离婚的冲击，以及与男孩子间的朦胧情愫等。居于小说叙述中心的是在父母离异的单亲家庭之中母女相依为命的感情和少年心灵在此家庭背景下的变化、成长。小说通过这些内容呈现了一个在以往的中学生写作中较为少见的 80 后形象。

在媒体与公众舆论之中，80 后作为独生一代，其形象常常于两个极端之间摆动，要么是全国十佳少先队员为代表的"社会主义接班人"，要么是孙云晓《夏令营中的较量》^①中描述的娇生惯养的一代，肩不能挑手不能提。但徐敏霞的主人公与上述两者都不相同。小说中描述了少女因父母离异、寄人篱下而产生的孤僻，对生活中与自己息息相关的变化的淡漠等，使叙述者显出了一种早熟的沧桑感，以至于结尾处对崭新自我的希冀都成为一种强颜欢笑。这样陌生的少年形象使公众对 80 后一代的惯常印象发生了动摇。

而这样的青少年形象在第一届新概念作文大赛的作品中并不少见。从这一届大赛的大部分作品中可以看出，在获得言说的许可之后，少年们不约而同地开始了关于青春苦闷和忧伤的诉说。这些大赛作品传达的是在少年生活中确曾存在却被压抑而无法言说的经历和情绪。呈现在这些文本中的孤独而彷徨的少年形象，使此前被塑造的 80 后的形象得到了有效的反拨。这正如大赛评委潘向黎所感慨的："不论时代如何，不论面临的压力如何具体表现，青春常常是需要艰难跋涉的沼泽。"^②看似生活优渥的 80 后们也并不例外。而这在此前关于 80 后的叙述中则在一定程度上被遮蔽了。从这一意义上看，《站在十几岁的尾巴上》在"新概念"作文中确具有一定的代表性。因此，虽然

---

① 孙云晓：《夏令营中的较量》，《学前教育》1994 年第 3 期。
② 潘向黎：《初赛作品阅评感怀·一代有一代的不容易》，《萌芽》2001 年第 3 期。

此文"不是写得最好的第一篇文章（平铺直叙，篇幅也太长）"①，"结构可能显得松散，叙述语言也谈不上精致"②，但大赛仍以此文作为文选的第一篇。这也许并非无意之举。有趣的是，在《萌芽》杂志上所刊登的第一篇获奖作品是宋静茹的《孩子》。《孩子》的视角和选题与《站在十几岁的尾巴上》具有极大的相似之处——甚至是某种程度的重合。同样是父母离异的家庭背景，同样是与异性间难以说清的暧昧，同样是孤僻和早熟，宋静茹以更为敏感的主人公显示了这一代少年无法言说并无处诉说的精神病痛。《孩子》所塑造的80后形象，隐隐地与《站在十几岁的尾巴上》形成了某种呼应。而这两部作品所被占据的两个"第一"的位置，似乎并不是一种巧合。从某种意义上说，这两个"第一"正显示着这样的少年形象给成人带来的冲击，也意味着他们在成人的眼中所具有的代表性。

（三）建构80后写作的"粉都"

正如尹珊珊在《感谢"新概念"》中所说："它永远只关注你思考的水平与涉及话题的深度，而不关心你思考的问题与涉及的话题属不属于你的年龄可以容忍的范畴。"③新概念作文大赛的宽容要求使少年敞开心扉、吐露心声成为可能。而参赛作品也以对青少年（中学生）内心不为人知的一面的开掘，显示了其写作与以前不同的面貌。

这些作品所呈现的少年形象并不是少数的特例。在以写作感知自我的同时，这些少年作者们一呼百应地引起了广泛的共鸣声。"学生生活很单一，但

---

① 王蒙：《〈站在十几岁的尾巴上〉点评》，载陈佳勇等《首届全国新概念作文大赛获奖作品选·A卷》，作家出版社1999年版，第11页。
② 铁凝：《〈站在十几岁的尾巴上〉点评》，载陈佳勇等《首届全国新概念作文大赛获奖作品选·A卷》，作家出版社1999年版，第11页。
③ 尹珊珊：《感谢"新概念"》，《萌芽》2000年第6期。

并不代表学生思想很单一，我们常常会想一些超乎年龄，经历的东西，常常是最真实的……真正的学生作品其实是最发人深省的"，"他们写出了我们这一代所拥有的思想和行为"。[①]对于这些同龄的读者来说，新概念作文大赛的获奖作文所引发的阅读兴趣，并不仅仅在于它们以超出作者年龄的成熟书写突破了课堂作文模式化训练对写作的限制，更在于这些作品的内容上。如果说，写作"意味着这个人对存在有了清晰的了解与理解——并且这个人在说事说理的过程中，不知不觉地加深了他对这个世界的了解与理解"[②]，那么显然，"新概念"作文正是这一代少年对自身存在状态的感知和对迷惘心灵的探索，并显示了这种探索被倾听的可能性。这是"新概念"作文在同龄人中引起轰动与关注的一个重要原因。

从某种意义上说，对 80 后的读者而言，"新概念"作文的作者与作品建构起了一个"粉都"（fandom）[③]，并扮演了重要的"客体"角色。奥地利精神分析学家克莱茵曾指出，在成长过程中，客体在孩子的生活中扮演了极其重要的作用。一方面与环绕自我的客体的情感接触反映孩子的内在焦虑；另一方面为应对无边的恐惧，孩子也试图将死亡趋力的元素移植到周围的客体上。[④]"客体的双重（好/坏）含义映射着力比多和毁灭本能之间徘徊不定的自我分裂（ego split）……投射让内在的'坏的'情感导入到外部客体身上，内

---

① 《迅速爱上了〈萌芽〉》，《萌芽》2001 年第 8 期。

② 曹文轩：《他们的意味——"80 后"写作与时代》，《中关村》2005 年 1 月号。

③ fandom 一词有两个含义，一指所有粉丝，一指作为粉丝的喜好对象。本书参考陶东风主编《粉丝文化读本》中的翻译，亦将 fandom 音译为"粉都"，并在后者的意义上使用"粉都"一词。《萌芽》作者如何被建构为粉都客体将在下一节详细讨论。

④ 参见［英］科奈尔·桑德沃斯《内在的粉丝——粉都和精神分析》，载陶东风主编《粉丝文化读本》，北京大学出版社 2009 年版，第 218—221 页。

摄则允许孩子将外部客体'好的'方面吸收到自己的分裂自我中。"① 科奈尔·桑德沃斯借用这一理论，认为粉都在与粉丝的关系中所扮演的正是这样的客体角色。"在将明星当作好的客体之后，粉丝会采用明星表征中的某些方面来呈现自我。"② 事实上，在青春的"泥沼"之中和考试的压抑之下，80 后一代的少年们本来就有发声的欲望："我真的希望，在这个世界上，真正有人了解我们，懂我们，理解我们，而不是一味地责怪"③；也有反抗束缚的欲望："骨子里的叛逆好似快要爆发的火山。按捺不住青春的躁动"④。新概念作文大赛为这一欲望的实现提供了合法化的契机。不仅是身为作者的少年获得了被倾听的权利；借助这些作者的作品，读者言说的欲望也得到排解，以一种想象的方式完成了对现实的反抗。如果说，"幻想总是聚集在被禁止的事物周围"⑤，那么在"新概念"作文和第一届大赛之后的《萌芽》杂志所提供的幻想中，这些青少年曾被禁止和压抑的欲望获得了满足。这是一种投射与内摄的作用。在这些作品中，读者得以投射自己的欲望，又从中获得宣泄苦闷的渠道。也是在这一意义上，这些作品可以使 80 后读者的焦虑得到一定程度的排解，并为孤单的个体提供了认同于代际群体的可能性。另外，也正是在提供投射与内摄的同时，这些少年作者们被赋予了代言的权力。

不仅如此，这些粉都还起到过渡性客体（transitional objects）的作用。桑德沃斯参考温尼科特关于在内部自我与外部客体世界之间存在着一个协调两

① ［英］科奈尔·桑德沃斯：《内在的粉丝——粉都和精神分析》，载陶东风主编《粉丝文化读本》，北京大学出版社 2009 年版，第 219 页。

② ［英］科奈尔·桑德沃斯：《内在的粉丝——粉都和精神分析》，载陶东风主编《粉丝文化读本》，北京大学出版社 2009 年版，第 221 页。

③ 一个高三女生：《附在参赛稿后的信》，《萌芽》2000 年第 2 期。

④ 朱珍：《太阳的棱角》，《萌芽》2000 年第 10 期。

⑤ ［美］斯蒂芬·海纳曼：《"我将在你身边"——粉丝、幻想和埃尔维斯的形象》，载陶东风主编《粉丝文化读本》，北京大学出版社 2009 年版，第 154 页。

者的中介领域的观点，指出粉都客体如明星、角色等事实上构成了一个过渡性客体，成为粉丝获得愉悦和安全的源泉。①大赛和杂志所提供给读者的，是区分内部自我与外部客体的一处休息的场所，也是一种具有幻想性质的"可能性"。这样，读者甚至无需身体力行真正去反抗现实的束缚，仅仅通过一种想象性的满足，就可以得到重返真实生活的勇气。这也解释了在第一届新概念作文大赛之后，备受读者推崇的不是当年"直升"北京大学的陈佳勇，而是七门功课不及格却仍大力抨击教育制度，最后干脆退学的韩寒。而后者获得的声望在很大程度上并不是来自其批判文字的老辣，更来自他本人的叛逆与大胆。甚至可以说，韩寒本人对 80 后一代人的影响远大于他的创作。正如刘嘉俊所言，韩寒所做的事，"是我们作为学生一直和自己的周遭妥协着虽然想却没有力量去做的事情。而韩寒给了我们一种可能性"②。借助韩寒的退学、对应试教育的批判这些公然挑战教育制度的行为，读者们也获得了对秩序的想象性颠覆。可以说，读者需要的正是这样的 80 后写作的粉都，为他们提供愉悦，使他们获得抚慰。

虽然"新概念"作文中也有不少更需要发挥想象力的题材如科幻小说、历史小说等，但那些从作者个人的体验和经历出发的文章在数量上显然占有绝对的优势。在第一届新概念作文大赛之后，《萌芽》杂志也渐渐转向以刊登此类题材的文章为主。以 2003 年第 7 期的《萌芽》为例，这一期杂志刊发的 17 篇文章（不包括 *Amazing* 刊中刊）中，洛艺嘉的《北伦敦之夜》与祝晓羽的《尼泊尔丛林档案》两则是记述异域的游历与探险经历，王安忆的《遥想手工业时代》为书评，森林的《玻璃外的风景》是关于作词人林夕的乐评，菲戈的《暴力时代的感官世界》推介小池真理子的小说《恋》。除这些之外，其余的作品

---

① 参见［英］科奈尔·桑德沃斯《内在的粉丝——粉都和精神分析》，载陶东风主编《粉丝文化读本》，北京大学出版社 2009 年版，第 218—221 页。

② 刘嘉俊：《事关韩寒》，《萌芽》2001 年第 7 期。

都是从作者的成长经历、对自身生活的感知和思考出发的，着重阐发物质丰富衣食无忧的 80 后一代人所面对的孤独、困惑。与师长的隔阂、与成人世界的对立、对挣脱束缚的向往，都成为这些作品叙述的主要内容。而在这些作者借以抒发自我的文字中，读者往往又能在其中投射自我。这些 80 后作者们仿佛是以文字拨开同龄人心灵的迷雾。迷雾之下，心灵的回声一一浮现。这样，这些故事不仅仅是"我的故事"，更是"我们的故事"。可以说，《萌芽》杂志为这一代人提供了一个宣泄情感的渠道和平台。通过这个平台，重新构筑的不仅是主流社会关于这一代青少年的看法，还有这一代青少年对自我的想象和认同。在此基础上，《萌芽》杂志又进行了一系列的运作，一方面为自己扩大了影响力，全力打造"萌芽"这一品牌；另一方面以这些《萌芽》作者为中心团结起了一个读者群，从而有力地影响了有关 80 后代际的建构。而这些内容也奠定了 80 后写作在此后很长一段时期内的主要内容与基调。

第二节 《萌芽》杂志运作下的作者群和读者群

一、"新概念至少提供了一种可能"①:《萌芽》作者群的形成

"新概念"作文的参赛者们通过大赛获得了公众的关注，他们中的一部分在大赛之后继续在杂志上发表作品，成为《萌芽》杂志相对稳定的作者。可以说，新概念作文大赛为一批 80 后作者浮出历史地表进而引起公众的关注提

---

① 张翼轸：《新概念·圈子·成名的想象》，《萌芽》2003 年第 1 期。

供了契机；而《萌芽》杂志则为这些青少年作者继续进行文学活动提供了一个极为重要的平台。在此基础上，《萌芽》杂志运行了一系列既有利于杂志也有利于这些作者发展的措施。

《萌芽》杂志首先为大赛作者提供了便利的发表渠道。除了能在《萌芽》杂志的一般栏目上发表作品外，杂志还有专为大赛和大赛作者而设的栏目。除了每一届大赛后获奖作品的选登之外，杂志设有"大赛专栏"栏目。这一栏目一方面用以发布与新概念作文大赛相关的通讯和新闻稿等，如每一届新概念作文大赛的工作会议纪要；另一方面在每一届大赛落幕时都会有当年的获奖者在这一栏目上发表文章，阐述参赛的心路历程，如发表在 2003 年第 1 期上的李萌的《上海梦上海行》，2003 年第 10 期上的白雪的《上海故事》等。有趣的是，这些文章并非一般意义上的创作谈。在其中，参赛者的大赛心路、写作心得等常常是与成长经验的呈现相互交织的，如在白雪的《上海故事》中，青春期的苦闷滋养了她的写作，而写作明显也是她排解抑郁的主要途径。这种呈现的方式在无意间再度引起了读者的呼应与共鸣，从而巩固了 80 后写作"粉都"的建构。

同时，杂志设有"新概念金碟"栏目，不定期但集中地刊发大赛获奖者的一些新作。如 2003 年第 11 期发表了王皓舒的三篇小说《后来，再后来》《我要告诉你爸爸》《悬浮》；2004 年第 2 期发表了刘莉娜的两篇小说《阿安》和《小美人鱼》。在 2003 年第 4 期，更是以"一束映山红"为总题，集中地发表了包括陈佳勇、郭敬明、周嘉宁等在内的历届获奖者的新作。一方面，这些措施使这些作者至少能保证在《萌芽》杂志上的曝光率和影响力；另一方面，刊登这些青少年作者的作品也使《萌芽》杂志的特色逐渐鲜明——"贴近青年人的心灵感受"①。而在这一特色的吸引下，一批风格相近的非大赛作者

---

① 小如：《发自内心的文学梦犹在——〈萌芽〉读者意见反馈综述》，《萌芽》2002 年第 3 期。

如苏德、四喜等也开始出现在杂志上。这样，《萌芽》杂志的读者群定位更加明确——"坚持定位在高中和大学本科一、二年级在校生的青年读者群"[①]；同时，固定的风格也促进一个以《萌芽》杂志为中心的作者群的形成。而群体的形成也有利于这些作者保持、扩大知名度。可以看出，《萌芽》杂志社采取的这些措施在杂志与作者之间形成了一种双赢的关系。从杂志方面来看，相对稳定的杂志风格、作者群以及读者群形成了环环相扣、相辅相成的三个部分，从而解决了杂志的销量问题；而从作者方面来看，《萌芽》杂志成为他们发表作品的主要渠道，成为他们进一步发展的平台，是他们进一步扩大知名度的基础。

在保证读者群并扩大销量的基础上，《萌芽》杂志又推出了一系列相关的丛书。在 2003 年 7 月，杂志刊登出版快讯，显示杂志社已以"萌芽小说族"为名出版了一套六本小说。作者是当时经常见于《萌芽》杂志的宋静茹、周嘉宁、小饭、苏德、商羊、岑孟棒。在"萌芽小说族"之后，杂志社又推出了"萌芽青春文丛""萌芽书系"等，致力于打造"萌芽"品牌。到 2007 年，"萌芽书系"已出版了 50 多种，发行量达到 100 多万册。[②] 这些丛书或是杂志中较受读者欢迎的作品的合集，或是知名度较高的作者的作品（集）。随着这些书籍的出版，这些 80 后作者"出书继而出名……进入的是一个带有理想光环的文学的圈子，他们成了青少年读者心目中真正的'名人'"[③]。显然，结集出版不仅有利于"萌芽"品牌的推广，同时也是进一步推广 80 后写作者影响力的有力策略。而影响力的扩大则又保证了市场的销量。以至于在当时，对出版社而言，出版的图书"走'青少年路线'的，经过市场这一关，几乎没

---

① 张翼轸：《新概念·圈子·成名的想象》，《萌芽》2003 年第 1 期。

② 参见赵长天《从〈萌芽〉杂志 50 年历史谈起》，《文艺争鸣》2007 年第 4 期。

③ 张翼轸：《新概念·圈子·成名的想象》，《萌芽》2003 年第 1 期。

有失败的案例"①。这又反过来促进了作者的发展。《萌芽》杂志的出书举措，为这些初露头角的 80 后作者打开了市场，并以成功的销售再度赢得了广泛的关注。

《萌芽》杂志社不仅为受欢迎的作者出书，同时也积极地参与到对这些作者的推送中去。在刊登"萌芽小说族"出版快讯之后，同年 8 月，杂志又登出了关于这六本小说的评论，总题为《萌芽小说六写家》。这些评论可被视为杂志推送这一系列小说的后续措施。对这些作者来说，《萌芽》杂志在某种意义上起到了"广告"平台的作用。而值得注意的是，在这些评论中，评论者在对小说进行点评的同时，往往附带了对作者本人的介绍和展现。甚至在一些评论中，对作者的描写已经取代了对作品的介绍。如施雯的《苏德：恋恋于白纸黑字》、汪海林的《商羊：婉约·别致·感觉派》、王翊晨的《宋静茹：精心于文字与创造》。这些评论显示了《萌芽》杂志上所发表的评论的一个趋势：展现知名作者的"不为人知"的一面。而这逐渐成为《萌芽》杂志上评论的一个重要内容和特征。而这也是杂志试图贴近读者，吸引读者投入情感的重要策略之一。

二、"让读者一同参与进来"②：读者的情感投入

《萌芽》杂志"贴近青年人的心灵感受"的风格，本来就有利于杂志获得目标读者群的共鸣。而且，杂志本身也注重吸引读者的参与，使杂志与读者更加贴近。如 2001 年第 12 期刊登的《征题启事》，向读者征集第四届新概念作文大赛的复赛赛题，即是杂志拉近与读者的距离、使读者获得参与感的措

---

① 赵长天：《从〈萌芽〉杂志 50 年历史谈起》，《文艺争鸣》2007 年第 4 期。
② 刘嘉俊：《Amazing 总结》，《萌芽》2001 年第 12 期。

施之一。

2000 年，《萌芽》试刊行"刊中刊"*Amazing*。所谓的"刊中刊"，指的是《萌芽》每期用十多页的版面，让青少年作者们自己编辑一份具有相当实验色彩的刊物。*Amazing* 虽由杂志社指派编辑进行指导，但其选题、约稿、编辑、排版基本都是由青少年作者来完成的。其编辑和作者包括刘嘉俊、陶磊、周嘉宁、蒋峰等新概念作文大赛获奖者在内。因此，*Amazing* 较之《萌芽》的"正刊"显得更加活泼自由，更贴近学生的趣味。除了刊登一些具有先锋性和实验性的作品外，*Amazing* 相比"正刊"更为重视读者的参与。如 2001 年的"惊奇擂台赛"这一栏目在对作品进行评比时，除了编辑意见之外，读者的投票是"擂台赛"优胜的重要参考因素。而新概念作文大赛和作者作为读者极感兴趣的话题，也是 *Amazing* 刊登的重要内容。2001 年 6 月的 *Amazing* 刊发一系列"盘点"新概念作者的文章，以调侃的笔调分析如陈佳勇、韩寒、杨哲、蒴瑶等"新概念"作者的影响力、知名度等。2003 年 10 月，*Amazing* 又推出了"萌芽 look"的栏目，每期介绍一位新概念作者或《萌芽》杂志的作者。在 2003 年 1 月的《萌芽》杂志（正刊）上，也出现名为"动感人物"的栏目，内容与"萌芽 look"相似。

有趣的是，这些关于作者的评介常常也是由其他《萌芽》作者来完成的，如乱世佳人（甘世佳）写韩寒，苏德写周嘉宁，周嘉宁写张悦然等。这样，在展现这些作者的个人生活时，也同时呈现了作者之间的相互交往。这在读者和公众看来，这些作者便不再是孤立的个体，而是一个交往甚密的作者群。以此，在以群体的形式进入公众视野之后，这些 80 后作者再度被《萌芽》杂志巧妙地组合成一个声同气应、相互联系的整体并不断固化。而相应地，"萌芽"和"新概念作文"也成为这些作者长期无法摆脱的标签。在很长的时间之后，这些作者都仍被公众视为一个整体。2014 年 7 月，郭敬明执导的电影《小时代 3：刺金时代》与韩寒的导演处女作《后会无期》相继上映，引发热议。在两者被不可避免地进行对比的同时,"新概念作文大赛"又一次成为辨别和联系这一批作者的关键词,以至于第四届新概念作文大赛一等奖的获奖者颜歌(戴月行)则在微博里对被再度"捆绑"委婉地抱怨道:"今天有人介绍我说:她是一个八零后作家,跟最近的 ×××,×× 一拨的……"

而另外,如前文所述,这些介绍作者的栏目所刊发的评论呈现出的趋势是并不以评介作者创作为主,而更多地将目光投射进作者的私人生活之中。正如"萌芽 look"栏目刚刚设立时,*Amazing* 的《读编往来》如此描述这一栏目的目的:"不仅要撕破众多知名作者高贵的狼皮,也要让狼皮下的真面目暴露在读者亮晶晶的火眼之下。"① 这样,在作品为读者熟知之后,杂志使作者也从幕后走向台前。而这正是这些栏目所起的重要作用:通过展示作者的私生活,杂志促进了读者与作者之间的互动。杂志发表的这些评介文字,相当于直接为读者提供了作者的较为详细的信息。而这实际上是主动为读者提供了窥视作者的有效渠道。参考斯特里纳蒂的观点,《萌芽》杂志提供的这些信息的碎片实际构成了读者幻想的材料,并可以通过读者的剪裁以适合读者的独特需要。同时,借助这些信息,读者甚至可以无需"故事"的形式来满足幻想。② 在这一意义上,这些信息又能够帮助读者将作者建构为"粉都",从而形成读者自己的粉丝社群,构筑相关作者的叙事宇宙。也正是通过这些运作,杂志将一部分读者逐渐转变为"粉丝"。"绝大部分粉丝是那些比别人更加仔细地关注媒介文本、偶像、明星或体育团队的人们。"③ 粉丝社群和叙事宇宙的

---

① 《*Amazing* 读编往来》,《萌芽》2003 年第 10 期。

② 参见 [英] 多米尼克·斯特里纳蒂《通俗文化理论导论》,阎嘉译,商务印书馆 2001 年版,第 12 页。

③ [美] 安德莉亚·麦克唐纳:《不确定的乌托邦——科幻小说中的媒介粉都和计算机中介的交流》,载陶东风主编《粉丝文化读本》,北京大学出版社 2009 年版,第 411 页。

构建又引发了对作者更大的关注兴趣，又反过来"刺激一连串的消费选择"①。可以说，《萌芽》杂志既满足了读者窥视作者的欲望，又极大地煽动起读者的这种欲望。而被煽动的读者为猎取更多的相关信息又将更进一步关注能够提供信息的杂志。这样，既打造为处于"粉都"中心的"明星"作者群，同时又保证了对杂志的关注度。

通过杂志的这些包装和推送，这些作者便不仅仅是文学创作的新兴力量，同时也被赋予了偶像化的色彩。在 2002 年第 3 期，杂志策划了一期以"写手"为讨论主题的"惊奇专题"栏目。在这一题为"好文章与好名声"的专题中，《当写手成为美女以及帅哥》一文是对《萌芽》作者的专门论述。在这篇文章中，这些作者被分为"美女作家""高产写手""畅销书作者"和"中途转业派"。可以看出，这些分类的标准并不基于作者的写作特色。它们所依据的更多的是这些作者受欢迎的程度，并在此基础上判断他们可能具有的发展前景及将获得的名声等。显然，这些"写手"也未被该文的作者视为文学创作者来谈论。事实上，《当写手成为美女以及帅哥》从标题，到内容，到讨论方式，其实都不是从文学本身的角度出发的。如果说，后来的 80 后写作被认为存在着作者明星化、偶像化②的现象，那么事实上，在其"萌芽"之初，《萌芽》杂志的这些举措就孕育甚至促进了这一现象的形成。

另外，这些评介文字也着眼于作者与读者之间亲近感的营造。私人生活一定程度地公开营造出一种"他们离我们很近"的效果——这些《萌芽》作者不再是高高在上的文学写作者，而成为与读者一样的、与"我"一样的少年 / 中学生。刘嘉俊泡游戏机房，那多嗜好打牌，周嘉宁为是否剪短头发而犹豫不决，诸如此类的琐事容易使读者产生一种亲近感。这样，读者不仅在

---

① ［美］亨利·詹金斯：《昆汀·塔伦蒂诺的星球大战——数码电影、媒介融合和参与性文化》，载陶东风主编《粉丝文化读本》，北京大学出版社 2009 年版，第 105 页。

② 参见江冰《试论 80 后文学命名的意义》，《文艺评论》2004 年第 6 期。

这些作者所发表的文章中得到共鸣，也在《萌芽》杂志推出的评介文章所公布的私人生活中，窥视到自己生活的影子。这种亲近感更加利于读者在作者及作品上投入情感。"粉丝与文化文本的关系在情感或情绪（affect of mood）的范围内运作。"①而事实上，粉丝持久的情感依附在某种程度上正是"透过粉丝在历史特定时期的赋身的（embodied）生活经验进行的"②。而情感的投入使得读者能够"授权"（authorize）给这些作者，使作者们的代言和发声合法化。这意味着杂志能够为读者提供一个位置。在这个位置上，读者可以投入自我并获得自我认同。"从我们的这些差异中，我们重新定义自己的身份。"③读者为作者"赋权"，使作者的发声获得了一种合法性；而作者的发声又反过来为读者的身份"赋权"。

在情感投入的基础上，一些差异有可能成为识别身份的标记。"通过这些对特定差异的情感投入，粉丝将文化世界划分成我们与他们两个部分。"④在《萌芽》杂志这里，代际正是差异的重要标志，正如史零对小饭（范继祖）的描述："这个大时代所赋予其他孩子的一切共性在小饭的身上也同样清晰可见。"⑤这些文章在营造亲近感的同时也构筑起了一个读者接受的文化语境。在这些文字中出现的一些细节，如游戏机房、网络聊天室等，纷纷指向一种年代的差异特征，从中读者得以辨认出了一个 80 后的代际。

---

① ［美］劳伦斯·克罗斯伯格：《这屋里有粉丝吗？——粉都的情感感受力》，载陶东风主编《粉丝文化读本》，北京大学出版社 2009 年版，第 139 页。

② ［英］麦特·西尔斯：《在消费与"抵抗"之间的粉丝文化》，载陶东风主编《粉丝文化读本》，北京大学出版社 2009 年版，第 85 页。

③ ［美］劳伦斯·克罗斯伯格：《这屋里有粉丝吗？——粉都的情感感受力》，载陶东风主编《粉丝文化读本》，北京大学出版社 2009 年版，第 139 页。

④ ［美］安德莉亚·麦克唐纳：《不确定的乌托邦——科幻小说中的媒介粉都和计算机中介的交流》，载陶东风主编《粉丝文化读本》，北京大学出版社 2009 年版，第 411 页。

⑤ 史零：《上帝，给我个名字叫小饭》，《萌芽》2003 年第 10 期。

另一个值得注意的现象是，这些评介文字大多是以并不严肃的态度和游戏的笔墨，来记述生活中引人发噱的琐事，甚至干脆要求"越八卦越好，越十三越好"①。如乱世佳人（甘世佳）记韩寒之开车逆行，苏德写周嘉宁之爱吃，史零叙小饭之嗜好打牌。在这些文字中，作者的神秘感和神圣感被进一步削弱，读者与作者之间的距离再度缩短。恰恰是通过对作者"神性"的祛魅，《萌芽》杂志完成了将作者塑造为偶像的"造神"：《萌芽》杂志不遗余力地营造出读者与作者之间的亲近感，从而不断地刺激读者对作者的情感投入，建构差异的识别/认同标志。在此基础上，一个以代际为特征，囊括读者与作者在内的"萌芽"空间逐渐形成了。

三、"传统杂志的一种补充"②：萌芽网站的运营

2000 年，萌芽官方网站投入使用。萌芽网站作为杂志的补充，它的运营是《萌芽》杂志重视读者参与的另一个重要举措。这一举措使杂志、作者与读者之间的距离再度缩小，杂志与读者的生活更进一步地交融。萌芽网站的运营对《萌芽》杂志和《萌芽》作者群吸引读者并扩大知名度起到了相当重要的推动作用。编辑、作者、读者共同参与到网上论坛的交流互动之中，既进一步促进《萌芽》作者群的形成，也巩固了他们的读者基础。

萌芽网站筹划成立的最初目的正在于加强读者与编辑的交流，以帮助编辑更及时明确地了解到读者的趣味。③网站试图以一种"现代的、即时的形式表达和杂志一样的心声"④，读者的意见借助互联网的快捷迅速地传达给编辑。

---

① 高维安：《格桑花儿或者波斯尼亚或者其他……》，《萌芽》2003 年第 11 期。

②《把你的热情放在〈萌芽〉》，《萌芽》2002 年第 7 期。

③ 参见赵长天《从〈萌芽〉杂志 50 年历史谈起》，《文艺争鸣》2007 年第 4 期。

④《把你的热情放在〈萌芽〉》，《萌芽》2002 年第 7 期。

比如网站每一个月都会开展对这一期《萌芽》杂志刊登文章的投票。每一篇文章得票的高低直观地反映了读者的喜好。这也是"萌芽书系"选择作者和作品来出版的一个重要的参考。除此之外，对一些文章引发的讨论可能上升为争论，产生论坛中的热点话题，首先在《萌芽》读者群中引起关注。这些不同的看法也会反映出读者趣味的趋向。这些读者意见常以"读编往来"的形式出现在杂志上。有时这些讨论甚至被直接从网站整版引用到杂志之中，在杂志上占据可观的版面。在 2002 年的第 7 期上，杂志的"惊奇专题"栏目就直接引用了网友群学肆言与"luisborges"等人关于"精英分子"的争论。另外，读者在网站上的讨论之激烈吸引杂志直接撰文为之评论。如乱世佳人（甘世佳）的《萌芽医院之非典型读者》一文，将萌芽网站上的几种"热狂"（cult）读者/粉丝进行归类和分析，并为每一种粉丝"症状"开出药方。[1] 可见，读者/粉丝的"非正常"狂热已经引起了杂志的注意。这既反映出《萌芽》杂志与 80 后写作的受欢迎度，也体现了读者的重要性。可以说，借助网站的运营，读者或直接或间接地影响和参与了杂志的编辑。一方面，阅读读者的反应、与读者对话使杂志能够更贴近读者的偏好；另一方面，参与杂志的"编辑"，使读者的支配欲望获得了某种程度的满足，从而刺激读者对杂志更进一步的情感投入。

可以看出，在这些读者的讨论之中，一个读者的交流平台形成了。这也正是杂志曾提出的目标之一：网站将"给喜欢文学的朋友一个交流的空间，给喜欢交流的朋友一个文学的氛围"[2]。在现实的日常生活中，读者并不一定能寻找到与自己兴味相投的"萌芽"读者，但网络平台使读者间的交流成为可能。这样，"网络的扩大使越来越多的粉丝具有加入粉丝群体的能力。……网

---

① 参见乱世佳人《萌芽医院之非典型读者》，《萌芽》2004 年第 1 期。

② 《把你的热情放在〈萌芽〉》，《萌芽》2002 年第 7 期。

络除了让人们有接触粉丝文化的空前机会，还使粉丝群有可能达到空前的规模"①。通过萌芽网站，一个突出而集中的《萌芽》读者群产生了。萌芽网站创造了一个粉丝表演的空间，促进了粉丝社群的建构。

值得注意的是，萌芽网站这一交流平台并不单纯是一个粉丝活动的空间，作者也常常参与其中。在网站上，不仅有读者发表的有关杂志、文章、作者的评论；同时作者亦可在网站上直接回应读者的质疑和询问，参与讨论。乱世佳人（甘世佳）《对一个金山农民艺术家老巢的专访》一文中曾提及的韩寒等人用"'卵石与韩寒'的名字在萌芽聊天室里捣浆糊"②即是《萌芽》作者与读者共同参与这一交流空间之中的例子。2003 年，刘嘉俊在第 9 期的《萌芽》杂志发表了评论郭敬明作品集《左手倒影，右手年华》的文章《谨慎阅读与温和批评》，对郭敬明的这一作品集提出了较为严厉的批评。该文发表后，郭敬明随即在萌芽网站上"发帖"进行回应，引起分别支持双方观点的读者的争论。随后，许多萌芽作者包括夜 ×（陶磊）、苏德等也卷入这场争论中。③ 这首先意味着，读者不仅可以从《萌芽》杂志上获得有关作者本人的信息，还可以通过网站与作者共享同一个交流平台，进行互动往来。当作为作者／粉都与读者／粉丝之间的距离缩小到不分彼此时，后者的愉悦感将得到更进一步的刺激。作者与读者在网站上共同分享阅读体验，提供解释性资源，这促进了对 80 后写作接受语境的建构。而一些具有私人性质或情感倾向的问题和观点有可能借助对小说、作者的品评而呈现出来。借助南希·K.贝姆对肥皂剧的评论，可以说，不仅是读者讨论丰富了杂志，杂志也在不断地丰富

---

① ［美］南希·K.贝姆：《谈论肥皂剧——以计算机为媒介的粉丝文化中的交流实践》，载陶东风主编《粉丝文化读本》，北京大学出版社 2009 年版，第 403 页。

② 乱世佳人：《对一个金山农民艺术家老巢的专访》，《萌芽》2001 年第 4 期。

③ 参见 Sude（苏德豆瓣用户名）《!!! 黑锅!!!》，2008 年 8 月 2 日，豆瓣小组（http://www.douban.com/group/topic/3847436/）。

着读者的讨论。^①而同时，在这些问题和观点中所体现出的规则、价值体系、信仰系统等，形成了一个以《萌芽》为中心的"萌芽"异托邦。

福柯认为，所有的文化和文明都具有允许一些乌托邦确实存在的可能性，而一些乌托邦也已经在社会中形成了。"在这些乌托邦中，真正的场所，所有能够在文化内部被找到的其他真正的场所是被表现出来的，有争议的，同时又是被颠倒的。这种场所在所有场所以外，即使实际上有可能指出它们的位置。"^②福柯将这些乌托邦称为"异托邦"。从某种程度上说，萌芽网站即是一个以杂志为中心的具象化的异托邦空间。网站仿佛没有真实的场所，却又在其他真实场所之外切实存在着。同时，它又将读者、作者与编辑这些参与者所处的空间联系起来，并置为一个空间。对读者而言，萌芽网站这个空间发挥的作用介于幻象空间与补偿空间这二者之间。相对于幻象空间，它是真实存在的；相对于补偿空间，它又只能在想象中弥补现实空间带来的挫折感。更重要的是，异托邦也像真实世界一样有自己的规则和安排。萌芽网站并不是一个完全自由的空间。显在的，网站有自己的规定，同时设置管理员，对网友发表的言论进行监督。对不合规定的言论，管理员具有"删帖"的权力等。隐在的，进入萌芽网站需要通过网站在无形中设置的障碍，如共同的代际经验和基于这一经验基础之上的共同的情感结构。正如福柯指出的："异托邦总是必须有一个打开和关闭的系统，这个系统既将异托邦隔离开来，又使异托邦变得可以进入其中。一般地说，人们无法自由进入一个异托邦的场所。"^③在"萌芽"这个异托邦中，《萌芽》杂志和代际经验成为能否进入其中的关键。获准进入这一异托邦空间的人首先需对《萌芽》杂志有相当的了解；

---

① 参见［美］南希·K.贝姆《谈论肥皂剧——以计算机为媒介的粉丝文化中的交流实践》，载陶东风主编《粉丝文化读本》，北京大学出版社 2009 年版，第 388 页。
② ［法］福柯：《另类空间》，王喆译，《世界哲学》2006 年第 6 期。
③ ［法］福柯：《另类空间》，王喆译，《世界哲学》2006 年第 6 期。

而对杂志的了解又包含了共通的 80 后代际经验。另外，获准进入这一空间的个体在相互的接触之中产生了模仿和影响，形成了一种双向渗透。双向渗透"需要那些共同参与的有机体来接受和处理周边环境中的信号。这些有机体共同参与的系统互动和反应的模式，规定了它们所属的类群的交流系统"①。显然，正是因为这些边界的设置，这一异托邦才可能成为一个基于亲密和支持的交流空间。这样，萌芽网站又形成了一个有其突出标志的"圈子"。根据马塞尔·达内西对北美高中生中大量存在的"圈子"的考察，"圈子在高中（甚至在初中）的环境中有一种保护功能，可以将一群特定的青少年聚到一起并将外来者排斥在外。青少年愿意在那些可以为他或她提供机会……的小圈子里寻求成员资格"②。这也是"萌芽"异托邦对它的"成员"所具有的又一重要意义。它为他们提供了一个避风港。在这里，这些青少年的表达自我和相互认同都成为可能。而另外，《萌芽》杂志的读者也借此得以从其身处的社群中独立出来。这使他们有可能被杂志的营销策略所利用。从这一意义上说，《萌芽》杂志的读者群也并非自然浮现的，他们是"直接被锁定为缝隙市场"③的。

显然，第一届新概念作文大赛的成功举办是《萌芽》杂志转型得以完成的关键。而在第一届大赛之后，杂志又采取了包括评介作者、建立网站等吸引读者更多地参与杂志和情感投入的措施，将杂志、大赛、书系、网站等初步打造为一个萌芽产业链④，并使"萌芽"成为一个对 80 后写作而言具有重要意义的品牌。同时，对《萌芽》作者群而言，通过《萌芽》杂志，他们不仅

① ［加］马塞尔·达内西：《酷：青春期的符号和意义》，孟登迎、王行坤译，四川教育出版社 2011 年版，第 72 页。

② ［加］马塞尔·达内西：《酷：青春期的符号和意义》，孟登迎、王行坤译，四川教育出版社 2011 年版，第 72 页。

③ ［英］麦特·西尔斯：《在消费与"抵抗"之间的粉丝文化》，载陶东风主编《粉丝文化读本》，北京大学出版社 2009 年版，第 87 页。

④ 参见赵长天《从〈萌芽〉杂志 50 年历史谈起》，《文艺争鸣》2007 年第 4 期。

获得了一个为人所知的契机和一个浮出水面之后仍允许其自由发展的写作平台，杂志的这些举措更对他们关注度的提高和知名度的扩大产生了极为重要的促进作用。

以一前一后被视为 80 后写作代表的韩寒和郭敬明为例。韩寒所引发的关注度固然与其自身行为的叛逆和争议性有关，但与《萌芽》杂志对他的推介不无关系。韩寒是杂志较早进行介绍的作者。发表在 2001 年第 4 期上乱世佳人的《对一个金山农民艺术家老巢的专访》和第 7 期上刘嘉俊的《事关韩寒》都对韩寒的私人生活、兴趣爱好等进行了详细的展现。而此时恰逢韩寒以对教育制度的猛烈攻击并进而退学的行为将自身置于舆论的风口浪尖之上。《萌芽》杂志颇为及时地满足了读者的窥探欲望，在韩寒成为"少年偶像"的过程中起到了推波助澜的作用。可以说，韩寒是《萌芽》杂志较早选择推出的一位"明星"作者。

而郭敬明从《萌芽》杂志的这些举措中所得到的益处似乎更为明显。尽管郭敬明是第三届、第四届连续两届新概念作文大赛一等奖获得者，但真正的一炮而红却是因为《幻城》在《萌芽》杂志上的发表。《幻城》在杂志读者中得到了极高的评价，如"《幻城》是那种直指人心灵的文章"①，"幻城是我们最最美丽的理想之城"②。基于这样的读者基础，郭敬明在短篇《幻城》的基础上铺演成了长篇小说《幻城》，并成为当年的畅销书。而在《幻城》为其积累的读者和知名度的基础上，郭敬明的其他作品在《萌芽》杂志上的发表引发了更为热烈的讨论和追捧。郭敬明的走红与《萌芽》杂志运作下聚集起来的读者不可分割。事实上，2001 年郭敬明出版的第一本作品集《爱与痛的边缘》在当年则反响平平。作为对比，同样身为两届新概念作文大赛获奖者

---

① 《幻城》读者评论，载郭敬明等《赤道划破城市的脸》，南海出版公司 2003 年版，第 26 页。
② 《幻城》读者评论，载郭敬明等《赤道划破城市的脸》，南海出版公司 2003 年版，第 27 页。

（第一届二等奖，第二届一等奖），并直升复旦大学的周嘉宁，虽然在大赛之后仍在《萌芽》杂志以颇高的频率发表作品，但在《萌芽》读者群中并未引起如郭敬明式的轰动，同时作者本人得到的杂志推送相对有限，使其保持了相对小众的状态，也导致她难以突破不温不火的读者回应。可以说，正是有效地借助了杂志的运作，郭敬明才成为继韩寒之后，80后写作的又一领军人物。可见，《萌芽》杂志的运作对作者们累积读者基础，扩大知名度具有极为重要的作用。

第二章

《萌芽》作者群的写作症候

从第一届新概念作文大赛之后，一批 80 后写作者继续借助《萌芽》杂志这一平台发表作品，形成了一个以《萌芽》杂志为中心的《萌芽》作者群。有趣的是，这些写作者之间虽然存在着个体差异，但却更突出地显示了某些共同特点。这些特点在《萌芽》上都有明显的呈现。而《萌芽》杂志逐渐突出和稳固的风格也与这些共同特点不无关系。这些共同点的背后或许存在着代际经验、生活时代等的影响。本章拟对 1999 年到 2004 年在《萌芽》杂志上刊发的文章及作者的同期创作进行详细解读，尝试从中归纳出 80 后写作的某些特征，并试图探讨出这些特征产生的原因。

第一节 悬置的青春

如上一章所述，以《萌芽》作者群为代表的 80 后写作的动机之一在于这一代人拒绝被他人代言，言说自我的欲望。同时这也与新概念作文大赛要求写作要有真情实感，从真实的体验出发相关。在书写自我时，个人的生活经历是最为直接的切入口。而对于这些阅历尚且浅薄、简单的青少年来说，青少年期的切身体验便成为最直接和有效的写作资源。这就使得"青春"成为 80 后主要的书写对象。可以说，对自我青春状态的书写和探索是由首届新概念作文大赛催生的。此后，80 后一代人的青春在《萌芽》杂志上得到了更为大量和集中的表现。这些关于青春的书写，尤其是关于青少年与成人这两个不同人生时段的描述和想象，传达了一代人独特的青春体验。

一、"我想我还是一个不能正视阳光的人"[1]:《萌芽》的青春书写

事实上，虽然同为 20 世纪 80 年代生人，但这些青少年成长的环境仍是各不相同的。如上海之于周嘉宁、苏德和韩寒，四川之于郭敬明和颜歌，山东之于张悦然，北京之于祁又一……显然，这些少年作者们成长的环境和地域文化不尽相同，城市化也并不同步。就不同生活环境而言，这些书写者似

---

[1] 陈敏：《穿越花朵》，《萌芽》2002 年第 9 期。

本应描述不同的青春经验。但在《萌芽》作者群的创作中，这些有关青春的书写却遮蔽了成长环境的差别，而意外地突出了一些相似性。

《萌芽》作者群的青春书写首先集中在对学校生活的表现上。对于这批已寒窗十年且彼时仍处于校园之中的作者来说，校园无疑是他们生活唯一的重心，以此为叙述的重点对象本不足为奇。事实上，对青少年校园生活的书写也并非始自这些《萌芽》作者。在某种意义上被视为青春文学和校园文学前驱的《花季·雨季》中，郁秀即以校园为主要场景描写了一批深圳特区的高中生；同期畅销的电视文学剧本《十七岁不哭》也以校园生活为主要表现对象；同为 80 后的许佳所创作的《我爱阳光》中所呈现的少年生活也以校园为主要内容。与它们相比，《萌芽》杂志中对青少年期的校园生活的书写似乎也不例外地叙述了课堂内外的日常，讲述少年友谊、恋情，等等。如季国飞的《理科生》、刘晗的《和好好先生走过》写校园日常琐事；周开颖的《500 次的回眸》、大波斯菊的《2717 的那些花儿》写友情；冉暗的《如风》、高雅的《头发在生长》写校园恋情。但不同的是，《萌芽》作者群对校园的书写并不仅仅停留在对校园生活的浅层表现，而是使笔触进入校园生活的深层，关注那些潜藏在单纯的校园生活之后暗潮涌动的心理起伏。这些青少年期的心理体验，是《萌芽》作者群书写校园的重点。

一个显在的特点是，这些青春故事所透露的心理体验不约而同地指向了一种对禁锢和束缚的控诉。这其中首要的是对应试教育的批判。作为这些青少年所感受到的最切身的束缚，同时也是他们最直接的控诉和反抗对象，应试教育带来的压力是《萌芽》杂志上许多作品都会涉及的话题。在一些作品，如《杨泊和高考前的十八个小时》《我们高三》之中，中学生面临高考的压力成为直接的书写对象，借此传达对高考及教育制度的尖锐批判。"他忽然觉得自己在被旋转，被烘烤……杨泊和杨泊的同学就像麦当劳的鸡腿被高考这部机器按部就班地摆弄至今。"① 而在另一些作品中，高考则作为一个引发焦虑的潜在因素而出现。梅思繁在《朝北教室的风筝》描述了一个因为学不好数学而忧郁不堪的女中学生。虽然她熟知电影和戏剧，"不是仅仅可以和你聊聊《长袜子》《马列耶夫》什么的，也可以聊《情人》和君特·格拉斯"②，甚至可以大段背诵《情人》的段落。但这些知识于高考都是无用的，因此不被赋予价值；而学不好数学却有可能考不上大学，这足以使她成为彻头彻尾的失败者。梅思繁借对少女面对数学时筋疲力尽的无助与不安的细腻描写委婉地揭示了高考对青少年精神的束缚。

以 80 后为主体的这一批《萌芽》作者，实际是在一个相对宽松和富足的环境之下成长起来的。这样的成长环境使他们自童年时期起便未受到太多的限制，令他们的个性得到了相当自由的发展。然而在他们的个性发展渐趋成熟，要求更多的空间以张扬个性的青少年期却遭遇了高考。高考的以成绩衡量一切与年轻一代的个性张扬之间形成了无法解决的矛盾。而在这个矛盾之中，高考显然占据了绝对的优势地位。在高考的压力之下，所有的棱角都将被迫磨平，"我必须扔下所有包袱，这些包袱叫做爱情、友情、快乐"③。这个"被迫"便成为这些作品之中不满与忧伤情绪的重要来源。兼顾父母期望与自我理想的两全之策并不存在。作为对抗者，年轻的 80 后一代要么积极或消极地抵抗束缚；要么选择放弃自己的理想。而韩寒之所以被一代人视为"偶像"不仅因为他对教育制度的讽刺和批判，很大程度上更在于他对应试教育彻底的不合作与拒绝——正是退学的行为使韩寒获得了"英雄"的身份。从《萌芽》作者群对束缚的抗议和控诉中大致可以读出两种青春的"面相"：向外则

---

① 木木爽：《杨泊和高考前的十八小时》，《萌芽》2002 年第 11 期。

② 梅思繁：《朝北教室的风筝》，《萌芽》2001 年第 7 期。

③ 蒋峰：《比喻：鹅卵石、教育及才华横溢》，《萌芽》2002 年第 4 期。

表现为直接的叛逆和嘲讽，如韩寒的"（新概念作文大赛）为应试教育打响了第一炮，现在由我来放第二炮"[①]；向内则表现为婉转的彷徨和忧伤，如郭敬明的"我抛开键盘改邪归正重返独木桥，重蹈千万人留下的覆辙"[②]。这两种"面相"看似各不相同，在它们的内部却隐藏着相似的特征：对束缚的反抗和对僭越的渴望；而这种反抗与渴望显然又是不为主流语境所容许的。这使这些控诉产生了一种同构（homology）[③]的关系。这一由《萌芽》作者群所建构的以《萌芽》杂志为中心的异托邦，因此被赋予某种青少年亚文化的色彩，使 80 后一代人的诉求得到保持、反映和共鸣。

同时，对应试教育的质疑引出了对以成绩作为衡量标准的疑问，从而质疑了成人世界定义"好孩子"的标准。呼胜利的《好孩子》即以少年思维的天马行空与僵化的"心理健康"诊断之间格格不入的两相对照，以夸张和反讽的手法完成了对"好孩子"定义的否定。[④] 而在周嘉宁的《明媚角落》里，劣迹斑斑并最终进了工读学校的钱跃显然是"坏孩子"的典型。"我"与钱跃的来往使"我"的合法性也变得可疑。多年以后，已经进入重点高中的"我"终于如父母师长所愿成为循规蹈矩的好学生，却呈现出病态而羸弱的模样。而与钱跃同桌的日子反而成为"我"记忆之中的明媚时光，被赋予了生生不息的蓬勃生命力。小说中藏在花盆底下的成绩册如同一个隐喻，它所沾染的泥土污渍反而使其充满了植物芳香，意指了生命力的获得。而这种生命力在小说中被夸大为作为一个少年，甚至是作为一个人应有的理想状态。这却是

---

① 韩寒：《三重门》"后记"，作家出版社 2000 年版，第 365 页。

② 郭敬明：《四季歌》，载《左手倒影，右手年华》，上海译文出版社 2003 年版，第 192 页。

③ 参见［美］迪克·赫伯迪格《亚文化：风格的意义》，陆道夫、胡疆锋译，北京大学出版社 2009 年版，第 144 页。

④ 参见呼胜利《好孩子》，《萌芽》2003 年第 1 期。

备受高考压抑的"我"再也无法重返，无法抵达的状态。①

对于这一代《萌芽》作者而言，周嘉宁所描述的这种苍白的病弱其实是一个颇具代表性的形象。它在某种意义上喻示了这一代人青少年期的精神状态：他们被保护在物质优渥的生活环境里，却被磨平了个性，扼杀了灵性，被迫放逐了本真的梦想，而呈现出了一种精神上的苍白和疲惫，"提早地放弃了每一场青春的每一次桀骜"②，"像被生活熬成的植物人"③。在徐力丰的《白鼠》中，我们看到人与鼠形成的一种对读。白鼠被"我"饲养的同时是被禁锢的；而"我"在从父母处获得物质满足的同时，也时时处于父母的管制之下。白鼠的几次逃脱是"我"渴望自由的具象化，而白鼠的失败也是"我"的失败。对于这一代少年而言，现实与自我之间形成了一种尼采式的"你应该"与"我要"④之间的矛盾。但尼采推崇的、能够给自己创造自由的狮子式的精神在 80 后这里却付之阙如。相反，不约而同地，这些《萌芽》作者集中地呈现了 80 后青春颓废的一面。根据卡林内斯库的观点，颓废是现代性的特征之一。它的概念与古希腊人认为时间是一个持续的没落过程有关，也与犹太教—基督教传统的时间和历史观有关。颓废不是一种结构而是一种方向和趋势，包含着一种痛苦的失落和异化感。颓废将导致内心的不安，和对放弃的需要。颓废也是生活意志的丧失，将造成一种对生活的复仇态度，并通过憎恨来表现自身。⑤在《萌芽》作者群这里，这种颓废的青春具体地呈现为精神上的疲累：忧郁的内心、

---

① 参见周嘉宁《明媚角落》，载韩寒等《第二届全国新概念作文大赛获奖作品选·A 卷》，作家出版社 2000 年版，第 310—316 页。

② 白雪：《我要的幸福》，《萌芽》2003 年第 4 期。

③ 橡木鼻子：《琴去弦空》，《萌芽》2003 年第 9 期。

④ ［德］弗里德里希·尼采：《查拉图斯特拉如是说》，钱春绮译，生活·读书·新知三联书店 2012 年版，第 23 页。

⑤ 参见［美］马泰·卡林内斯库《现代性的五副面孔——现代主义、先锋派、颓废、媚俗艺术、后现代主义》，顾爱彬、李瑞华译，商务印书馆 2002 年版，第 160—240 页。

阴暗的情绪、对当下生活的无力感以及对未来的迷惘感。这是白雪的"我说我在等死"①，也是刺小刀（胡坚）笔下玩世不恭却以跳楼自杀完结生命的童年好友②；是杨倩的"在内深处再也种植不出任何新鲜的东西"③，也是怀沙的小说里以行动冲撞每一条学校规章的冯石④。前所未有地，《萌芽》作者群几乎集体地将"青春"描述为厌世和死亡。这样的青春"面相"是对这一代人精神状态的重新书写，完成了对来自成人世界对自我的定义的否定。

在某种意义上也可以说，以这些作者为代表的一代人实际将成人世界对他们的定义视为一种权威的编码。如前一章所述，成人的主流话语对这一代青少年形象的描述，往往是养尊处优并享受着丰厚物质的独生子女，又或者是在阳光下茁壮成长的"跨世纪的新一代"。而《萌芽》作者群关于青春的书写却将 80 后塑造了一种苍白而脆弱的形象，并时常流露出深深的疲累和厌世感。这些形象正是对成人话语权威符码的否定，从而造成了权威话语再现系统的断裂和堵塞。"违反那些权威代码会产生相当强大的挑衅和扰乱的力量，因为社会各界正是通过这些代码组织起来并被人们体验到的。"⑤而借助否认和改写成人话语对少年形象的定义，这些作者又质疑了话语背后的成人世界。如果说，叛逆和忧伤是当时《萌芽》作者群的风格，那么他们恰恰试图以这种风格来质疑成人和权威的话语，戳穿成人话语的虚假性。通过对成人话语的扰乱，他们表达了一种反抗和越轨的企图。从这一意义上来说，无论是叛逆的"面相"还是忧伤的"面相"，它们在打破束缚要求自由的层面上都意指了一种具有颠覆性的青少年亚文化。

---

① 白雪：《上海故事》，《萌芽》2003 年第 10 期。

② 参见刺小刀《宠儿》，《萌芽》2002 年第 1 期。

③ 杨倩：《灰烬里的日子》，《萌芽》2002 年第 5 期。

④ 参见怀沙《冯石的故事》，《萌芽》2000 年第 11 期。

⑤ ［美］迪克·赫伯迪格：《亚文化：风格的意义》，陆道夫、胡疆锋译，北京大学出版社 2009 年版，第 112 页。

二、"还有什么能让我毫无保留地去相信"①：少年世界与成人世界的对立

显然，对高考与应试教育制度的怀疑和否定，背后所潜藏的实际是这些少年对成人世界束缚的不满。青春少年期是一个微妙的年龄段。正如斯坦利·霍尔在《青春期：青少年的教育、养成和健康》中所指出的，随着物质生活的丰富，参加工作或帮助养家糊口的青少年人数减少。青少年时期成为非工作的闲暇时光，不同于成年期。②这种相对的闲暇赋予青少年们一种获得自由发展的可能性，并得以与左右着成人生活的现实原则保持相当程度的距离。

快乐原则与现实原则是来自精神分析学的两个概念。从快乐原则向现实原则的转变被认为是人成为人类的根本转变。但相比之下更靠近本能因而更靠近自由的是快乐原则。"快乐之适应于现实原则，意味着本能满足所具有的破坏力量及其与现有社会准则和社会关系的冲突已被克服和引入歧途。"③在《萌芽》作者群的表述中，相对自由和单纯的童年在某种意义上说是一段以快乐原则为主导的时光。然而随着年岁渐长，他们进入成人世界是一种必然。这便要求他们直面成人世界的现实原则。同时，他们也被已熟谙秩序规则的成年人以规则加以约束。以成绩定生死的应试教育和高考只是成人世界优胜劣汰逻辑的一个缩影和表现。除此之外，成人世界的现实原则也意味着欲望满足将从直接转向间接和延迟，从快乐的获得转向快乐的限制，从消遣转向

---

① 李婧：《哥特式怀想》，《萌芽》2002 年第 5 期。

② 参见［美］斯坦利·霍尔《青春期：青少年的教育、养成和健康》，凌春秀译，人民邮电出版社 2015 年版。转引自陶东风主编《粉丝文化读本》，北京大学出版社 2009 年版，第 248 页。

③ ［美］赫伯特·马尔库塞：《爱欲与文明：对弗洛伊德思想的哲学探讨》，黄勇、薛民译，上海译文出版社 2008 年版，第 5 页。

苦役和工作等。① 而在成人的社交中，更要求尽可能地收敛个性，使自己成为组合体中的一个元件，把"内在生命的光彩和阴影带入社会交往中都被认为是不够聪明的表现"②。所以，如果说，在面对生活时，少年曾经"靠的是一颗赤裸的心"③，那么即将进入的成人世界则要求他们给自己的心穿上一件适应现实的衣裳，或者更确切地说，戴上一副镣铐。这种束缚是这些要求自由的少年们所不能接受的，必然引起少年的不满。

另外，青春少年期也是从儿童阶段向成人世界转变的过渡期。在这个时期，少年们虽仍然继续怀抱着剔透的童心，但童年时期将他们隔绝保护的温室却正在被缓慢打开。这使他们不断感受来自成人世界的震惊体验。在成人世界中，不仅快乐原则将屈从于现实原则，伴随其中更有虚伪狡诈、钩心斗角等阴暗之处。因此，少年对成人世界的不满并不止于他们所感受到的束缚，还在于他们辨认出这些成人世界的阴暗之处时产生的不屑。事实上，这些《萌芽》作者从未停止过对成人世界的检视。对被检视的成人而言，现实原则意味着对本能的压抑。这种压抑并不仅仅来自外部。失去自由的个体将压抑的原则投入自己的心理机制，这使得压抑可能产生于主体的内部却不被主体所发觉。④ 而少年们置身于成人世界之外，得以冷眼旁观成人世界的种种规则。他们拆穿成人世界光鲜之下的龃龉，揭发为成人所不觉察或察而不承认的真相，如同揭穿赤裸的国王身上虚假的新衣一样。

一个有趣的现象是，《萌芽》作者群在创作中往往热衷于为主人公设置

① 参见［美］赫伯特·马尔库塞《爱欲与文明：对弗洛伊德思想的哲学探讨》，黄勇、薛民译，上海译文出版社 2008 年版，第 4 页。

② ［德］齐奥尔格·西美尔：《交际社会学》，载《时尚的哲学》，费勇、吴瞾译，文化艺术出版社 2001 年版，第 18 页。

③ 杨倩：《灰烬里的日子》，《萌芽》2002 年第 5 期。

④ 参见［美］赫伯特·马尔库塞《爱欲与文明：对弗洛伊德思想的哲学探讨》，黄勇、薛民译，上海译文出版社 2008 年版，第 6 页。

一个不完整的家庭背景，如果不是父母亡故，便是双亲离异，尤以后者为甚。在职烨的《刻在生命线上的故事》①、庞婕蕾的《穿过岁月忧伤的孩子》②、蔡雯婷的《夏生》③、刘琳娟的《无关爱情》④等小说中，主人公都有一个破碎的家庭。一方面，这些破碎的家庭所带来的心灵创伤或为少年的乖张颓废创造合理性；另一方面，这种设置也是对成人世界的一种否定。一方面，不幸福的家庭与颓废的青春一道，通过对俗成的"幸福成长的一代人"的否定来抵达对成人世界的否定；另一方面，它直接质疑了成人世界。当少年们以早熟的老成目光来打量他们最为亲近的长辈时，这些无法有效完成家庭与抚养子女责任的家长便被抽离了权威性。在《萌芽》作者群这里，甚至最为亲近的父母也在怀疑的目光之下被解构，这背后潜藏的是对成人世界生存规则的质疑，更是对整个成人世界的祛魅。

随着这些不满与不屑的发展，在《萌芽》作者群的叙述中逐渐出现了一个有关少年世界与成人世界对立的模式。妖女 izzy 的《星期五中午的地铁》⑤所选择的是主人公大学毕业时找工作的一个生活截面。大学毕业显然是一个具有转折意味的时间点。青少年们将在此真正告别少年时代，进入成人世界。小说中主人公在寻找工作时的受挫即是少年世界与成人世界之间冲突的一个投射。而来自面试官的一句"我不知道你除了会念书还会做什么"⑥又隐含着对成人世界的自相矛盾的嘲讽——一方面他们要求少年们为学习放弃一切，另一方面在真正要进入由他们所主导的成人世界时读书却是无用的。小说中主人公在地铁上的眩晕感意指了青春的走投无路带来的迷惘。尽管小说试图

---

① 职烨：《刻在生命线上的故事》，《萌芽》2001 年第 4 期。

② 庞婕蕾：《穿过岁月忧伤的孩子》，《萌芽》2001 年第 9 期。

③ 蔡雯婷：《夏生》，《萌芽》2002 年第 10 期。

④ 刘琳娟：《无关爱情》，《萌芽》2002 年第 8 期。

⑤ 妖女 izzy：《星期五中午的地铁》，《萌芽》2004 年第 2 期。

⑥ 蔡雯婷：《夏生》，《萌芽》2002 年第 10 期。

以陌生人的温情来化解这一迷惘，但这温情是短暂的。它并不能为仓促告别少年岁月的阵痛提供真正的药方。少年的明日又将如何，是否应迅速改变自己以适应成人世界的规则，这是小说所不能回答的。同时，在这种对立中，成人世界被建构为现存社会及其不合理之处的具体但简单的载体，从而使少年世界独立/隔绝于现实之外，并被赋予了一份纯白剔透的理想色彩。《青春舞台》中的叛逆少年被命名为"纳信"，这个来自英文单词 nothing（无关紧要的；零；无）的名字显然不是无意之举——不愿遵守成人世界的规则的少年对成人世界而言意味的仅仅是一种不存在。而作为对比的是，在戴月行（颜歌）的《锦瑟》[1]中，最终融入成人社会并获得成功的小表哥却被坚持自我的"我"视为一种死亡。这两个文本中的"不存在"和"死亡"实际传达了《萌芽》作者们对成人世界扼杀少年理想的不屑和拒绝。

正如马尔库塞所指出的，压抑的秩序在一定程度上赞扬俯首贴耳的个体，并再生了整个社会。[2] 在《萌芽》作者群的文字中，也出现了一些学习并渐渐熟悉成人世界生存规则的少年。在《明媚角落》中，为给老师留下好印象而获得高考加分的机会，甚至连英语老师的收音机都有许多人抢着提。而那些已经掌握了成人世界规则的少年常常能如鱼得水地获得成功。《萌芽》作者群往往通过他们来书写成人世界的规则，从而进一步将少年世界标榜为美好人性与自由理想的具象。他们的作品传达了少年对成人世界的怀疑、迷惘和恐惧。而在这种迷惘和恐惧之下，甚至连对高考也有了新的认识。"想起高考前的那段日子，充满压力，但决定要奋力一搏终归是一种豁达"[3]；而备战高考的

---

① 戴月行：《锦瑟》，《萌芽》2002 年第 8 期。

② 参见［美］赫伯特·马尔库塞《爱欲与文明：对弗洛伊德思想的哲学探讨》，黄勇、薛民译，上海译文出版社 2008 年版，第 26 页。

③ 蒲瑶：《有关高考》，《萌芽》2003 年第 4 期。

日子则"简单得连我自己都不相信我曾经有过这样单纯的时光"①。在应试教育的前提下，学习仍然是一件付出会有回报，努力会有结果的事情；高考的束缚仅是要求他们放弃一切"无用"的兴趣而全力以赴，所应付者也不过书本习题。与成人世界相比，高考尽管意味着某种压抑但仍然相对单纯。面对他们将要涉足并生存的成人世界，少年们原本坚持的信条和原则，他们原本习得的生存技能完全不足以应对。何为真？何为善？如何自处？面对这个几乎全新的世界，少年们彻底地失去信心，再没有什么能让他们毫无保留地去相信。

三、"非常盲目，没有方向"②：无出路的青春

从扰乱成人话语到直接质疑，这些《萌芽》作者对成人世界充满了怀疑和否定。这似乎显示了一种更新的可能性。这些质疑和否定有可能冲破束缚，推翻成人世界的种种教条和陈规。正如尼采所指出的，"必须做创造者的人，总得要破坏"③。《萌芽》作者群所书写的叛逆青春及其反抗心理似乎恰恰指向了某种青年亚文化的对抗意义。

但是，这种具有青年亚文化色彩的抵抗行为在《萌芽》作者这里往往半途而废。抵抗仅仅停留于质疑，使他们的姿态更多地呈现为一种逃避。在现实的残酷性展现在他们面前之前，他们已纷纷退守到少年乌托邦的幻想中，从而放弃了介入现实并进而改造现实的尝试。于是，青春期作为这一乌托邦

---

① 郭敬明：《回忆中的城市——不是后记的后记》，载《幻城》，春风文艺出版社2003年版，第227页。

② 周嘉宁：《阴天》，《萌芽》2001年第7期。

③ ［德］弗里德里希·尼采：《查拉图斯特拉如是说》，钱春绮译，生活·读书·新知三联书店2012年版，第62页。

最后的边界线，因其终将逝去而被提前悼念。"缓慢的成长过程过去之后，或许我们都给了自己一张无限期苍老的脸"①；"一低头发现自己没有轰烈，便已皓首"②；"听见自己苍老的心跳和惨淡的呼吸"③；甘世佳干脆将自己的作品集命名为《十七岁开始苍老》。"衰老"或"苍老"成为《萌芽》作者群写作的关键词。青春未逝却已未老先衰的心态以蔓延之势在这些《萌芽》作者的笔下频频出现。

同时，早已逝去的童年更被反身建构为一处"永无岛"④式的飞地。与"衰老"相对应的是，这些作者又一而再，再而三地在文本中将自己称为"孩子"。"孩子"在这些作者这里具有多层的含义。首先，"孩子"被赋予了一种真正的单纯，如宋静茹塑造的那个渴望忘记离异的父母、复杂的家庭、暧昧的友谊、将至的高考，抛弃一切负累和思虑的孩子，希望"一直睡到我可以真心地微笑，然后再哭泣得像个孩子"⑤。其次，在这一称谓之下，似乎所有乖张与任性的行为都可以得到理解和宽容，是郭敬明所描述的那个敏感忧伤却又刻意隐瞒的孩子，"一个任性的不肯长大的孩子"⑥。同时，"孩子"也意味着面对成人世界的一种软弱和无力，是刘琳娟笔下那个因为父母离异而过早地失去庇佑，被迫面对孤独与世情冷暖的孩子："我还是个孩子，我还不懂愤世，可是我嫉俗。嫉妒那些俗世的幸福。"⑦

---

① 森林：《玻璃外的风景》，《萌芽》2003 年第 7 期。

② 郭敬明：《青春》，《萌芽》2003 年第 4 期。

③ 何许：《我的 211，我的 109》，《萌芽》2003 年第 6 期。

④ 英国作家詹姆斯·巴里在《彼得·潘》童话中构筑了"永无岛"（Never Land）这一世外之地。在那里孩子们永远不长大，因此也以"永无岛"来隐喻永远的童年。

⑤ 宋静茹：《孩子》，《萌芽》1999 年第 5 期。

⑥ 郭敬明：《回忆中的城市——不是后记的后记》，载《幻城》，春风文艺出版社 2003 年版，第 234 页。

⑦ 刘琳娟：《无关爱情》，《萌芽》2002 年第 8 期。

80 后一代人的儿童时期自然是有相当的自由和无忧无虑的。但从《萌芽》作者群的一些回忆童年的作品中也可得知，童年实际并非他们所建构的天堂和乐园。在童年期，他们"总考不了第一，你的裙子总没有别的女孩的好看，你在放学的路上走，一个个小孩子踏过你拖在地上的影子"①。事实上，"儿童的身体、思想和人格的成长过程和青年人是差不多的。他们与成人有所不同，并非更好也非更坏。儿童的这些形象，如'纯洁''天真'等，都是神话的组成部分，而非童年的心理或社会现实"②。但显然，在以"孩子"自居时，儿童的世界在这些《萌芽》作者的笔下被刻意抹去了阴暗面，而被赋予了一种神话的色彩。他们单纯天真，并受到全面仔细的庇护。换言之，对《萌芽》作者群而言，童年由于其不可重返性而被神化，从而被建构为一个独立于成人世界之外的伊甸园。而"孩子"的自我命名又传达了一种反成长的逻辑。这样，他们便将成长呈现为一个被不断否定的过程。以对成长的拒斥和对成人世界价值观的否定，这些作者书写了 80 后一代人独特的青春体验。这种否定和拒斥意味着一种逃避冲突的机制。对少年乌托邦的叙述指向了一种心理层面的退化（régression），"是以过去来取代无法承受的现在"③。借助于对少年乌托邦的想象性回归，80 后们得以回避与成人世界及现实的冲突。

但另外，这些作者对少年乌托邦的回归却隐含了一个无法解决的矛盾——青春不能长久，成年必将来临，正如同他们所建构的少年乌托邦在自身中也孕育着倾覆的危机。

同样地，对少年乌托邦的追怀也可能在无意间消解了乌托邦存在的可能

---

① 吴越：《故事里的树——"我"和"我们"》，《萌芽》2002 年第 10 期。

② ［加］马塞尔·达内西：《酷：青春期的符号和意义》，孟登迎、王行坤译，四川教育出版社 2011 年版，第 101 页。

③ 林志明：《译者导言：福柯 Double》，载［法］米歇尔·福柯《古典时代疯狂史》，林志明译，生活·读书·新知三联书店 2005 年版，第 26 页。

性。林森在《野人海》中并置了青春期的几种可能性。渊源的冷酷是认同成人世界的结果，陶陶的恣意放纵和猫咪的自暴自弃则是当下青少年对成人世界的拒绝姿态，而"我"则在这两个极端之间徘徊。小说以"我"对野人海的寻找来抵达对死亡的草原鸢和由鸢所指代的童年时光的祭奠和缅怀，并渴望从有关天真质朴的童年玩伴草原鸢的回忆和由鸢讲述的野人海的传说中获得抚慰。"当一切变得模糊的时候，我听见湖底有人在唱童年的歌谣，我看见一双清澈的眼睛，温柔地注视着我孤独的灵魂。"① 但荒废的野人海和永不出现的草原鸢却暗示了少年乌托邦幻梦的永远逝去。事实上，面对成人世界，这些青少年只有怀疑的眼光，而缺少推翻的勇气和重建的策略。没有新世界建立的可能，成年被一厢情愿地无限延宕，那么这一代青少年该往何处去？"如同一个美丽的水晶球，那是我们所有孩子曾经的梦境。如同爱丽斯梦游仙境。可是长大的爱丽斯丢失了钥匙，她是该难过地蹲下来哭泣还是该继续勇敢地往前走？"② 对这种"欲进不能，欲罢不忍的矛盾"③ 的疑问常常或显或隐地出现在《萌芽》作者群的创作中。然而这些作者只有追问，却无力回答。于是在不能回头与无路可走的夹缝中，唯有当下这段青少年期成为被掐头去尾，悬置在时光之中。

这种对青春期的悬空导致了他们对青春的书写偏重于抑郁与迷惘的一面。陈宁子的《挺好的，我们》描述一群少男少女在时光中经历的流离失所。其中印加的成长是显在的，而其他人的成长是隐在的。在对好友分别、初恋破碎等琐事看似凌乱的叙述中，陈宁子呈现了这一代人在青少年期特有的状态：

---

① 林森：《野人海》，《萌芽》2002 年第 7 期。

② 郭敬明：《回忆中的城市——不是后记的后记》，载《幻城》，春风文艺出版社 2003 年版，第 224 页。

③ 李婧：《等青春散场》，《萌芽》2002 年第 2 期。

"乱乱的，没有线索。"①在这里，没有剑拔弩张地与成人世界的对抗，只有无以名状的忧伤和迷惘，"心里很空，我想哭"②。作为对比，同样是描写一群青少年的生活，陈村的《少男少女，一共七个》则以辛辣的讽刺来描写与成人世界的对立冲突及失败。但在陈宁子这里，80后一代人的青春只能以"乱乱的，没有线索"来进行。那是一种无力地被时光裹挟着向前的盲目成长，却又无法进行有效的抵抗。对此，作者又刻意地宣称"挺好的，我们"，反而更进一步地映照出这一代人的无力感。

徐璐的《乱红飞渡》则试图为青春寻找出路，并一反这批作者的常态，转向了成人的世俗生活。小说中，两次高考落榜的"我"只身躲避在遥远的陌生城市里，对是否应当坚持理想产生了疑虑。"我"无所事事、漫无目的地整日游荡于城市的角落。这种状态形象而典型地表现了80后们青少年期的迷惘。而在游荡的过程中，"我"目睹烧烤摊老板、大学生、修鞋匠的生活，在一次登山之后，最终坚定了坚持理想的信念。从怀疑理想到坚持理想，小说指出"我"是从凡俗人世的"认真生活"中获得的启示："那些自以为是的小说家们谁又敢说那些认真生活的人们是在忙碌于灵魂之外呢？就算是淡泊清贫，就算是争名逐利，那也都是他们自己的不为他人所动摇的选择。"③但在从低迷向高昂的突兀转折中，小说中"我"在山顶上观望小城市时，对其中众生碌碌的描写所透露出的居高临下的姿态却将"我"从代表尘世生活的"他们"抽离，并隐约地显示了一种鄙视。这与结尾处"山下的城市，楼群林立，车水马龙，躬行于世的芸芸众生行色匆匆，远远看来却都是精致的，朝气的，有活力的"④的拔高却产生了一种冲突。从鄙视到欣赏，小说试图在"坚持自

① 陈宁子：《挺好的，我们》，《萌芽》2002年第8期。
② 陈宁子：《挺好的，我们》，《萌芽》2002年第8期。
③ 徐璐：《乱红飞渡》，《萌芽》2002年第3期。
④ 徐璐：《乱红飞渡》，《萌芽》2002年第3期。

我"这一点上平衡"我"之坚持理想与他们之坚持平凡生活。而这尝试在突兀的转折中失败了。另外,"我"在登山时所产生的与《乞力马扎罗的雪》有关的联想,又再度削弱了俗世生活所可能具有的感染力。凡俗人世带来的感动依然要上升到文学经典的高度才具有力量,那么究竟是文学还是平凡生活给予了"我"坚持理想的勇气?何况,无论世俗生活是否真的具有感召的力量,"我"最终也未真正认可 / 进入这个世界,而是选择了继续坚持不切实际的少年理想。小说试图赋予成人世界平凡生活的意义在叙事的裂隙中被消解了。这正透露出作者对成人的庸碌生活所具有的怀疑。而小说看似提供了出路,实际仍在对少年理想的坚持中回避了现实。

而从这些逃避的姿态和行为中也可以看出,《萌芽》作者群所描述的青少年期迷惘并非由于其少年理想与成人世界所产生的剧烈碰撞及碰撞导致的失败。这种失落感在这碰撞发生之前就已存在——尽管在与成人世界交锋之前,后者就已经被彻底否定,但这些少年却无力在否定成人世界的同时建构一个真正的新世界。因此,他们的拒绝导致的结果是成长被无限延宕,然而延宕的前路却不甚明了。"没有人能够预计到成长是怎么样的东西。"① 由是观之,这些青少年所书写的叛逆和忧伤所传达的青少年亚文化的抵抗性被削弱了。那与其说是失败后的顽抗和哀鸣,毋宁说仅是与悬置的青春相伴而生的一种青春体验。虽然不能不说这仍传达了一种突破樊篱的渴望,但更多的却只是在冗长的青春期里一种盲目的撕裂———一种对成长之出路的无可寄托,以及青春迷惘和压抑的无所适从。

---

① 周嘉宁:《阴天》,《萌芽》2001 年第 7 期。

第二节 失效的抚慰

如上所述,《萌芽》作者群集中地、大量地呈现了关于青少年期的体验,尤其是集中地书写了他们青春体验中叛逆与忧伤的一面,借此来传达他们内心的迷惘与苦闷。因此,在某种意义上,他们的青春书写是具有宣泄情绪的意味的。而在宣泄情绪的同时,在《萌芽》作者群的创作中亦提示了这些作者甚至 80 后这一代人获得抚慰的途径。

一、"我是这个城市的孩子"①:《萌芽》中的城市书写

以 80 后为主体的《萌芽》作者群大多出生在改革开放之后。也正是在这个历史阶段,中国社会发生了巨大的变化。从沿海向内地,中国城市化逐步展开:建设城市、发展小城镇、设立经济开发区,大量农村人口涌入城市,城市化进程不断深化,城市经济高速发展。而这个历史进程,恰好与 80 后成长的时段相吻合。对很大一部分 80 后而言,城市是他们成长与生活极为重要的空间。因此,当他们动笔书写自己的个体经验时,城市背景成为绕不开的一个重要因素。

《萌芽》作为一份立足于上海的杂志,首先吸引到的便是来自上海本土的作者与读者。在杂志转型期间为其撰稿的陈丹燕、王周生、潘向黎等,多为在上海生活的作家;而在第一届新概念作文大赛之后,《萌芽》作者群中的周嘉宁、苏德、韩寒、郭敬明等,皆有在上海生活的背景。这在无意间使得"写上海"成为《萌芽》杂志的特点之一——早在 1997 年,即有读者指出杂

---

① 周嘉宁:《飞一般爱情小说——纪念微蓝头发里的雏菊》,《萌芽》2001 年第 6 期。

志的定位"太上海"①。而上海作为一个国际化的大都市,对它的书写难免会与城市经验有关。这一定位也使《萌芽》杂志无形中更多地吸引了城市背景的作者和读者。这两方面的原因都促使了《萌芽》杂志所书写的亦以城市经验为主,从而使城市成为《萌芽》杂志关于青春经验叙述的重要背景。

如果说,新时期以后,作家逐渐将城市当作虚构与想象的产物。这些"想象"的城市展现了现实世界中的城市未曾显现的一面。这些想象的过程实际就是作者对城市进行建构的过程。创作主体借助自己的情感、经历,建构了符合自我需要的城市。借助想象的城市,作者传达了自己的思想和意识。②那么,《萌芽》作者群对城市的想象与书写也是他们对城市的一种建构。这其中显然传达了 80 后一代人对城市独有的经验,从中亦可以窥见这一代人与他们所置身其中的城市的关系。

(一)提供抚慰的城市

如前所述,这些作者成长的岁月恰好是中国城市化进程开始和迅速发展的时期。作为几乎与中国的城市共同成长的一代人,《萌芽》作者群提供了一种新的城市想象。它与新时期及其后文学对城市的建构有所不同。在《萌芽》作者群这里,城市既不是路遥描述的撕裂黄土地的现代化诱惑(《人生》),也不是王安忆书写中历尽沧桑积淀在个体生命中的地域文化特征(《长恨歌》),甚至不是同期的畅销小说中都市白领们机关算尽、适者生存的现代丛林(《杜拉拉升职记》)。在《萌芽》作者群关于城市的想象中,城市是由地铁站、高大的摩天轮、变幻的霓虹灯、百货公司和购物中心的广告牌组成的日常生活空间。在他们的描述中,80 后们与城市之间流露出了一种亲近感。他们是城

---

① 林青:《印象与希望——1997 年〈萌芽〉读者意见征询表反馈综述》,《萌芽》1998 年第 5 期。
② 参见曾一果《中国新时期小说的"城市想象"》,北京大学出版社 2014 年版,第 54—61 页。

市的一部分，而城市也是他们的一部分。因此，20 世纪 90 年代以来中国城市日新月异的巨变并未给他们带来惊诧体验。相反地，作为城市的孩子，他们习以为常地行走在城市中，对此甚至感到一种亲切。"既然乡村是上帝创造的，那形形色色的人便创造了城市。我唯有拍下人们生活的城市。我会每天向城市道早安和晚安。"① 在这种亲近与亲切的前提下，他们因悬置而迷惘的青春而产生的创痛亦在城市中得到了某种程度的抚慰。

这种抚慰首先来自城市生活对 80 后一代独立个性的包容和鼓励。城市化的进程促进劳动分工的进一步发展和细化。"专门化不仅来自为了获利的竞争，也基于这样一个事实：销售者总是想方设法以新的不同的需要去诱惑顾客。"② 分工的细化和专门化"促进了大众需要的差异、精致、丰富，而这明显导致这个社会里个人差异的生长"③。可见，城市生活促进了个体个性和彼此差异的不断发展。这种差异的本质正在于"'要与别人不一样'（being different），在于它以惊人方式吸引注意力的那种醒目之中"④。这样的城市空间显然契合了这些 80 后少年张扬独特个性的要求。可以说，这些 80 后对个性的追求在某种程度上与城市是合一的。而城市也为这种追求提供了条件，如夜晚喧嚣的酒吧（郭敬明《天亮说晚安——曾经的碎片》⑤）、为摇滚乐队提供演出场所的地下室（周嘉宁《阴天》⑥）、街边的咖啡馆（叟俏《坐在咖啡馆里淡妆

---

① 刘潇：《道路以目》，《萌芽》2004 年第 4 期。

② ［德］齐奥尔格·西美尔：《大都会与精神生活》，载《时尚的哲学》，费勇、吴曹译，文化艺术出版社 2001 年版，第 196 页。

③ ［德］齐奥尔格·西美尔：《大都会与精神生活》，载《时尚的哲学》，费勇、吴曹译，文化艺术出版社 2001 年版，第 196 页。

④ ［德］齐奥尔格·西美尔：《大都会与精神生活》，载《时尚的哲学》，费勇、吴曹译，文化艺术出版社 2001 年版，第 196 页。

⑤ 郭敬明：《天亮说晚安——曾经的碎片》，载《左手倒影，右手年华》，上海译文出版社 2003 年版，第 97—120 页。

⑥ 周嘉宁：《阴天》，《萌芽》2001 年第 7 期。

的我》①)、售卖国外 CD 的小店（张悦然《赤道划破城市的脸》②）等，不一而足。可以看出，城市为 80 后青少年不同个性的存在与发展都提供了可能的空间；而这些作者所塑造和描写的摇滚青年、"小资"青年，也正是城市生活的产物。

其次，城市的发展带来的丰厚物质也为 80 后们提供了一种抚慰的途径。一方面，这些作者显示了对物质的迷恋倾向。他们往往不遗余力地描绘着物质的细节，并往往在不经意间透露出这些物质的精致和价格不菲。"我穿着法国白色蕾丝内衣"③，"买了蓝色扎染布的裙子，碎拼牛仔布的娃娃鞋，黑色蕾丝上衣"④。尽管这种对物质的占有并不排除一种晚期资本主义逻辑下的消费主义倾向。但它更源自这些青少年精神上的苦闷。对这些青少年而言，青春期是应试教育束缚和压抑下精神的苍白孱弱，是未落进现实的抵抗带来的消极幻灭，是少年时代终将结束而前途未卜的迷惘空虚。在这一情况下，物质占有所制造的满足感有效地抚慰了他们精神上的痛苦。这是"我过着潦草的生活，可是我爱着物质"⑤的内在原因。另一方面，对这些青少年而言，物质的选择也是与个性的展露相联系的，对于同类物质的选择意味着相同的品位和相同的爱好，进而意指了相同的志趣和社会阶层的归属。正如张悦然所描述的："我们一样喜欢蓝山咖啡和绿薄荷甜酒，我们一样喜欢黑夜和猫咪，我们一样喜欢地铁和霓虹灯，我们一样喜欢王家卫的电影和村上春树的小说。"⑥在这里，选择何种类型的物质成为识别同类和获得认同的标志。这样，物质既是个体在这种相互认同之中告别孤独的创痛体验，也标识出一个个具有亚文

① 殳俏：《坐在咖啡馆里淡妆的我》，《萌芽》2002 年第 10 期。

② 张悦然：《赤道划破城市的脸》，《萌芽》2002 年第 8 期。

③ 苏德：《我是蓝色》，《萌芽》2001 年第 7 期。

④ 张悦然：《这些那些》，《萌芽》2003 年第 4 期。

⑤ 张悦然：《赤道划破城市的脸》，《萌芽》2002 年第 8 期。

⑥ 张悦然：《陶之陨》，《萌芽》2001 年第 7 期。

化色彩的青少年群体。从上述两方面可以看出，对物质的欲望已经被嵌入了
《萌芽》作者群对少年乌托邦的想象之中。

然而，正如安吉拉·默克罗比对本雅明的解读，"废墟……代表了消费
文化的另一面。……资本从内部开始颓败腐烂，因此，它越发地需要盛装打
扮"①，物质的繁盛实际正是资本社会颓败的一个表现。但在《萌芽》作者这
里，对物质抚慰功能的沉溺却使消费社会颓败的这一面被遮蔽了。对物质的
迷恋在很长一段时间内未得到有效的反思，甚至不断发展，以至于在郭敬明
的《小时代》三部曲中，物质干脆以各种奢侈品的品牌和价格被直接地标识
出来，并以铺天盖地之势充斥于小说之中。在此，这种过度膨胀的对物质的
标榜，使物质所携带的抚慰功能不可遏制地发展成了一种彻底的拜金主义和
消费主义的倾向。参照本雅明对世界展览会的论述，世界展览会增加了商品
的交换价值，并使它们打开了一个幽幻的世界。人们在这里获得消遣。"娱乐
业通过将他们提升到商品的水平而使他们更容易获得这种消遣。人由于在享
受从自身和从他人的异化，因而也就听凭娱乐业的摆布"②，商品因此而登上了
令人膜拜的宝座。如果说，时尚将生命与无机世界联在一起③，那么我们可以
说，在80后写作中所呈现出的对物质的迷恋延宕了对自身被异化状态以及商
品之后的资本操纵的认知与反思。而《小时代》式的对物质的沉迷或者正显
示了对这种被异化状态的耽溺。80后写作中的这种转变不能不令人深思。这
将在下文予以更深入的探讨。

再次，城市也为这些青少年的个性发展提供私人空间。快速的城市化进

---

① ［英］安吉拉·默克罗比：《后现代主义与大众文化》，田晓菲译，中央编译出版社2006年版，
第145页。

② ［德］瓦尔特·本雅明：《波德莱尔：发达资本主义时代的抒情诗人》，王涌译，译林出版社2012
年版，第173页。

③ ［德］瓦尔特·本雅明：《波德莱尔：发达资本主义时代的抒情诗人》，王涌译，译林出版社2012
年版，第173页。

程要求城市的改造和扩张，摧毁了原有的逼仄狭窄的旧城区，使个体的私人空间得到了扩大。

一方面，这些新的生存环境意味着相对独立的个体空间。这些以《萌芽》作者群为代表的 80 后青少年们大多拥有"一间自己的房间"。这一处相对私人的空间从某种意义上而言正是这些少年个体心灵的外化，折射出少年们不同的个性。因此，在《萌芽》作者群这里，我们常常可以看到对这一空间的详细描写。如宋静茹的《孩子》中，敏感而忧郁的安安用来画画、听音乐的挂满花布的小房间；郭敬明的《天亮说晚安——曾经的碎片》中内心压抑的"我"在房间墙壁上贴满摇滚画报。谷千穗在《我的秋天》^①中，甚至将对一间可以在墙上贴井字绳、画上向日葵的蓝色房间的渴望与"我"从小到大不断夭折的无数追求并置在一起，私人空间成为梦想的一种具体化表现。而这一梦想的从未实现也指向了少年心灵的被束缚。无独有偶，在张悦然的《黑猫不睡》^②中，也以只有在离开时/失去时才被允许粉刷成蔚蓝色的房间来指代不可实现的梦想和失落的少年恋情。少年们希望以自己的喜好来对房间进行改造与装饰的意愿，实际传达了他们对一处可以容纳个性鲜明的自我并任其发展的私人空间的渴望。我们可以说，在《萌芽》作者群这里，"房间"是与少年的自我联系在一起的。它既是少年精神世界的一个窥孔，也是展现他们在成长过程中遭遇挫折的一个载体。

有趣的是，《萌芽》作者群对房间的描述很大程度上是借助描写物质来完成的。如上文所提及的摇滚海报、装饰性的颜色等，隐约地勾画出一处具有青少年亚文化意义的"风格"的空间。私人空间中物质的突出强调了二者之间的联系，指出了城市既为少年提供物质抚慰，也容纳他们追求独立的心灵，

---

① 谷千穗：《我的秋天》，《萌芽》2002 年第 2 期。
② 张悦然：《黑猫不睡》，《萌芽》2001 年第 5 期。

从而强调了城市与 80 后成长之间的密切联系。以此看来，在周嘉宁的《开水与白面包》①中，预示着少女成长的 14 岁生日与意味着城市发展的旧城区改造这两个看似毫无关系的事件被并置是具有某种隐喻意味的。少女在结束懵懂暗恋的同时搬进了新的城区，新的生命历程与空间将同时展开。对这种同时性的突出确认并强调了城市在 80 后成长过程中所扮演的重要角色。

另一方面，在大城市生活中，个体呈现出了一种"自我退隐"（reserve）②的倾向。随着城市化的发展而涌入城市的大量人口使城市充满了拥挤的人群。这些彼此陌生的人群陡增了个体之间的互不信任感和不安全感，也增加了人们对城市生活安全性的怀疑。这便使自我克制和退隐成为城市生活中的必要。而这种自我退隐的结果之一便是在城市之中个体之间的冷漠，践行着"各扫门前雪"的生存原则，甚至连比邻而居的人也不认识。③显然，这种生存原则使城市生活变得生硬、冰冷、不近人情。但"对于大都会的这些典型危险——冷漠、千篇一律的表现、厌恶——我们从两方面看，它们其实也在保护我们"④。这种冷漠恰恰赋予了个体自由以空间。而那些拥塞的旧城区，由于生活空间的狭小，人与人之间存在着明显的相互限制和相互影响。个体难免产生一种被窥视感，而他人对个体的看法与评价更有可能引起个体的自我焦虑。苏德的《阿难》⑤对弄堂生活的描写中，年幼的阿难便在墙根下偷听邻

---

① 周嘉宁：《开水与白面包》，《萌芽》2001 年第 12 期。

② ［德］齐奥尔格·西美尔：《大都会与精神生活》，载《时尚的哲学》，费勇、吴菁译，文化艺术出版社 2001 年版，第 191 页。

③ ［德］齐奥尔格·西美尔：《大都会与精神生活》，载《时尚的哲学》，费勇、吴菁译，文化艺术出版社 2001 年版，第 191 页。

④ ［德］齐奥尔格·西美尔：《大都会与精神生活》，载《时尚的哲学》，费勇、吴菁译，文化艺术出版社 2001 年版，第 192 页。

⑤ 苏德：《阿难》，载张悦然、周嘉宁、苏德《倦怠阴天》，南海出版公司 2004 年版，第 21—41 页。

居姆妈们对自己身世的"嚼舌根"。由此可见，在狭小的旧城区中，由于空间的逼仄，个人的私生活简直无处遁身。而相对封闭的新环境虽然导致了个体之间的冷漠，但也保留了个体的隐私和自由，使个体与飞短流长的人际是非保持了距离。"现代生活最深层次的问题来源于个人在社会压力、传统习惯、外来文化、生活方式面前保持个人的独立和个性的要求"①，而城市至少能为个体提供保留隐私和个性的私人空间，因此契合了 80 后青少年对个性发展的要求。在此意义上，城市又一次为这些青少年们提供了抚慰：城市为个体所辟出的空间为青少年们提供了一处必要的后撤之地，使他们能与来自成人世界的控制企图保持一定距离。而当少年世界与成人世界之间的冲突不可避免地激化之时，这一空间也使他们能够回避冲突并疗治创伤。所以，在《萌芽》作者群笔下较为集中地出现了关于独居生活的想象，如刘琳娟的《无关爱情》②、苏德的《我是蓝色》、陈敏的《穿越花朵》中都对青少年主人公独身一人的生活进行了想象。这种想象与他们关注自我、书写自我的写作倾向是契合的，但同时也封闭了对更为广大的现实的深入观察与开掘。

（二）疏离的城市

在从城市获得抚慰的同时，这些作者对城市又表现出了一种既亲近又疏离的关系。城市在他们的笔下实际被弱化为了主体成长的背景。在书写城市时，他们所凸显的仍是一个个青少年个体。诚然，除了上述如地铁、摩天轮等相似符号的堆叠外，这些成长地域不尽相同的作者确乎描摹了不同的城市。张悦然的城市有着"曲曲折折的小巷子"，有"柳树，大木头门，泉水。还有

---

① ［德］齐奥尔格·西美尔：《大都会与精神生活》，载《时尚的哲学》，费勇、吴鼎译，文化艺术出版社 2001 年版，第 192 页。

② 刘琳娟：《无关爱情》，《萌芽》2002 年第 8 期。

对联"①；周嘉宁的城市里突出的是晦暗的弄堂，霉湿的公共厨房，浊臭而肮脏的苏州河；在郭敬明的城市里，常常出现的是空荡的公共汽车，高大的香樟树和漫天的杨花。有趣的是，《萌芽》作者群看似书写了不同的城市，但这种差异却并不使他们对青春体验的书写产生具有地域特征的差别。

在《开水与白面包》中，周嘉宁讲述了一个发生在苏州河边的成长故事。在小说中，上海这座城市是借助煤球炉的气味、自来水里的咸味、黏稠的河水、水面上扁扁的小船和哭泣一般的汽笛声而显影的。而这一切都是通过"我"的记忆而组合、而存在的。可以说，正是通过"我"，这些凌乱的符号才拼凑出了一座上海。而居于回忆中心的是"我"14岁时在马力的篆刻铺里度过的一段时光。在这段时光面前，上海这座城市褪成了一幕背景，甚至关于苏州河附近旧城区改造的记忆也是因为它联系着马力的离开。尽管少年恋情的结束与搬离旧城区被并置而强调了同时性，但小说并未书写新旧城区的生活在"我"的生命中所留下的印迹。多年后，19岁的"我"来到北京，在篆刻铺熟悉的气味里指认出了那场少年时代的清贫爱情。这个由景泰蓝的手镯、驴皮的影戏等具有地域特色的符号所拼接起来的北京，仍然只是这一少年记忆被指认的背景。小说中，两座城市虽被一些具有地域性的符号标识出来，但这些符号的拼贴却是流于表面的，而无法描述出一座城市深层的性格。无论是苏州河"肮脏但是带着我所有的记忆"②，还是在北京的琉璃厂与"我"的记忆中相似的气味，小说所突出的是"我"。以两座城市为背景，作者凸显了"我"的主体性。事实上，小说中的上海与北京可以被置换为任意两座其他的城市。它们未对人物的成长真正地产生作用，反而是人物的记忆在为它们命名。而从一座城市到另一座城市的辗转也并未使人物感受到文

---

① 张悦然：《这些那些》，《萌芽》2003年第4期。

② 周嘉宁：《开水与白面包》，《萌芽》2001年第12期。

化上的冲突和惊诧体验。这一方面是因为作为城市的亲近者，80 后们能迅速地在不同的城市中找到自己的兴致相契合点，获得相似的体验；另一方面更是因为城市只是人物成长的背景，不同城市的差异在此被弱化了。这在张悦然的一些小说中得到更明显的表现。在《这些那些》的描述中，"我"的家乡与新加坡之间的差异进一步弱化了，一样出现了购物中心、咖啡馆、教堂等符号。"我"在新加坡无人的地铁上以嚣张的姿势拍照、尖叫和撒野，仿佛这无人的地铁车厢是"我"演出的舞台。而这正如在家乡那座北方城市里，"我从巷子里穿过的时候可以感觉到周围人的目光。那是一种隆重的检阅。我觉得自己是个引人入胜的孩子。……等到我长大之后才明白，我真正迷恋的是从我家到那个人身边的这一段路。它像极了我的一场表演，一场我精心打扮的演出"①。这里或在无意间表明城市在这些 80 后作者笔下所扮演的角色——一座供他们演出的舞台。尽管城市之间相隔万里甚至差异悬殊，但这些在《萌芽》作者群这里都被弱化甚至遮蔽了，因为它们仅仅是这一代人青春故事的背景，被借用来突出他们的主体性。而这恰恰也是刘潇在《道路以目》中的姿态所显示的：这些少年作为漫游者经过城市，而城市被呈现为风景——然而，"风景的概念暗示着分隔和观察"②，他们并未真正地以融入其中的姿态来呈现城市。同时，随着地域差异的被抹除，突出的是共同的城市 / 青春 / 成长的体验。这样，不同地域和不同城市的青少年都有可能在这些城市书写中辨认出共通的经验，再次完成了这些 80 后在代际之间的交流和相互认同。

这种疏离态度也体现在这些作者试图以一种可被称为批判的视角来观照他们所生活的城市。这首先体现为他们对城市生活中庸俗一面的鄙视。对文

---

① 张悦然：《这些那些》，《萌芽》2003 年第 4 期。

② ［英］雷蒙·威廉斯：《乡村与城市》，韩子满、刘戈、徐珊珊译，商务印书馆 2013 年版，第 167 页。

学与阅读品位的标榜即是这种鄙视的一个突出表现。世纪之交，在市场经济与商业原则作用下，纯文学的边缘化地位已经相当明显。而这些自居为"文学青年"的青少年们仍然追求着文学与心灵的栖息地，即"发自内心的文学梦犹在"①。然而在他们所生活的城市中，纯文学遭到了城市粗俗和冷漠的驱逐和倾轧。这种矛盾被《萌芽》作者群纳入了对城市之庸俗的批判之中，对城市人读书的"坏品位"的暴露和鄙夷成为他们表达对城市失望的路径之一："这里的书店里摆放着卖不出去的过时书，只有出租武侠言情小说的书亭被人踩烂了门槛。"②与此相对的是他们对村上春树、米兰·昆德拉等作家的热爱，如李萌在《只是寂寞》③中记叙的自己省下午饭钱来购买村上春树的全集。借助区分不同的阅读对象，并进一步地鄙视他们的／"坏的"，标榜我们的／"好的"，这些作者试图使自己区别于城市庸俗的一面。

对城市批判的另一方面表现在他们对乡村的书写。在这一时期的《萌芽》杂志中涉及乡村的作品数量相对较少。但从这些有限的作品中仍可以看出，与对城市的描写相比，《萌芽》杂志中的乡村单调得多也贫乏得多。当少年作者们在很大程度上必须依靠想象力来营造乡村生活时，日常生活经验的薄弱使得他们笔下的农村往往呈现出模式化的死板。他们所描写的农村往往被建构成一个淳朴的乡间，如同世外桃源一般的所在。如在马中才的《我不想告诉你》④中，农场作为静谧优美的背景呼应着少女的纯真恋情；在陈宁子的《小林的光阴故事》⑤中，祖父祖母生活的农村是小林童年的乐园，这一乡村乐园的永不再现意味着童年的一去不返。另一方面，也有一些作品将乡村与城

---

① 小如：《发自内心的文学梦犹在——〈萌芽〉读者意见反馈综述》，《萌芽》2002年第3期。

② 徐璐：《乱红飞渡》，《萌芽》2002年第3期。

③ 李萌：《只是寂寞》，《萌芽》2002年第10期。

④ 马中才：《我不想告诉你》，《萌芽》2003年第8期。

⑤ 陈宁子：《小林的光阴故事》，《萌芽》2003年第7期。

市进行对比，描写城乡差异。但作者显然无法触摸到城乡差异血肉丰满的现实，也无法深入分析产生差异的历史或现实原因，因而仅在作品中简单而生硬地搬用了相当模式化的城乡二元对立结构。在《一点劲儿也没有》①之中出现了永远只能徘徊在城市底层的乡下人，和对外来者永远冷漠的城市；《林中注定》②的作者试图借由乡下少女与城市男孩之间无结果的爱恋入手来探讨城乡问题，但最终仍落入城乡二元对立的模式之中。可以看出，这些 80 后作者似乎继承了关于"田园牧歌"的意识形态神话③。同时，他们又为这个神话赋予了新的意义。

周嘉宁的《飞一般爱情小说——纪念微蓝头发里的雏菊》是一则关于山村少年柯瞳与城市女孩微蓝的爱情故事——且恋情毫不意外地在城乡差异的阻碍下无疾而终。有趣的是，在这篇小说中，除了对淳朴乡间与市侩城市的描写外，城乡差异更集中地以物质上的贫富悬殊来体现。柯瞳除了物质上的极端贫困外并未有其他的特征来显示他来自山村的身份。生长环境的不同并未使他与周嘉宁在其他小说中塑造的城市男青年角色（如《阴天》中的郁放、《开水与白面包》中的马力）呈现出明显的差异。而小说对乡村贫困的观察呈现或曰建构停留于山被炸裂的伤口、外表肮脏的孩子等意象上，同时还更多地想象了山中盛开的兰草与樱花等诗意化的场景。这里，周嘉宁显示出她作为一个"城市的孩子"对乡村的隔膜。

小说中柯瞳与微蓝恋情失败的一个重要原因是微蓝母亲的介入。当母亲以乡村的物质贫乏为由而扼杀了这段感情时，小说将成人世界与城市对物质和金钱的追求并置起来，并将追求物质的市侩城市与成人世界呈现为同构。

---

① 肖瀚：《一点劲儿也没有》，《萌芽》2002 年第 9 期。

② 周姝岑：《林中注定》，《萌芽》2002 年第 12 期。

③ ［英］雷蒙·威廉斯：《乡村与城市》，韩子满、刘戈、徐珊珊译，商务印书馆 2013 年版，第66—69 页。

正如唐丽雯所写的："一个人长大的过程就像是一个村子在向一个城市发展的过程。原来虽穷但快乐，之后虽富却痛苦。"① 这样的类比毫不掩饰地展示了这些作者的意图。在他们的这些书写中，少年对贫穷然而美好山乡的向往实际意指着一种纯粹的心灵与精神的追求，再度赋予少年以澄澈的赤子之心。这一具有理想色彩的乡村空间与少年乌托邦一样，成为他们又一处可隐藏的场所，尽管"他所寻找的凉爽的乡村并不是劳动农民的乡村，而是幸运居民的乡村"②。与之相对的是，城市的生存则是"藉金钱的算计性质，一种新的精确性、一种界定同一与差异中的确切性，一种在契约与谈判中的毫不含糊性已经渗透到生活里的各种关系中"③。

城市与成人世界的同构，也使这些作者能够将城市中精于算计、蝇营狗苟、利益当先的肮脏一面都被归属于成人世界，而将与之对立的少年世界隔离于纯粹之中。在将复杂的现实简化为对立面的成人世界之后，这些作者一方面得以借此批判成人世界追求物质、以金钱衡量一切的原则；另一方面自己也从中抽身而出，回避了他们自己本身亦眷恋甚至沉迷物质的事实——事实是，他们蔑视金钱却无法不受惠于金钱，正如微蓝对诗意乡村的向往并不妨碍她享受着丰厚物质带来的优渥生活。这也正是《飞一般爱情小说——纪念微蓝头发里的雏菊》中微蓝没有犹豫和挣扎便接受了母亲安排的富有的新恋人所透露给我们的。作为城市的孩子，他们不可能真正地离开城市与其提供的丰厚物质，真正投入贫瘠的乡村。可以说，在这些作者这里，乡村并不真正承载救赎的可能性。如同在周嘉宁这篇小说中作为乡村象征的野生雏菊，

---

① 唐丽雯：《幸福守则》，《萌芽》2003 年第 6 期。

② ［英］雷蒙·威廉斯：《乡村与城市》，韩子满、刘戈、徐珊珊译，商务印书馆 2013 年版，第 66 页。

③ ［德］齐奥尔格·西美尔：《大都会与精神生活》，载《时尚的哲学》，费勇、吴蘁译，文化艺术出版社 2001 年版，第 189 页。

它可以点缀在城市的角落里，抑或盛开在专卖店的广告招贴画上，成为一处对乡村的诗意想象。在此意义上，我们或可将微蓝头发里逐渐枯萎的雏菊视作某种隐喻。它暗示了现实乡村与城市少女真正发生交集的一次尝试。而这一尝试的失败意味着诗意化的乡村想象一旦落地为真实，便将如少女头发里的雏菊，不是在城市的夜风里坠落便是衰败。

（三）"无根"的城市

　　显然，将城市的浑浊污秽都归之于成人世界，而使少年世界的纯白干净得以保全，这一做法解决了城市提供物质安慰与物质获得渠道可能的丑恶猥琐之间的矛盾。这使这些作者能够在鄙视城市生活的同时，构筑起一个与少年乌托邦相对应的、可供少年隐匿的城市空间。在《萌芽》作者群这里，城市被生硬地分割为二元对立的两个部分：少年 / 纯净，成人 / 污浊。正如张悦然在《毁》中所言，她的生活是云层之上的一座玫瑰雕花的城堡；而世俗的生活中却充满了肮脏的故事，甚至每个人的影子都是罪恶的尘垢所结成的痂。在《毁》中，少女所爱恋的男孩更以一种极端的干净具象化了少年世界的纯洁。"他没有人的丑恶的灰垢。他干净得不会结痂。"① 这种高居于云端之上的态度使这些少年们获得了以清高的姿态去打量世俗生活的可能，而这又反过来巩固了他们清高的姿态。"我和小野一样地嫉恨这个恶俗的世界。我们都像无辜而干净的小水珠，我们本来会被蒸发上去。"② 在这个高高在上的空间里，他们享用物质，同时对城市生活中世俗的生存原则和生活状态，以及获取物质的种种肮脏手段表示鄙视。这不仅呈现出了独异个体与大众之间的紧张关系，也在他们与真实的、现实的城市生活之间划开了一道屏障。

---

① 张悦然：《毁》，《萌芽》2002 年第 1 期。

② 张悦然：《霓路》，载《葵花走失在 1890》，作家出版社 2003 年版，第 85 页。

另外，将污秽归属成人世界的做法更阻碍了《萌芽》作者群对城市更深入的观照和挖掘。这使得他们笔下的城市再度被抽空了存在的现实基础，更进一步地成为一座座由物质符号堆叠而成的"空中楼阁"。因此，即使他们察觉了城市生活中存在的种种不合理与不道德，却也都轻轻放过。如张悦然的《黑猫不睡》写父亲对母亲的家庭暴力，蔡雯婷的《夏生》①写中年已婚男人的出轨与对少女的"洛丽塔情结"，苏德《威马逊之夜》②写官商之间权钱交易……但无一例外地，这些事件都只是少年成长的背景。它们仅仅被作为推动少年故事发展的齿轮，被一笔带过。周嘉宁在《飞一般爱情小说——纪念微蓝头发里的雏菊》中描写的微蓝代表着这些作者在面对城市时呈现出来的姿态——微蓝在火车站混乱肮脏的人群里，"提着裙子的下摆……像个受了惊的公主"③，捂着鼻子经过清洁大街上劳动的清洁工。

城市现实基础的被抽空，自然与这一代青少年彼时阅历尚浅相关，但更多地源自他们对自身的关注。这种关注有时甚至显得过度。与 20 世纪 50—70 年代，尤其是"文革"时期的阶级论话语相对立的，"在 70—80 年代转型期乃至整个 80 年代，围绕着'人''人性''主体'等问题的人道主义表述，无疑构成了最为醒目且持续时间最长的一组话语形态"，"将'个人'视为绝对的价值主体，强调其不受阶级关系、社会历史限定的自由和自我创造的属性"④。而 80 后的一代人恰好成长于这一强调"个人"与"自我"的时代。这使这一代人或多或少地沾染上了要求自我独立、强调个人自由的个人主义色彩。而 80 后写作产生的契机之一也来自这一代人拒绝被言说与定义，寻找主体认同的迫切和焦虑。因此，自第一届新概念作文大赛以来，这些作者的写

① 蔡雯婷：《夏生》，《萌芽》2002 年第 10 期。

② 苏德：《威马逊之夜》，《萌芽》2002 年第 12 期。

③ 周嘉宁：《飞一般爱情小说——纪念微蓝头发里的雏菊》，《萌芽》2001 年第 6 期。

④ 贺桂梅：《"新启蒙"知识档案：80 年代中国文化研究》，北京大学出版社 2010 年版，第 51 页。

作多是从自己的生存经验和体验出发，尤其注重表现自己的内心生活。从某种意义上说，《萌芽》作者群对城市背景的弱化和他们对自我内心及生活的突出是一体两面的，正是 80 后一代人强调自我与个性的表现。然而，随着他们在作品中呈现了一个又一个孤立、封闭的个人世界，他们也逐渐与时代、现实产生了疏离。这种对个人的过分强调不断发展，对主体的关注和凸显逐渐演变成了一种自恋。如郭敬明不断地以第一人称"我"开始小说的悲伤叙事；而张悦然在《是你来检阅我的忧伤了吗》一书中不仅讲述三个时代背景模糊但突出内心感受的故事，更在书中穿插了大量作者的照片，使"我"在阅读过程中真正无处不在。可见，当这些作者力图返回到个人与心灵的维度时，却在无意中将他人表述为暂时性与功能性的存在。他们强调个性与主体，却无法打通主体与现实、时代，甚至主体与主体之间的交流。这种关注内心的姿态导致了对他人认同感的失落，并联系着对自我认同丧失的困境。

正是这种"向内转"的姿态，使这些作者无法真正地贴近城市的现实。现实被一系列的意象和符号所取代：高楼大厦、摩天轮、百货公司。同时，他们强行一分为二的城市建构也被他们的书写消解了。尽管这些作者试图寻找和重新创造属于纯净少年巨细的城市生活，并将他们对城市二元对立的描写呈现为一种城市的现实存在，正如刘莉娜对其创作的描述："我的眼睛看见的东西，我的双手接触到的，我都试图将它们以原生态写进文章里。"① 但无论是符号的拼贴，还是强行的分割，《萌芽》作者群对城市的书写只是投射其梦想的一种虚构。这样，便在一种贴近现实的书写企图与所描述的梦想状态之间呈现出了一种落差，而真正的城市现实却在此落差中消失了。

在现实与梦想之间的边界被扰乱之后，《萌芽》作者群的书写最终呈现出了一种"悬空"的姿态。如果说，他们对成人世界以及现实生活中的不合

---

① 刘莉娜：《礼物》，《萌芽》2003 年第 1 期。

理现象的拒绝具备了一种青少年亚文化的抵抗力量，那么这种悬空的姿态如果不曾消解至少也削弱了这一力量。借助本雅明关于"历史的天使"的叙述——天使试图修补过去的废墟，却被进步的风暴无可奈何地"刮向他背对着的未来，而他面前的残垣断壁却越堆越高直逼天际"①；那么在这些作者这里，试图借助写作而使成人世界"拨乱反正"的少年们正像是以一种蒙住了眼睛的姿态而高居于云端之上"玫瑰雕花的城堡"中。污秽和废墟是他们所拒绝的——甚至拒绝去发现。而这显然无益于污秽的清除和废墟的修补。由此观之，他们的具有青少年亚文化色彩的反抗实际无法真正地形成对一个时代或社会结构的抵制与批判，而只能产生一种对所谓"庸俗"与"市侩"的鄙夷和浅层批评。同时，随着城市基础的被抽空，他们最终只能将自我呈现为孤独的个体形象，无历史无去处地悬浮于空中的玻璃房之中。这个玻璃房子剔透晶莹又封闭易碎。它展示着少年们终将逝去的青春，又将他们隔绝在自我的小小世界之中。于是每一个青春的故事都是有关于"我"的，而每一个"我"都是寂寞的。尽管这些作者试图在文本之中借助面向内心世界来凸显少年的主体性。但是，在面对自己的心灵时，这些作者又显出了过分的自恋和自怜，所谓"每个人的自恋，都是不能回避的创口"，"自恋的人是孤独和骄傲的"②。这使他们在叩问自我及同代人心灵与精神时浅尝辄止，缺乏深入剖析的勇气。《萌芽》作者群的写作因此在题材上往往狭窄而重复。

　　尽管从某种意义上说，80后写作是时代的产物，然而他们并不曾真正地书写时代。如果对于《萌芽》作者群而言，成长只是一场空中楼阁之上的演出，而城市只意味着一幕背景，那么被时间与历史的风暴所裹挟的一代人又将身往何处？在这里，这些《萌芽》作者对城市的描写又在无意中契合了他

---

① ［德］瓦尔特·本雅明：《历史哲学论纲》，载［德］汉娜·阿伦特编《启迪：本雅明文选》，张旭东、王斑译，生活·读书·新知三联书店 2012 年版，第 270 页。

② 徐歪歪：《自恋一场又何妨》，《萌芽》2003 年第 6 期。

们所书写的无处可去的迷惘青春。而城市的物质与理想世界所能为他们提供的抚慰，从某种意义上说，也随之付之阙如了。同时，个体的孤立状态导致了对个人世界的自足和完整的追求。这使他们进一步失却了与现实和历史对话的能力。尽管这些作者当下的写作已在不断地寻找转型和突破的道路，但早期写作中这一"向内转"的姿态却仍然存在。如何解决心灵的困境，如何走出孤立的世界，如何面对时代，是 80 后写作的发展仍未得到有效解决的重要问题。

二、"我觉察到开始，开始，隆重的爱"①：关于爱和友情的叙述

城市生活的冷漠与自我克制也如同一把双刃剑，在为个体提供独立空间的同时，也将个体推入孤独之中。事实上，孤独也是许多成长于城市的 80 后少年在成长过程中不断体会到的感受。作为独生子女的一代，他们在成长期缺少兄弟姐妹的陪伴，而生活空间的封闭又在相当程度上阻断了他们相互之间的交往。正如上一节所阐述的，城市生活在一定程度上导致了这些青少年心灵的困境和认同的焦虑。而对摆脱困境和焦虑感的渴望也促使了对亲密关系的寻求。这时，由于父母被视为成人世界的某种化身，也由于在代际体验上存在着更多的共通性，80 后对亲密关系的追求更多地转向了身边的同龄人。这在他们的创作中，便体现为对友情和爱情的想象和书写。可以说，对爱情与友情的书写在《萌芽》作者群的创作中占有重要的地位。

（一）爱和友谊的抚慰功能

爱和友谊在这些作者的笔下被赋予了一种抚慰甚至是拯救的功能。李萌

---

① 张悦然：《毁》，《萌芽》2002 年第 1 期。

的《我们在一起》①讲述了四个少年之间的友谊。这段友情使他们在繁重的课业之中获得相互支撑和追逐梦想的力量。共同的文学追求和理想，相互之间真诚的鼓励，同龄人之间的友情有效地缓解了孤独的创伤，带来一种在前往理想世界的道路上并非独自跋涉的安慰。周嘉宁在《扎西德勒》②里所描述的达娃和丁琦之间的友谊，近乎一种引导者与被引导者的关系。达娃的来信使丁琦关于西藏的幻想不断具体化，并使丁琦最终从对西藏的向往中获得了新的生活支点。友情赋予了少年们面对平庸的、不合理想的生活的勇气。

相对于友情，爱情则喻示了更为亲密的关系和更为直接的抚慰。木木爽的《蓝风筝的回归》③中，"我"幼年丧父，加之对物理老师的隐秘爱恋这一不可告人的青春往事，最终导致了沉重的心理疾痛，并在这疾痛中不断地自我伤害。而木木对"我"的爱成为一种救赎，使"我"离开晦涩的、不完整的青春成为可能；同时获得直面过去、告别过去的勇气。正如小说的比喻所指出的，"我"是一只折翼的、忧伤的蓝风筝，而木木给了我另一只飞翔的翅膀，"每当我从原来的高度下落时，木木都会及时地抱住我，然后来一个让我激动不已的拉升"④。而在凌末里的《熹微的悲伤》里，熹微对爱的渴求来自"没有人爱，没有人关怀，无论快乐或是忧愁没有人与你分享"⑤的成长经历。与《蓝风筝的回归》中的木木一样，沙栗带来的爱成为能够照亮熹微潮湿的青春，并使麻木的心灵复苏的阳光。有趣的是，在《熹微的悲伤》里，沙栗是熹微所谓的"暑期男朋友"。因此，小说所书写的这段爱情只是熹微在为期两个月的高三假期里对爱情的一次幻想和预演。它并未寄托着刻骨铭心、生

---

① 李萌：《我们在一起》，《萌芽》2003 年第 5 期。

② 周嘉宁：《扎西德勒》，载陈佳勇等《首届全国新概念作文大赛获奖作品选·B 卷》，作家出版社 1999 年版，第 9—15 页。

③ 木木爽：《蓝风筝的回归》，《萌芽》2003 年第 7 期。

④ 木木爽：《蓝风筝的回归》，《萌芽》2003 年第 7 期。

⑤ 凌末里：《熹微的悲伤》，《萌芽》2003 年第 6 期。

死相依的希望。而这也正意味着，对这些青少年来说，爱情的真假并不具有重要的意义，重要的是"被爱"的感觉。因此，哪怕爱只是一次角色扮演，也可以带来抚慰的效果。在苏德的《我说等一等》①中，恋人的离去触发了"我"少时的精神疾病，而朱婧的小说《关于爱，关于药》②干脆将爱与药并置和比拟。这些将爱与疾病直接联系的描写直观地呈现了爱情对这些少年们所具有的意味。

　　显然，爱和友谊是这些少年打破个体孤立状态的尝试，以此来获得一种相互之间的亲密感。西美尔认为，在社会结构中，"一个相对狭小的圈子紧密地结合在一起，以对付邻近的、陌生的或者以某种方式敌对的那些圈子"③。这也正是爱和友谊在这些青少年的生活之中所起的作用之一。刘莉娜写道，当"心里那种荒凉的感觉阵阵袭来……现在，此刻，我真的想抱一抱谁。只想抱一抱什么人"④。而爱和友谊正提供了这样的可以通过"抱一抱"来获得力量的对象。通过爱和友谊，他们得以相互认同，组成彼此安慰的"圈子"，以期在其中获得对精神创伤的疗治。这些"圈子"的成员往往借助一些共通性来辨认出彼此。这些共通性也是他们交流和相互组合的基础。在《蓝风筝的回归》里，是童年丧失至亲的切肤之痛；在《我们在一起》里，是"榕树下"文学网站和相近的文学趣味及追求；在《陶之陨》中，是村上春树、蓝山咖啡和绿薄荷甜酒等共同的爱好。然而，这也导致了当他们在某种程度上打破了个体孤立的状态时，形成的圈子仍相对封闭。正如他们的书写所呈现的，这些青少年努力突破自身的"自我退隐"之后，所进行的交流实际也仅局限于他

---

① 苏德：《我说等一等》，《萌芽》2002 年第 3 期。

② 朱婧：《关于爱，关于药》，《萌芽》2004 年第 1 期。

③ ［德］齐奥尔格·西美尔：《大都会与精神生活》，载《时尚的哲学》，费勇、吴䗈译，文化艺术出版社 2001 年版，第 192 页。

④ 刘莉娜：《阿安》，《萌芽》2004 年第 2 期。

们自己的"圈子",从一个个体的孤独转变成一个群体的孤独。可见,"圈子"的形成虽然对个人的孤独感产生了抚慰,但它并未真正为 80 后一代人的心灵封闭带来解决和突破。

同时,这些关于爱和友谊的书写也传达了这一代人关于言说和倾诉的欲望。除了在叙述时大多采用了内视角之外,这些小说大量地借用了日记和书信的形式,如周嘉宁的《扎西德勒》、四喜的《天人不寂寞》①、许思窈的《为你写日记》②等。在小说中,直接展现日记与书信的内容营造了一种袒露叙事者甚至作者心声的气氛,是一种直接对读者倾诉的姿态。但另外,这些倾诉在文本中的回应却是缺失的。《天人不寂寞》的第一部分由小羽写给石然的信组成,几乎占据了小说前二分之一的篇幅。在絮语一般的言说中,作者展现了女大学生小羽的生活日常。但作为收信者的石然在小说中却是隐形的。然而,在小说的第二部分,作者却突然笔锋一转,揭开收信人已死的谜底。这便意味着小羽对石然的倾诉实际是无法得到当事者回应的。《为你写日记》的主要内容是苏洋写给姜凡的信,借此展现苏洋的生活与人物性格,从而使苏洋这一形象被凸显出来。但与苏洋相对的是,小说中姜凡只是苏洋的叙述中一个背着维尼熊的模糊影子。换而言之,姜凡始终不是小说着力去书写的人物。以此观之,与其说《为你写日记》所记录的是一场得不到回应的暗恋,不如说作者所讲述的故事中,被爱者的回应原本就不是必要的——甚至连被爱者本身也显得不那么重要。在这个故事中,爱情的开始、经营和结束都是由苏洋独自一人完成的。在小说中,面对姜凡一次次"你是谁"③的询问,苏洋都有意地回避了。毋宁说,这场爱情不过是苏洋一个人的想象和演出。显然,在这两个故事中,爱情都被表现为一个甚至无需他人介入,只凭一己之

---

① 四喜:《天人不寂寞》,《萌芽》2002 年第 2 期。

② 许思窈:《为你写日记》,《萌芽》2004 年第 3 期。

③ 许思窈:《为你写日记》,《萌芽》2004 年第 3 期。

力便可自足和完满的世界。这也恰恰传达出言说者建构自我形象的努力。随着对回应的忽略，言说者成为一个自足的主体。而也因为回应的被抽离，在这两个作品中，诉说者的言说最终被呈现为一种自说自话式的呓语。自我完成的爱情是建构主体性的一条渠道，然而同时也是自我世界的再度封闭。如果说，这种以倾诉的方式而呈现的爱情意味着一种交流的欲望，一种寻求亲密关系的初衷，那么这些少年作者所营造出来的爱实际是对其个体孤立状态的巩固，再度呼应了他们"向内转"的书写倾向。与他们对"圈子"的构建和书写一样，这种对爱情两相矛盾的态度实际再一次质疑了亲密关系的实现和以此获得抚慰的可能性。

（二）爱与友谊的理想色彩

由于爱和友情承担了抚慰与拯救的功能，这些作者自然为他们所书写的爱和友情赋予了一种理想化的色彩。在《萌芽》作者群的书写中，共同成长的少年们往往心无芥蒂，表现出一种坦诚的相互扶持。《12 月，我和阿卡》[①]中的"我"与阿卡，《只是寂寞》中的"我"和小翎，《朝北教室的风筝》里的"我"、黄晓俊和毛毛，更不用说为朋友甚至能够无条件地牺牲自己的恳切相待。无论这些故事里的少年们面对怎样的困境，都能从朋友处获得支持；也无论这些少年们平时怎样互相挖苦和嘲讽，总能及时为朋友提供帮助。而与此同时，他们在现实生活中却可能因为各自的利益而面对相互之间的冲突，比如他们往往是同一场考试的竞争对手。事实上，更为残酷的现实是，这些少年们身处于同一个时代，分享共同而有限的社会资源，这本身就注定了他们之间存在着冲突。显然，他们也并非未曾意识到，他们面对的事实是他们

---

① 陈宁子：《12 月，我和阿卡》，《萌芽》2002 年第 9 期。

的"根扎在同一片水土上，争夺有限的机会和资源，群树离离"①。但在描写友情时，这些潜在的冲突在这些作者的笔下通常成为一个被悬搁的问题，而以拳拳的少年友情体现出一种极力营造理想化的亲密关系的倾向，希图这种友情能够产生自我成长所需索的亲密感。

这种理想化也明显地体现在他们关于爱的讲述中。在这些作者所书写的爱情故事中，爱情往往被赋予一种单方无保留地付出而不索取回报的定义，例如其中一些作者对安徒生童话《海的女儿》的故事的借用和改写。众所周知，《海的女儿》中的小人鱼是一个奉献者的形象。为了获得一个不灭的灵魂，她交出了声音，放弃了家人，忍受每一步走在刀尖上的痛苦来到陆地上去爱她的爱人，最后宁可以牺牲自己来保全爱人的生命。我们或可将《海的女儿》视作一部分《萌芽》作者对爱情书写的一个隐在文本。张悦然的《葵花走失在 1890》②显然是对《海的女儿》故事的一次借用。小说里，野地里的葵花爱上了为她作画的画家。于是她在女巫的帮助下，得以以女人的形象去陪伴画家左右。同样地，她不仅要告别她的家人，也要交付更沉重的代价——当女巫所爱的男人死去时，她将重新以一朵花的形象而成为祭品，并在葬礼上心甘情愿地哭泣。但得偿所愿的是，葵花所殉葬的死者正是她所爱的画家。"没有关系，我是一株你喜欢的葵花，从此我和你在一起了。我们一同在这个糟糕的木头盒子里，我们一同被沉到地下去。多么好。"③这则葵花的故事显然是小人鱼故事的翻演。有趣的是，小人鱼的故事在小说中干脆直接显影，而与葵花的故事来形成对照。虽然二者的结局都是死亡，但小人鱼的不幸是与爱人分开，葵花的幸运是能够伴之左右。在这里，因爱而生的追随甚至令死亡的吞噬都黯然失色。显然，葵花交出了包括自己生命的一切，只

---

① 吴越：《故事里的树——"我"和"我们"》，《萌芽》2002 年第 10 期。

② 张悦然：《葵花走失在 1890》，《萌芽》2003 年第 6 期。

③ 张悦然：《葵花走失在 1890》，《萌芽》2003 年第 6 期。

是为了能够追随爱人，完成这一场刻骨铭心的爱恋。可以看出，张悦然在这里更多地沿用了小人鱼为爱不顾一切、奉献一切的模式。但小人鱼为获得一个不灭的灵魂的初衷反而被忽略了。借此，张悦然强调了奉献性的爱。

而刘莉娜的《小美人鱼》是对《海的女儿》的直接改写和重新演绎。在刘莉娜这里，小美人鱼来到陆地是为了寻找爱。那么爱是什么？刘莉娜在小说中直接描述了她所理解的爱：

> 并且爱首先是没有欲望的，不是要得到什么，而只是想为所爱的那个人做点什么……就是付出了自己全部的世界来换取谁微微笑一下的那种心情。①

这样的描述直接点破了张悦然在《葵花走失在 1890》中未曾言明的爱的含义。从中我们可以看到，这些作者们所强调的，不是能够从爱中得到什么，而是能在多大程度上为爱付出。而与这种对在爱的过程中付出的强调形成对比的是，在这些作者的小说中，爱是如何产生的往往语焉不详。一次邂逅，或是一个眼神的交流常常成为爱情开始的理由。许思窈《为你写日记》所讲述的爱情即基于一场邂逅，而被爱者甚至没有回应。这种描写重心的偏差使《萌芽》作者群书写的爱情显得无缘无故，而使被理想化的爱更像一个充满幻想色彩的虚假童话。换而言之，这种书写使爱情从现实中被剥离了出来而暗示了这一慰藉失效的危机。

突出爱情的纯净化是少年作者们理想化爱情的另一方面。在《毁》这个小说不长的篇幅里，张悦然实际讲述了两段爱情经历："我"失败的前一段恋情；"我"和"毁"的相爱。为了突出后者的纯净和高贵，小说对前者做了

---

① 刘莉娜：《小美人鱼》，《萌芽》2004 年第 2 期。

彻底的否定处理。前一段恋情的结束是由"我"的男友说出"爱情就像吃饭，谁都不能光吃不干"①而导致的。这个粗俗而污浊的比喻甚至使"我"感觉到爱情的被污染和被侮辱。作为对比，在"我"和极端洁净的"毁"的爱情中，他们谈论艺术、童话和宗教。正是在对前一段爱情的贬抑中，张悦然呈现了她理想中的爱情。

> 我需要一个王子，他的掌心会开出我心爱的细节，那些浪漫的花朵。他喜欢蜡烛胜于灯，他喜欢绘画胜于篮球，他喜欢咖啡店胜于游戏机房，他喜欢文艺片胜于武打片，他喜欢悲剧胜于喜剧，他喜欢村上春树胜于喜欢王朔。不对，他应该根本不喜欢王朔。②

从一段描述中可以看出，理想的爱情与她所标举的"云端之上"的"玫瑰雕花的城堡"具有某种一致性。以一连串象征着所谓"高雅"的符号的衬托，张悦然强调了她所描述的爱情的脱俗与洁净的特征。尽管这些高雅的符号大多数是需要通过金钱才能被拥有的。但这一点在小说中却被避而不谈。显然，他们在描写"洁净的"爱情在安然地享受超越物质的精神世界的同时，拒绝谈论它们的物质基础和获得的渠道。而这样的爱情书写在《萌芽》上是极为常见的一种模式。无论是苏德的《我说等一等》，还是杨倩的《灰烬里的日子》③，是陈末的《琴弦上的成长》④，还是王皓舒的《水蓝蓝》⑤，这些有关少年爱情的讲述呈现的都是不食人间烟火的精神之恋。恋爱双方的现实背景、所

---

① 张悦然：《毁》，《萌芽》2002 年第 1 期。

② 张悦然：《毁》，《萌芽》2002 年第 1 期。

③ 杨倩：《灰烬里的日子》，《萌芽》2002 年第 5 期。

④ 陈末：《琴弦上的成长》，《萌芽》2003 年第 10 期。

⑤ 王皓舒：《水蓝蓝》，《萌芽》2003 年第 2 期。

属的社会阶层、故事发生的时代，都不是作品意图呈现的对象。它们被弱化甚至干脆被遮蔽了。小说关注的只是其所叙述的爱，以及置身于爱中的叙事者。可见，在关于爱情的描写或者说想象中，这些少年们再度抽空了自我的现实基础，再一次地在自我言说中呈现出了悬空的姿态。

（三）爱与友情的悲剧化

苏德的《威马逊之夜》讲述了一个情节跌宕的故事。小说呈现了"我"家与四一二家两代人的爱恨情仇："我"爸爸和四爸爸；"我"和四一二。在小说里，"我"爸爸是四爸爸最可靠的朋友和助手，"我"和四一二则是一同长大形同亲姐妹的伙伴。"我"爸爸因为卷入四爸爸的贪污受贿案中而自杀。多年后，"我"写匿名信举报了四爸爸。四一二认为举报者是自己的男朋友白大山的父亲白连胜，因而作伪证证明白连胜行贿，而致使白连胜锒铛入狱。这一切促使四一二与白大山分手，并导致了四一二最终的自杀。而"我"也终在将真相和盘托出后选择以死亡来完成忏悔。显然，在这个一个背叛接续着一个背叛的小说里，作者对少年的友情和爱情所抱持的态度是极其悲观的。当现实世界锋利的棱角侵入少年世界时，少年的友情和爱情便轻易地破碎了。而与这种不堪一击形成对比的，是"我"爸爸至死也未背叛四爸爸，是四爸爸对多年前病逝的四妈妈始终念念不忘、痴情不渝。但上一代爱情看上去坚不可摧，事实上，却是由作者引入死亡来完成的。换而言之，只有当死亡终结了时间，理想化的爱和友情才有存在的可能。这也正是小说中"我"之自杀的意味：只有死亡的呼应才能使破碎的友情再度归于完满——然而，也是再度走向虚无。事实上，在《威马逊之夜》中，无论是这一代人之间，还是上一代人之间，那种被少年作者赋予理想色彩的爱和友情在小说的叙事中实际都被自我消解了。

相比之下，在《黑猫不睡》中，张悦然更为直接地呈现了这种悲观。她首先在小说中构建了一个关于爱情的梦想。

他说，小公主，我会让你住在蔚蓝的宫殿里，穿一尘不染的长裙，把墨墨喂成走不动路的小猪。

我喜极而泣。我想晨木将永远把我和墨墨裹在幸福里，我可以不像我那个正在家里给她男人换拖鞋的母亲一样，活得那么隐约。①

但是当"我"将被指为不祥的黑猫墨墨寄养在晨木家中，而晨木的父亲恰巧遭遇车祸之时，晨木丢掉了墨墨。这些关于爱情的幻想终于成为被遗忘的誓言。"同一个晨木……我已无法看清""这个胸中已无爱的人"②，这是幻想破灭直观的表现。这段少年爱情更随着墨墨的死亡而永远破碎。而寻人启事上那行丢失的地址则意味着这段少年爱情的永远不可再续，更喻示了爱情幻想的不可实现。作者对理想爱情的怀疑以一只被谋杀而在少女心中不断哀鸣的黑猫呈现了出来。

而苏德和张悦然对理想爱情的悲观态度在这批《萌芽》作者之中并不是特例。一个重要的现象是，《萌芽》作者群关于爱情的想象鲜少有圆满的结局，往往都以悲剧收场。在 2003 年一年的杂志中，仅"小说家族"一个栏目所刊登的近 30 篇小说中，以爱情为主要书写内容的占了三分之二。在这些小说中，置身于恋爱关系中的双方几乎无一例外地以分开而告终。而他们也并未书写持久的友情，如非仅仅截取了成长的一个时间段——青春期时的校园生活（如蔺瑶的《我们为何流泪》③、周开颖的《500 次的回眸》④ 等），便是以对过去友情的回忆，尤其是以对青春岁月的缅怀来冲淡现实与当下的生疏和

---

① 张悦然：《黑猫不睡》，《萌芽》2001 年第 5 期。

② 张悦然：《黑猫不睡》，《萌芽》2001 年第 5 期。

③ 蔺瑶：《我们为何流泪》，《萌芽》2000 年第 12 期。

④ 周开颖：《500 次的回眸》，《萌芽》2000 年第 12 期。

互相伤害（如沈星好的《屋顶有天堂》①、庞婕蕾的《青春散场》②等）。爱情的悲剧性和友情的短暂性表明了这样一个事实：这些少年作者对爱与友情的理想化书写中包含着某种虚幻性，他们对此并不是一无所知的。

这种悲剧感的产生首先来自这些作者们对时光之易逝的感应。爱和友情是否能够抵御时光的流逝，显然这是这些少年们所缺乏信心的。在他们看来，无论是青春，还是相聚的时光，都是不能长久存在的。这种体会使上述理想化的亲密情感对他们而言成为必要，"下一秒要分开，所以要相亲相爱"③。而亲密的情感又反过来赋予共处的时光以意义。"也许曲终人散之后，离开的离开，忘记的忘记。然而旋律最好的时候，感谢上天让我们是在一起的。"④这也是爱与友情的抚慰功能之一。但在这些少年作者看来，理想化的爱与友情必将随着时光的逝去而结束。这一可预见的悲剧性结局使他们对这些情感的书写自然地带上了悲观的色彩。

但这种悲观的体验并不仅仅是文学传统中对逝者如斯、盛筵难再之感慨的又一次翻版和重演。在《萌芽》作者群这里，这种易逝的时光大多联系着易逝的青春。一个可见的证明是，这些关于爱和友谊的故事都发生在青春期，而主角们几乎都是青少年。事实上，在这些作者笔下，理想化的爱与友谊是与少年乌托邦相联系的。由此可以看出，爱与友情的理想化正是少年乌托邦理想的一部分。而它们面对现实的不堪一击呼应了少年乌托邦之脆弱性。马晓雪的《使什么破碎的》正以一段校园爱情在离开校园后的结束来传达这种两相呼应的脆弱性。这段爱情并不因两人读书时分处异地而中断，却结束在离开校园后的共同生活中。爱情的存续／结束巧合地吻合于少年乌托邦的存

---

① 沈星好：《屋顶有天堂》，《萌芽》2004 年第 2 期。

② 庞婕蕾：《青春散场》，《萌芽》2004 年第 3 期。

③ 刘莉娜：《小美人鱼》，《萌芽》2004 年第 2 期。

④ 刘莉娜：《曲终人散》，《萌芽》2004 年第 1 期。

在／消亡，这使作者的态度显得暧昧。尽管小说指出，是"面对面的琐碎"①谋杀了这段爱情。但究竟小说指控的是生活的琐碎，还是制造了琐碎生活的成人世界，却颇为耐人寻味。小说试图以校园恋情在成人世界中的死亡来暴露成人世界对少年世界的侵入对少年们的伤害，但也暴露了校园恋情无法面对校园之外的世界的症结恰在于其本身。而这也正是《萌芽》作者群的一系列创作所显示的：当这些作者试图以理想之爱与友谊的死亡来指控成人世界的种种规则侵蚀少年心灵时，无意中，他们也暴露了这一理想的脆弱性。于是，理想的爱情干脆被表述为别人的故事。"爱情只存在于别人的故事里。看别人的故事，是得到爱情的唯一途径。"②在这样的"别人的故事"的映照下，少年自己则耽溺于对理想之爱与友谊的不断建构和不断拆解中。而这正是《萌芽》作者群笔下爱与友谊悲剧性的重要来源之一。但值得注意的是，他们实际也意识到了这些爱与友谊的脆弱性。从某种意义上说，他们对爱和友谊的质疑传达出了一种自我反省的态度，一种对理想之虚妄的觉察。而这种自我反省也在一定程度上呼应着他们对无出路青春的迷惘，从而又加剧了这种悲剧感。可以说，对这些理想化的爱与友情的建构是少年作者们面对现实的又一次失败的逃遁。而迷惘的青春究竟应当如何直面和应对现实的压力，依然是一个尚未寻找到答案的问题。

三、"让我离开，现在就离开，永远地离开"③：关于逃亡的想象

正如周嘉宁的《扎西德勒》所显示的，西藏在某种意义上成为少年抵抗庸常现实、寄托理想的一处具象化的地点。事实上，不仅仅是《扎西德勒》

---

① 马晓雪：《使什么破碎的》，《萌芽》2003 年第 5 期。
② 美错：《向左走的和向右走的》，《萌芽》2004 年第 3 期。
③ 白雪：《上海故事》，《萌芽》2003 年第 10 期。

中的西藏，还有苏德《离》①中的阳朔，郭敬明《天亮说晚安——带我回家》②中的四川边地、漠河和云南等。这些边陲的、带有异域色彩的地点，成为少年心中远离红尘浊浪的栖身之境。但更重要的是，这些遥远的地方意味着一种逃离的冲动。这是当城市和理想的爱与友谊都无法带给他们抚慰之时，少年面对现实所寻找到的又一抵抗的途径。

（一）离开的意义

"离开"和"流浪"的姿态在这些 80 后作者的创作中屡屡出现。在周嘉宁的《飞一般爱情小说——纪念微蓝头发里的雏菊》中，微蓝不断搬演的便正是一个离开城市的戏码；郭敬明的《天亮说晚安——带我回家》中的齐勒铭和黄药师则永远走在路上，一个又一个地更换停留的城市。首先，"离开"这一姿态意味着一种对现实的抗拒。因为身处的现实不符合他们的要求，所以需要告别当下的生活方式和处境。而当下的生活方式在这些作者这里再度指向了成人世界对他们的规训和束缚。因此，"离开"在这些作者的笔下被赋予否定规训、挣脱束缚从而获得自由的意义。恰如郭敬明的《天亮说晚安——带我回家》中所显示的，当齐勒铭告知晨树他正奔跑在云南的绿树和风之中时，晨树告诉他，自己马上就是高三的最后一个学期了，并马上因此为自己感到恶心。③这种"恶心"的感觉显然来自自己对束缚的臣服和对抵抗的放弃。梅思繁的《朝北教室的风筝》里，高三之前的最后一次秋游结束返沪时，少年们产生了一种离上海越近也越绝望的心情。上海不仅是旅途的结

---

① 苏德：《离》，湖南文艺出版社 2005 年版。

② 参见郭敬明《天亮说晚安——带我回家》，载《左手倒影，右手年华》，上海译文出版社 2003 年版，第 139 页。

③ 参见郭敬明《天亮说晚安——带我回家》，载《左手倒影，右手年华》，上海译文出版社 2003 年版，第 139 页。

束，更是高三的开始。这里所反映的也是一种现实的束缚扑面而来的绝望感。离开和流浪是为了"找一种可以抵抗麻木的无常和变数"①，并意味着一种改变的可能性。而在这些作者看来，他们的麻木是被迫的，来自成人世界的束缚。有趣的是，离开在这里被表达为对家的寻找，如郭敬明的《天亮说晚安——带我回家》。在这种矛盾的表述中，恰是离开所意味的自由赋予了未知的远方以家的温馨含义，而再度否定了为成人世界所束缚和压抑的当下。可以说，在这些《萌芽》作者的文字中，"离开"和"流浪"与他们对成人世界的否定和拒绝是同构的。

其次，离开在一些《萌芽》作者的创作中还是一种逃避的行为。在张悦然的《樱桃之远》中，杜宛宛的两次离开的原因都是逃避。第一次离开郦城是为逃避将段小沐推下秋千的罪责和自我谴责；第二次离开郦城是为了躲避最亲密的伙伴死去而恋人不再信任等不堪的回忆。而小说中，杜宛宛第二次离开后再度返回郦城时已然失忆。重返必须以遗忘为保证。从某种意义上说，失忆正是在精神层面上的一种自我逃避。这也从另一个角度证明了杜宛宛的离开恰是一种对伤痛的逃避。不仅是《樱桃之远》，出走是这些少年们面对失落与伤痛时常常采取的应对策略。以安的《都是过去的事》②、杨学会的《单行道》③、祝晓羽的《私奔（给 pipio）》④等作品中，离开都是逃避的同义词。拒绝与逃避，这两者也正是白雪在《上海故事》中呼唤着"让我离开，现在就离开"⑤的原因。离开她原来的城市，便是离开那里的生活对她的压抑和控制，以及带给她的伤口和疼痛。离开使她获得了冲破封闭的勇气，获得了相信他

---

① 郭敬明：《天亮说晚安——带我回家》，载《左手倒影，右手年华》，上海译文出版社 2003 年版，第 131 页。

② 以安：《都是过去的事》，《萌芽》2002 年第 12 期。

③ 杨学会：《单行道》，《萌芽》2003 年第 4 期。

④ 祝晓羽：《私奔（给 pipio）》，《萌芽》2001 年第 6 期。

⑤ 白雪：《上海故事》，《萌芽》2003 年第 10 期。

人的能力，卸下防备，重获快乐。白雪的呼唤和渴望在这些少年那里是具有代表性的。由此我们可以读出离开和流浪在他们那里所具有的重要意义——重要的正是那种在路上的姿态，仿佛一旦离开便意味着自由的获得，仿佛只需离开便能解决他们面临的一切问题。

而前文所述的那些遥远的处所也因为与世隔绝的美丽而成为理想之地。一方面，这是由这些地点本身的偏远、神秘和难以抵达所导致的；另一方面，也与少年们将这些地方一厢情愿地美化和理想化有关，正如同他们笔下田园牧歌式的乡村。在这些作者手中，西藏是雪域与格桑花，是"阳光与荒原的诱惑"①；漠河是日出前冰封的大湖，荒无人烟的灯塔②；云南是高原的绿树花朵③；等等。"人们深爱的地方是'未被破坏的'地方，没有谁比那些住在'已被破坏的地方'的人对此更深信不疑的了。"④但显然，这些关于远方的描述是建立在半是观察、半是想象的基础上的。因此，它们更类似于一种通俗印象与幻想的结合物。在少年们对远方的描述中，我们又可窥见他们一厢情愿地赋予远方的理想色彩——关于远方的真实面目被忽略了，取而代之的是一个个被创造出来的未受现代沾染的、纯粹的梦想之地。所以，当理想遭遇现实，两者的落差便有可能导致抵达带来新的失望。抵达前的渴望与抵达后的现实，可能因为新的危机和问题而产生冲撞，于是不得不再度离开。而这正是"流浪"的另一层含义。持久地保持着行走在路上的姿态，可能是因为从未获得

① 周嘉宁：《扎西德勒》，载陈佳勇等《首届全国新概念作文大赛获奖作品选·B 卷》，作家出版社1999 年版。

② 郭敬明：《天亮说晚安——带我回家》，载《左手倒影，右手年华》，上海译文出版社 2003 年版，第 130 页。

③ 郭敬明：《天亮说晚安——带我回家》，载《左手倒影，右手年华》，上海译文出版社 2003 年版，第 139 页。

④ ［英］雷蒙·威廉斯：《乡村与城市》，韩子满、刘戈、徐珊珊译，商务印书馆 2013 年版，第347 页。

过渴望的满足，所以需要不断地再出发，不断地再寻找。

> 我问他，那你觉得哪儿是家？他告诉我，不知道，正因为不知
> 道，所以我在找。我问，如果找不到呢？他笑笑说，那就一直找。[①]

由此观之，"离开"和"流浪"便具有了另外的含义，即栖身之地的永远缺失。目的地的缺失使离开和流浪成为一个无尽地否认的过程。而这一缺失又意味着他们的理想再度被指认为一场空想。于是，寻找的过程仍然被呈现为一个只有摧毁而没有重建的行动。他们的前行方向未知，而他们决意离开的现状又难以返回。随着这种离开或曰逃避，这些行走的少年们在面对现实生活的挫折时的形象被定格为一个失败者。他们所呈现出的，仍然是一种悬浮的迷惘姿态。

（二）离开的艰难

离开与流浪所不得不面对的实际问题是如何在旅途中解决实际的生存问题。最为直接的问题是，这些少年将如何解决承担旅途中的开销？张悦然在《霓路》中即呈现了少年们在离开的路途上因为这一问题而遭遇的新冲突：精神的需索和物质的贫乏。在离开的路途上，一开始，他们以孩子般的激情游荡在大街小巷的店铺中，购买喜爱的商品和食物。但很快的，"小野应该没有钱了。他很久没有胡乱买东西了"。而经济上的贫困使他马上意识到，"原来出走是这样一件暗淡的事"。[②]因为物质的极度缺乏，他们不得不售卖视若至宝的 Swatch（斯沃琪）手表的画册。出走的路在这里转而成为少年认清自身

---

① 郭敬明：《天亮说晚安——带我回家》，载《左手倒影，右手年华》，上海译文出版社 2003 年版，第 125 页。

② 张悦然：《霓路》，载《葵花走失在 1890》，作家出版社 2003 年版，第 93 页。

实际无力应对现实中生存压力的途径。小说中"我"溃烂疼痛的脚表明了他们出走之路的步履维艰，也意味着他们在途中的束手无策。他们一路的开销所依赖的仍然从家中带出来的钱。这在表明了他们并无谋生能力之外，又显示了少年们根本无法完成与旧有的生活彻底的割舍。谋生能力的缺失使他们在反抗成人世界的同时又不得不依赖于成人世界。只有后者的物质与金钱支持，他们才能实践离开。这无疑充满讽刺意味。在小说的结尾处，"我"被迫重返家园。虽然这令"我"感到痛苦，但"回家"最终解决了"我"的生存问题。而尽管小说试图将"我"表述为小野离开道路上的牵绊和障碍。但从小说中我们可以看出，小野同样不具备谋生的能力。即使没有"我"的存在，小野离开的路途也注定困难重重。尽管重返家园的"我""再也不会站在那个男孩子的前面阻碍他去向他的前方了"[①]。然而只有真正获得了解决生存问题的能力，小野才有走向远方的可能。小说却将这一问题悬空了。这即从另一个角度说明在路上要如何生存，这是张悦然们所无法回答的问题。

而在《天亮说晚安——带我回家》中，尽管郭敬明试图以"在海南做过酒吧的服务生，在西安做过临时的建筑工人，在北京卖过 CD，在乌鲁木齐送过牛奶……5 点就起床，然后开始工作"[②]来解释齐勒铭如何负担起旅费的问题。但他接下来所勾勒的画面（"头发飞扬在黑色的风里面……吹着响亮的口哨，口袋里装着 CD 机，里面转动着节奏迅速的摇滚"[③]），又使得这些工作被简单化和浪漫化了，真正的劳作过程反而被抽空了。同样地，在祝晓羽的《私奔（给 pipio）》中，小说也如此想象他们未来的生活：黄山下干净的小

---

① 张悦然：《霓路》，载《葵花走失在 1890》，作家出版社 2003 年版，第 109 页。

② 郭敬明：《天亮说晚安——带我回家》，载《左手倒影，右手年华》，上海译文出版社 2003 年版，第 129 页。

③ 郭敬明：《天亮说晚安——带我回家》，载《左手倒影，右手年华》，上海译文出版社 2003 年版，第 129 页。

镇，旧房子里有一只老唱机。①值得注意的是，小说中他们所投宿客店的老板和老板娘，多年以前也曾是私奔的情侣。在少年情侣对老板夫妻的庸常生活表示了轻蔑之后，小说安排少年情侣去发现老板和老板娘的情感生活"浪漫"的一面，并以此来升华后者庸俗的生活。这两对情侣在这里形成了一种互文关系。客店老板夫妻俩的现在，借指的是少年情侣的将来；同时，小说着重展示老板夫妻情感的深厚而悬空私奔后几十年的生活历程，试图以此来想象性地解决少年情侣将面临的生存问题。但尽管小说遮蔽了生活与劳作的艰辛，极力将爱情理想化，但在少年情侣对客店老板夫妻庸碌琐碎的鄙视中，这种理想化实际失效了。这一方面暴露了他们对现实的隔膜和经验的缺乏，另一方面也显示了他们对未来信心的缺乏和勇气的受挫。

《出走的吉美》②是《萌芽》杂志中一则比较贴近现实的小说，讲述的是富家女孩吉美离开家庭，争取独立的过程。对吉美而言，在她的家庭中，父母给予她金钱和物质的满足，而却鲜少关心她内心的真正需求；而她也无法走近父母的内心。在学校中，她因为自己富裕的家庭而得到老师的另眼相待；当她极力向同学表示友好和亲近，同学却也同样因为她的家庭背景而疏远她。而她的爱情也未带来预想中的安慰，甚至被怀疑自己是否被对方当成了一条通往成功的捷径。吉美作为一个富家女孩，或许并不是《萌芽》作者群所塑造的典型80后形象。但其所思所想，如对物质的轻视、对孤独的痛苦、对理解的渴望，这些却都是与其他的同龄人相一致的。这一切促使吉美决定离开家庭，成为一个独立的，并且是真正的"我"。"独立"是吉美追求主体性所跨出的第一步，也是逃离的第一步。但整个出走的过程困难重重，充满挫败。首先是学生宿舍的集体生活对私人领域不可避免的侵犯。其次是生活中所遭

---

① 参见祝晓羽《私奔（给 pipio）》，《萌芽》2001 年第 6 期。

② 高分贝：《出走的吉美》，《萌芽》2003 年第 1 期。

遇的龃龉不断动摇吉美独立的决心。吉美找到的第一份工作是家教，但所教的孩子不肯用功，而孩子的母亲却势利地占尽便宜，最重要的是收入也极为菲薄；第二份工作在酒吧，需要她游刃有余地周旋于客人之间，还要时时提防客人的性骚扰等。这些方方面面的挫折显然都是吉美决定离家时所不曾预料或估计不足的。小说所提出的正是一个关于如何逃的问题。吉美的出走过程因为充满了挫折而显得难以为继。小说结尾处以一辆等不到的末班公交车和空空如也的钱包反映了吉美进退两难的境地。而这更意指了她所面对的现实困境：出走，那么怎么走；回来，那么是否意味着忍受过去的生活状态。吉美在公交车站茫然四顾的状态，无意间引发了对这些《萌芽》作者们关于出走和流浪书写的诘问。

（三）离开的虚无性

因为离开的路途上步履维艰，所以少年们的逃离往往是在想象之中完成的。这使得逃离最终成为一场"空想之旅"。在《奶茶店的流浪》中，刘枫讲述了一次离家出走的经历。尽管作者声称，这次出走并无任何诱因。但从小说中可以看出，出走首先来自对平庸生活的不堪忍受，"我自身就像一条始终颇为平缓的河流，某年某月某日不巧，做了一个没什么多大意义的回旋而已"；其次是对与家人之间情感隔阂的灰心，在离家多时之后，"还没有人注意到我已经消失"。[①] 显然，"我"是一个平凡的人，但同时也是一个不甘于当下生活的人，一个渴望改变和关注的人。而奶茶店女老板的经历正反映了"我"的"理想状态"——在老板的自我叙述中，她由于无法忍受大学生活的平庸而退学，之后的经历甚至包括贩卖枪支在内。现下她暂时以奶茶店为生，

---

① 刘枫：《奶茶店的流浪》，《萌芽》2002 年第 11 期。

而"将来？除了等着考试的学生谁去想那码子事"①。然而，也正是在这些"享受当下"式的平静叙述中，"离开"的未来再度被引向了虚无。同时，这也透露了"我"的这次出走只是暂时的——既然只是河流的回旋，那便终将回归平缓如故。另一个证明是，"我"既未为这场出走准备充足的旅费，甚至连换洗的衣服也未带上。显然，这是一场早已被预计不会成功的离家出走，也是一场必定会以回归作结的流浪。另外，与小说中"我"的女友让我寻找的唱片《奶茶店的流浪》最终证明只是一场玩笑一样，"我"在邂逅奶茶店女老板之后所经历的一切也如同一个虚妄的游戏。"我"跟随女老板与街头小流氓周旋，从小流氓手中夺回老蒋被"绑架"的瘸腿小狗；女老板竟然有一支真枪；"我"和女老板最终用仓库中储存的硝酸钾和硫黄制成黑火药炸开了大门，突破了小流氓的囚禁，等等。这些经历由于过度的传奇色彩而显得不真实——甚至作者在小说中干脆直接将它喻为童年时期玩过的"官兵捉强盗"。与此相应的是，这一场出走从始至终都近乎一次无人证明的遭遇。故事全部发生在"我"与奶茶店的女老板之间，唯一的第三人见证却是一个不能说话的老人老蒋。老人言语能力的丧失恰恰预示了这场"流浪"无人可证。这一切都令人怀疑，这场"奶茶店的流浪"是否真的发生过。最终，"我"返归旧日生活，而奶茶店的方向成为"彻底完结的流浪"②。这场近乎虚妄的流浪只是"我"生活中的一个插曲。流浪在为"我"带来想象性抚慰的同时，实际在尚未给"我"的生活带来真正的改变时便已告终结。

而这种在想象中终结的离开和流浪在这些作者的创作中其实是一个不断被描述的经验。如在郭敬明的《一梦三四年》中，顾小北与阿 K 的旅途常常只发生在地图上，而在现实生活中则睡过了一次又一次离开的时间；在张政

---

① 刘枫：《奶茶店的流浪》，《萌芽》2002 年第 11 期。

② 刘枫：《奶茶店的流浪》，《萌芽》2002 年第 11 期。

《十二月，都市里的流浪》①里，"我"在都市里幻想自己正走向通往西藏的道路。他们渴望离开，却又无法离开——或者说，他们并没有离开的勇气。恰如《飞一般爱情小说——纪念微蓝头发里的雏菊》中，微蓝在无数次关于离开城市的想象之后终于来到火车站，却在得知已经错过火车时"轻轻地吁了一口气"②——错失离开的机会带来的并不是遗憾，而是如释重负的放松。可以说，少年们的离开实际只是发生在一次又一次的场景模拟之中。逃亡成为臆想中的一种行为。在幻想中完成逃亡之后，他们可以重新面对束缚与压抑自己的现实。臆想逃亡因此使他们获得了一种精神的纾解和释放，但也仅限于此。

与这种臆想中的逃亡相呼应的，是离开和流浪在《萌芽》作者笔下逐渐为旅行所替代。"旅行"和"行走"是这些作者创作中的重要词汇。如在徐敏霞的《关于海》③中，在刘莉娜的《礼物》④中，在陈末的《琴弦上的成长》⑤中，在不宁惟是的《如此飞过》⑥中，我们都可以看到少年们行于路上的姿态。从表面上看，他们的旅行亦显示了对自由的渴望：如果无法彻底地离开，也至少是以旅行的方式来实践对自由的向往。但同时旅行又透露了另外的意义：旅行既是一种逃离，却也意味着最终的返回。于是，"旅行"所意味的离开便不再是对现状的逃离，而成为一次短暂的逃遁。在"旅行"中，真正的拒绝并不曾发生。这只是一次又一次虚假的逃离和短暂的回避，用以化解少年们与生活现状、与成人世界之间日益激化的矛盾。而在旅行之后，少年们又将重返他们的旧状，在自欺欺人中生活获得新的开始。

---

① 张政：《十二月，都市里的流浪》，《萌芽》2003 年第 9 期。

② 周嘉宁：《飞一般爱情小说——纪念微蓝头发里的雏菊》，《萌芽》2001 年第 6 期。

③ 徐敏霞：《关于海》，《萌芽》2003 年第 4 期。

④ 刘莉娜：《礼物》，《萌芽》2003 年第 1 期。

⑤ 陈末：《琴弦上的成长》，《萌芽》2002 年第 10 期。

⑥ 不宁惟是：《如此飞过》，《萌芽》2002 年第 10 期。

因此，无论是臆想中的离开，还是短暂的旅行，对这些少年而言，逃亡从未真正发生。换而言之，少年们用于排解不满与愤激实际是对逃亡的想象。庞婕蕾的《临时出走以及无意背叛》①在这里便具有某种代表性。一次再普通不过的逃课经历被想象为"出走"；这"出走"起因于对繁重课业异化自我主体的抵抗冲动。但同时引起我们注意的是，这样的"出走"也被少年们自省为对家长信任的"背叛"；而最重要的是，"出走"是临时的，因为少年们最终还是回了家。②这样的离开在这些作者中是典型的。在这些迫不及待却又大多未曾付诸实践的"想象离开"中，暴露出少年们面对现实的虽有否定，却没有彻底改造的勇气和能力。也正是因为这种能力的缺失，他们只能从想象之中索取慰藉。最终所形成的是一次又一次从逃离到重返的循环。从某种意义上说，离开与流浪本身即具有一种彷徨的意味。然而如尼采所言，"使你们获得荣誉的，不是由于你们从何处来，而是由于你们往何处去"③，在这些作者这里，"往何处去"正是他们无法回答的。少年们离开的欲望却产生了彷徨的结果。这令人质疑他们再造新世界的能力。而他们青春的去向也随之被再度引导向了虚无。

四、"面朝我的王国，面朝臣服于我的子民"④：幻境的构筑

如果说，对城市的留恋、对爱与友谊的追求及对离开的欲望是基于现实层面的抚慰，那么在寻求这些抚慰的同时，这些作者也在文本中建构起一个

---

① 庞婕蕾：《临时出走以及无意背叛》，《萌芽》2002 年第 1 期。

② 参见庞婕蕾《临时出走以及无意背叛》，《萌芽》2002 年第 1 期。

③ ［德］弗里德里希·尼采：《查拉图斯特拉如是说》，钱春绮译，生活·读书·新知三联书店 2012 年版，第 238 页。

④ 郭敬明：《幻城》，《萌芽》2002 年第 10 期。

又一个的幻想之境。郭敬明在《幻城》中建构了冰雪不融、晶莹剔透的幻雪帝国；韩寒则构筑了存在于刀光剑影中的虚拟武林（《长安乱》）；周嘉宁有她到处遍布着废弃工厂、锈迹斑斑的陶城（《陶城里的武士四四》）；颜歌的幻想之地则穿越时空，寄身于历史的角落之中（《锦瑟》、《朔夷》①、《关河》②）。除此之外，《萌芽》杂志中的其他一些作品，如 *Amazing* 刊中刊里的"超时空"小说系列，也建筑起了一些"幻境"。这些幻想的世界或超越时空，或脱离现实。除了展现少年们天马行空的想象力之外，这些或华美、或诡异的空间还隐藏着更深的意味。

（一）幻境作为理想的投射

2002 年，郭敬明在《萌芽》杂志上发表《幻城》，在读者中引起强烈的反响。后由此文铺演成的长篇小说《幻城》，更一举奠定了郭敬明作为 80 后作者领军人物的地位。《幻城》的成功之处之一便在于它对"幻城"这一想象空间的营造和描绘。在《幻城》中，作者借助剔透的冰、飞舞的雪、盛开的樱花与莲花等美好之物，竭力描绘、渲染"幻雪帝国"这一幻想世界的瑰丽奇异、美轮美奂。这一小说中所描写的世界，既是幻境，更是"心境"。这个洁净而空灵的世界来自作者的幻想，因此，它的澄澈透明正是作者心灵的投射。"一切物象，一切场景，都是大地之外的，是烟里的，是雾里的，是梦里的。这种幻想，只能来自一颗没有遮挡、没有范式、没有犹疑的自由心灵。这里心灵还在晶莹通亮的童话状态。"③

同样地，陶城也是周嘉宁梦中的理想世界。

---

① 戴月行：《朔夷》，《萌芽》2003 年第 5 期。

② 颜歌：《关河》，南海出版公司 2004 年版。

③ 曹文轩：《序一：喜悦与安慰》，载郭敬明《幻城》，春风文艺出版社 2003 年版，第 2 页。

现在我总是希望我睡在一个有阳台的房间里面，我对于黑夜和睡觉以及梦境充满了不可理喻的期盼，而最最大的期盼是早晨沉甸甸地醒过来，推开阳台门的时候，发现外面不再是火车的轨道不再是背着书包上学去的同学们，而是我荒芜的冰冷的陶城，我想再次看到我的爱人张五提着枪靠在墙上沉默地看着我，我想再次找回我曾丢失过的一支兰蔻的昂贵的口红。我想再听到你的声音，你大声大声大声地对我呼喊着：去去去，去陶城。①

而在她的小说《陶城里的武士四四》中，大到荒芜的工厂废墟，小到丢失的口红，上述这些想象的意象统统都出现了——陶城正是作者幻想的投射。

可以看出，少年们描绘这些幻想之境其实正是在描摹自己的梦想。这一方面决定了幻境的美好，另一方面也意味着幻境并非一个真正现实的空间。无论是郭敬明的幻城，还是周嘉宁的陶城；是韩寒的长安，还是颜歌的洛阳；甚至是"超时空小说"中那些地点、时间指代不明的空间，都是一个个脱离了现实、超越了时空的所在。正是这些所在的非现实基础使得少年们的幻想有了实现的可能。文字为少年们允诺了一个自由的天地；而少年心性的投射使得这个天地成为理想的化身。这些幻想之境作为作者们理想的投射，便不仅仅在空间和景物上充满了梦幻色彩。从内而外，它们都是少年所能想象的理想世界。如果说，在这些 80 后作者的笔下一直存在着一个对抗成人世界的少年乌托邦，那么可以说，这些幻想之境使这些少年乌托邦在某种程度上得以具象化，使它们成为具体可感的所在。

在郭敬明的《幻城》中，幻雪帝国的刃雪城即作者理想化的真善美的净土。这里有理想化的亲情，如卡索与樱空释、星轨与星旧、蝶澈与迟墨；有

---

① 周嘉宁：《去去去——纪念幻想城市陶城四个月生日》，《萌芽》2003 年第 4 期。

理想化的爱情,如梨落之于卡索、皇柝之于月神。如小说中所称:"这是个理想的世界,没有人会因为灵力比别人强大而侵犯别人,弱肉强食在这个城中根本就不存在。"①生活在刃雪城中的人物往往都有赤诚心灵,为所爱和所敬重的人奋不顾身、甘愿倾尽所有。《幻城》故事的主要线索是幻雪帝国的皇子卡索和樱空释之间的亲情爱恨。而这种矛盾的情感并不是我们司空见惯的由对权力的觊觎而导致的兄弟阋墙。小说中,樱空释为了兄长卡索能摆脱王位的束缚而获得自由甚至不惜付出生命的代价。而卡索则为了寻找能使樱空释复活的隐莲义无反顾地前往危机四伏、随时将遭遇死亡的幻雪神山。这种不计回报、甘愿牺牲的模式存在于小说的许多人物之上,如潮涯、星旧、封天等人对卡索的以诚相待。尽管这并不意味着在小说之中不存在背叛与残忍;但是,在这些背叛与残忍背后总有一个值得被原谅的伤感往事,消解了背叛与敌对所具有的丑恶,从而使背叛与残忍可以被宽宥。如樱空释对王位的觊觎是为了能够让卡索获得后者渴望的自由;星轨的背叛是为能以此延长生命,获得与兄长更多相处的时间;蝶澈与月神学习冷血的暗杀术来自幼年时目睹挚爱的亲人的死亡。可以看出,在这个幻想世界里,善人都极善而恶人往往不恶。从这样的善与恶的两方面,《幻城》极力将幻想之境描绘为空灵纯粹的美丽世界。

而周嘉宁的陶城则呈现出了另一面目。周嘉宁笔下的陶城遍布工厂废墟,荒芜而冷酷。这是一座"凶狠的城市"②。而正是这座城市的粗糙和坚硬使得轰轰烈烈地生与摧枯拉朽地死都成为可能。因此,陶城的冷酷和凶狠在小说中实际上意指了对平庸生活的反拨。陶城正是在这一意义上成为像张小西这样的少年逃亡的理想去处:

---

① 郭敬明:《幻城》,春风文艺出版社 2003 年版,第 38 页。

② 周嘉宁:《陶城里的武士四四》,浙江文艺出版社 2003 年版,第 18 页。

　　我念叨着："我要离开这里，我要离开这里了，我要到一个满是螺丝帽的地方去，我一定要离开这里了，否则怎么办怎么怎么办呢？"

　　你沉思了片刻说：我、们、去、陶、城。①

　　而为了防止陶城被改造成柔软的、平淡无奇的城市，张小西们投入维护"老陶城"的战斗中去，恰如真正的战士一样。一方面，陶城作为对庸常生活的反面，是少年们的理想世界的化身；另一方面，对陶城的奔赴和维护又意味着一种战斗的姿态，"我的可人儿们，他们永远都是拿着冲锋枪向前冲的"②，并进而意指了对庸常的战斗姿态。这种勇往直前地追寻并维护梦想、与庸常决裂到底的勇气是少年理想的一种表现。显然，关于陶城的描述使得这种理想获得了实现的可能性。

　　可以说，幻城和陶城代表了作者们少年理想的两个层面：少年乌托邦的美梦成真和维护乌托邦的勇气。而在颜歌的《锦瑟》中，直接以"我"的现实生活与锦瑟在熙宁年间的生活相互对照，指明了幻境的理想化色彩。拒绝被现实所改变的"我"生活捉襟见肘；锦瑟作为由"我"所创作的角色，虽然是盲女，却能选择自己想过的生活，拥有真诚的恋情。现实的焦灼愤世与宋朝的诗意平和形成了一种颇有意味的对照。在现实与宋朝的两线交织之下，锦瑟的生活成为投射着"我"之理想的乌托邦，并反照出"我"所承受的现实压力。在《锦瑟》中，颜歌将幻城与陶城这些幻想之境对少年的意味直观化了。这些幻想之境的魔幻、空灵，事实上都联系着少年们对自由与理想的渴求，对现实压抑反抗的企图。它们是少年乌托邦的一种实体化，并为少年

---

① 周嘉宁：《陶城里的武士四四》，浙江文艺出版社 2003 年版，第 27 页。

② 周嘉宁：《陶城补记》，载《陶城里的武士四四》，浙江文艺出版社 2003 年版，第 190 页。

心灵提供了栖息地。

（二）现实侵入幻境

如果说这些幻想世界的理想化色彩正是少年们心灵世界的投射，那么它们的存在更是与少年们在生活中所体验到的不合理与不自由相关的。因此，这些幻想世界并非仅仅纯粹是幻想的产物。事实上，它们来自这些少年们面对现实时产生的精神需索，是对他们现实缺失的想象性补偿。

如前文所述，《幻城》展示了奇异玄幻的世界。但这个幻想之境的基础却来自少年们的现实期待。小说中，卡索作为幻雪帝国的长子和未来的帝王，因为继承王位、统治帝国的命运，他失去了爱人和弟弟。孤独和自由的失却由此成为卡索刻骨的隐痛。"以前我以为王高高在上，拥有一切，可是现在我却发现，王惟一没有的，就是自由"，"可谁知道神内心的孤独呢"。[①] 而卡索最为怀念的是流亡凡世三十年的生活，因为在这三十年里他虽穷困却无所禁锢，并与弟弟樱空释相依为命，心心相印。而卡索的这种被束缚感和孤独在 80 后一代人共同的现实体验中是有迹可循的。80 后这一代人在父母厚望与升学压力之下所承受着压抑和束缚感，与卡索因继承王位而不得不放弃自己内心的追求是具有相通性的。而 80 后（尤其是城市之中的 80 后）这一代人大多为独生子女。小说所描述的卡索的孤独体验正来自作者及其同代人孤独的成长岁月。卡索在宫殿中独自踱步或是在屋顶上仰望星空的身影，与郭敬明《一个仰望天空的小孩》[②] 之中那个常以抗拒的姿态坐于沙发上听音乐的"我"显然是相似的；与刘潋《追忆那条奔腾不自息的河流》[③] 中独自于城市

---

① 郭敬明：《幻城》，春风文艺出版社 2003 年版，第 11、32 页。

② 郭敬明：《一个仰望天空的小孩》，载《左手倒影，右手年华》，上海译文出版社 2003 年版，第 55—65 页。

③ 刘潋：《追忆那条奔腾不自息的河流》，《萌芽》2003 年第 11 期。

的夜色之中彷徨游荡的 20 岁少女也是相似的。而卡索与樱空释之间血浓于水的亲情，也是对这种孤独体验的某种补偿。幻想世界与现实的交织互通使读者与虚构人物分享着因束缚和孤独而产生的不甘和寂寞。因此，《幻城》中描写的虽然不是发生在"凡世"的场景与故事，但作者借助这个玄幻世界所传达的实际上还是 80 后一代的代际体验。无独有偶，周嘉宁的《陶城里的武士四四》也是一个建基于现实的幻想空间。"陶城"这一虚拟空间显然是与少年们对落入平庸生活的抵制相联系的。小说里的张小西之所以来到陶城，是因为感觉百无聊赖的生活快要使她变成透明的不存在。而陶城这样荒芜而凶狠的城市使她们能够变得像战士一样，而不被平庸生活所扼杀。小说传达的这种诉求又呼应了本章此前所讨论的，少年们对进入成人世界所可能带来的庸俗生活的抗拒。从"幻城"和"陶城"可见，这些幻想之境看似来自天马行空的想象，但它们产生的基础仍是少年们的现实诉求。而这个现实的诉求再次联系着少年对在生活中所感受到的束缚和对压抑的不满及拒绝。它也使这些幻想的异境能够引起同代读者的共鸣。

而同时，那些来自现实的压抑事实上也以极为隐晦的方式呈现在这些有关幻境的想象中。在《幻城》中，作者实际在"幻城"这一想象世界中区分出了三个空间，分别是雪雾森林、刃雪城和幻雪神山。雪雾森林是卡索度过童年的地方。那里常年四季如春，阳光温润；生活在此的是白鹿和儿童。显然，雪雾森林这一空间所象征的是心无负担、快乐单纯的童年期。以此观之，卡索离开雪雾森林，返回刃雪城准备成为幻雪帝国未来的王，这一过程则可以被看作对童年期的告别。刃雪城因此而成为一个象征着从童年期向成年期过渡／成长的空间。在这里，幻雪帝国成为卡索必须承担起的责任。而王位则是这一责任的具象化。作为长子必须继承王位的命运将卡索牢牢禁锢。为此他失去所钟爱的女子，手刃背叛的兄弟。显然，在刃雪城中，卡索童年时的快乐原则已渐渐为现实原则所取代，和无忧的时光一去不返。卡索的"责任"意味着成长，也代表童年时光的永远逝去。刃雪城的设置与青少年期具有某种程度的同构。卡索在刃雪城中时时感受到的不自由、压抑正联系着少年们在现实生活中所感受到的青少年期压抑。而如果说，进入刃雪城意味着青少年们对无忧无虑的童年期的告别——尽管如此，刃雪城仍以少年们的以诚相待、决意付出具象化着少年的乌托邦想象，那么幻雪神山在小说中作为一个未知而危机四伏的空间，显然意指了少年们眼中的成人世界。幻雪神山作为幻雪帝国的每一代帝王归隐之所，在小说中既是神秘未知的所在，也是卡索尚未进入却也必将进入的世界。而幻雪神山以它的诡异错综截然区分于刃雪城。卡索们不顾反对而进入神山则意味着少年对成人世界的挑战。但进入神山之后，卡索们的每一步都是在猜疑、忐忑之中度过的。显然，进入神山也即告别了刃雪城中的澄澈和赤子之心。他们所经历的互相怀疑、敌友不分的情境，恰好与少年们对成人世界的想象不谋而合。另外，虽然在《幻城》中，在一路受挫之后，卡索一行人披荆斩棘，最终进入了神山统治者渊祭的宫殿。这看似少年们在成人世界里取得了胜利。但小说又指出，卡索等人在渊祭的强大面前根本不堪一击。而卡索之所以能如愿以偿地使所爱之人复活不过是因为他们的命运是渊祭操纵的一场游戏，而渊祭愿意将这场游戏继续。在卡索从神山重返刃雪城的几百年中，卡索等人又经历了一次又一次的误会和被迫悬置的解释。这其中被不断拨弄的少年命运再次被证实他们的经历不过是渊祭观看的一场游戏、一次消遣而已。尽管作者将自己理想中的赤诚心灵、简单纯粹赋予了刃雪城这个幻想之境；但对于这个少年乌托邦，作者显然是悲观的。在小说中，不仅是这个乌托邦世界随着少年们的死亡而倾覆，他们苦心经营的乌托邦世界干脆是被渊祭／成人操纵的一场游戏。这外力强大到能够拨弄他们的命运如儿戏。在这种被操控的情境下，少年们为心而活的百般努力具有了嘲弄和讽刺的意味。由此观之，《幻城》中刃雪城／少年乌托邦的倾覆不仅显示了少年们在成人世界面前的极端无力，同时也暗示了对成人世界残酷拨弄少年命运的不平。

　　少年乌托邦在外力入侵之下的倾覆，在《陶城里的武士四四》中有更直观的表现。小说以那些美丽而温情的城市隐喻了一种消磨意志的庸常生活。与它们形成对照的是，陶城是一个废墟遍地、粗糙坚硬的城市。因此，陶城一直是张小西、张五等渴望能够像战士一样生活着的少年们的理想城市。但陶城开始了一项绿化陶城的改造计划，要将陶城改造成一个温暖而柔软的美丽城市。而在小说的隐喻层面，对张小西们而言，将陶城改造得温暖柔软即意味着他们将拖回到他们曾竭力要逃脱的庸常生活之中，在泯然众人中碌碌无为地生活。因此，这项绿化计划或许将使陶城的景观更美好，但对张小西们却意味着一种规训，甚至使张小西们感到，"他们正在慢慢地杀掉我们"①。这呼应的是，在现实层面，成人世界的规训或许允诺了一个人人都将前往的"美丽新世界"。但这个世界却不是少年们所欣赏和需要的。《陶城里的武士四四》所呈现的正是这种矛盾。而小说的魔幻色彩使得少年们获得了抵抗这种规训的勇气和能力。但周嘉宁的悲观也在这种抵抗之中体现了出来。小说中，在经过焚烧树种、毁坏露天花园、将推土机开入海中等"战斗"之后，少年们渐渐感受到了这个敌对势力的强大："被烧了几卡车的树种以后更多更多的树种源源不断地从外城被运了进来"②；推土机不见了之后，"四十辆全新的推土机被紧急调运过来，这四十辆推土机比原先的更加先进"③。同时，少年们发现，站在少年们对立面的不仅是规训他们的力量，还有已经被规训的其他人（在小说中，是巴士司机、陶城的其他居民等），共同组织起一个令他们无处遁逃的网络。因此，尽管周嘉宁让她的"可人儿们"在小说中如战士一

---

① 周嘉宁：《陶城里的武士四四》，浙江文艺出版社 2003 年版，第 96 页。

② 周嘉宁：《陶城里的武士四四》，浙江文艺出版社 2003 年版，第 50 页。

③ 周嘉宁：《陶城里的武士四四》，浙江文艺出版社 2003 年版，第 138 页。

样勇敢地冲锋陷阵，尽管"没有胜利可言，挺住意味着一切"①，但在小说中，没有什么能够阻止陶城的绿化计划，正如在现实中没有什么能够阻止他们长大成人，没有什么能够阻止他们被裹挟着进入成人世界。所以，抵抗规训的张小西、张五、非非们，要么死去（张小西），要么继续飘荡在路上（张五、非非），寻找下一个少年乌托邦的寄身之所。这正重合了那些不愿被规训的少年们在现实中的出路。而张小西在非非的猜忌中被非非击毙，又透露出作者对少年们坦诚相待、团结一致的可能性的怀疑。这种对他人的怀疑一方面传达了少年乌托邦由于成人世界倾轧而产生的分裂，另一方面也再度呈现出了一个"向内转"的情感取向。

如果说，在《幻城》里，卡索决意进入幻雪神山乃是一种对未知世界的主动挑战，那么在《陶城里的武士四四》中所呈现的便是少年们对外力入侵的一种被迫反抗。但无论是主动还是被动，殊途同归地，少年的努力都以失败告终。而在这同一批作者的以现实背景的小说中，他们所构筑的少年乌托邦也往往以倾覆而结局。这种联系再一次指向了这一意涵：这些幻想之地仍然是作者们现实受挫的产物。这些幻境不仅来自少年们弥补现实缺失的需求，他们对少年乌托邦的缺乏信心和对现实的无力抗拒也被呈现在这些幻想之境中。可以说，这些空灵魔幻的世界仍然是他们迷惘青春的又一个镜像。

（三）幻想脱离现实

在小说《锦瑟》的结尾，戴月行安排了卫远在"我"的幻觉里出现。这仿佛是一次照进了现实的梦想。"我穿越他的身体"，光着脚像一只鹏鸟那样在尘土飞扬的马路上奔跑起来，并"坐在高高的王座上，把这荒凉的夜歌

---

① 周嘉宁：《陶城里的武士四四》，浙江文艺出版社 2003 年版，第 190 页。

唱"。^① 这仿佛是一次对自由的追逐。但就像锦瑟至死未等到卫远的归来；现实中的"我"，也只能在这一次幻觉中体验到梦想的成真。在小说中，"我"所创造的锦瑟和"我"所饲养的小狗流浪实际分别意味着理想的自由生活和出走／逃离的欲望。这两者的死亡则暗示了自由与出走的不可能。两个死亡在小说中的并置，实际已经从内部裂解了少年梦想成真的可能性。小说的这一裂隙，正意指了少年梦想的虚无性——梦想终归是一场又一场幻想之境的构筑，幻想无法真正地进入现实。

诸如此类幻想面对现实的无力，《锦瑟》并不是《萌芽》作者创作中的孤例。如前所述，无论是《幻城》中真善美的净土，还是《陶城里的武士四四》中摧枯拉朽的勇气，都是存在于幻想世界里的。这些幻境的非现实性允诺了少年乌托邦实现的可能性，但同时也意味着这种乌托邦实现的虚幻性。因此，这些幻境的描述虽然是少年乌托邦的某种真实化，但却始终只能存在于幻想之中。换而言之，这些少年乌托邦实现的前提都是它们本身所具有的虚幻性。这意味着它们被抽空了现实的基础。而现实性根基的缺乏使少年理想只能被局限于一个幻想世界的演绎，消解了少年理想介入现实的力量。

韩寒在《长安乱》中设置了一个虚幻的武林世界。这个世界爱憎不明、侠盗不分。事实上，小说中充满暗讽和解构的意味。首先被消解的是看似扮演正统门派的少林和武当。不仅二者往往为一己之私聚众斗殴，双方一决雌雄的比武也被描述为一场闹剧：少林派慧竟踩松瓦片从屋顶跌落，而意外获胜的武当派刘云则被少林弟子围困以致饿死。在对"正统"的解构过程中，同时表现出的是对群众看客心理与人云亦云的讽刺。释然与喜乐等人偷偷出寺，歪打正着地得到了能够号令天下的名剑"灵"；但这把剑却是批量生产的。最不想当盟主的释然却莫名其妙地当上了武林的盟主，但盟主消失了也

---

① 戴月行：《锦瑟》，《萌芽》2002 年第 8 期。

无人追究。小说中武林世界纷争不断又漏洞百出。作者给予释然一双锐利的眼睛，使他可以看清快速的武打动作。实际上，释然看清的更是这个世界表面下掩藏的不合理。而对这些不合理现象的讽刺实际又都投射了作者对所生活的现实世界的感触。

小说的最后，释然与喜乐归隐长安郊外的小树林。在此，小说试图营造一个与世无争、远离纷杂武林的世外桃源。在小说中，释然与喜乐等人离开少林寺进入江湖之后，便告别了无忧的童年。江湖在此被赋予一种迫使少年成长的意味。如果说与武林江湖相比，少林寺曾是童年时无忧无虑的乐园，那么长安郊外的小树林则是乐园的再现，一个理想的寄身之所。小树林成为一个与武林各自独立的世界，使释然与喜乐能够从武林的纷扰中抽身而出。尽管小说宣称，隐居小树林是为了"在自己的世界看着这世界发生的事情"①，但实际上，小说的叙事却消解了释然继续"看"的可能性。小树林与其之外的世界是全盘隔绝的。在他们隐居的两年间，外面的世界非旱即涝，天下大荒。但在小说的叙事中，这些与释然和喜乐在小树林中的生活却并未发生联系。而小说也在无意中直接暴露了释然已放弃了对"外面世界"的观照，而满足于自我小世界的完满："这屋子是最好的，而外头，就是冰天雪地的人间。"②可见，小树林空间与现实世界实际已经互相割裂。隐居在此已经成为一个全面后撤的举措，作者实际已经放弃了使释然对"外面的世界"进行干预和介入。但有趣的是，释然和喜乐在小树林中的生活却无所事事，"不得不想出很多事情打发时间"③，比如扮演武林各派人士出重金买他们的马时的场景。"我当时想说：他们才不会做这么无聊的事呢。可是出口却

---

① 韩寒：《长安乱》，中国青年出版社 2004 年版，第 269 页。

② 韩寒：《长安乱》，中国青年出版社 2004 年版，第 283 页。

③ 韩寒：《长安乱》，中国青年出版社 2004 年版，第 283 页。

变成了：他们做的事真是无聊。"① 显然，在这里作者仍想保持他对武林 / 现实世界的批判意识，但最终呈现出的却只是一种口头上的调侃——而事实上，《长安乱》所做的也不过如此。如果说，《长安乱》里隐含着作者对现实的冷眼旁观和委婉批判，那么它的虚构基础最终使这一批判被弱化为一则无力的传奇讲述。更进一步，作为现实参照的小树林空间实际带来的是无所事事的生活，这使得这个世外桃源的存在意义显得暧昧起来。如果退守理想世界只能无事可做，那么这个理想世界将以何为继？它对于现实又能产生什么影响？最终令我们质疑的是，这些幻想空间究竟能在何种程度上保有少年理想？而在这样被质疑的意义上，这一空间更遑论为少年们提供改造现实的参照和勇气。

值得注意的是，不仅是《长安乱》中的小树林，还有郭敬明的幻城、周嘉宁的陶城、颜歌的北宋，这些少年构筑的幻境与现实都几乎是完全割裂的。现实基础的抽空使它们并不具有改造现实的力量。一方面，对幻境的构筑本来就是与对现实描写的无力相联系的；另一方面，这些幻境越是空灵奇妙，便离现实人生越远。而它们对这些青少年改造现实的意义便越微弱。正如尼采所言："在世人中间不愿渴死的人，必须学会从一切杯子里痛饮；在世人中间要保持清洁的人，必须懂得用脏水也可以洗身。"② 幻境的构筑则从另一角度表明，这些无法脚踏实地的少年们事实上是无法在现实中寻找到抵抗的有效路径的。他们在放弃了对现实进行书写的同时，便放弃了改造现实的努力和可能。尼采亦告诫道："不要相信那些跟你侈谈超脱尘世的希望的人！"③ 当这

---

① 韩寒：《长安乱》，中国青年出版社 2004 年版，第 285 页。
② ［德］弗里德里希·尼采：《查拉图斯特拉如是说》，钱春绮译，生活·读书·新知三联书店 2012 年版，第 164 页。
③ ［德］弗里德里希·尼采：《查拉图斯特拉如是说》，钱春绮译，生活·读书·新知三联书店 2012 年版，第 7 页。

些少年们满足于对超脱尘世的幻境的构筑时，他们也失却了在现实中实现自己理想的可能性。

另外，在《长安乱》中，小树林这一世外桃源的空间是自行崩塌的。《长安乱》既没有《幻城》式的对成人世界的主动挑战，也没有《陶城里的武士四四》中对外力侵轧的被迫反抗。小说只是以喜乐突兀并且仓促的死亡宣告了这个空间的崩塌。作者对这一理想空间的怀疑和悲观在此可见一斑。而喜乐的死亡不仅使理想空间崩塌，还给释然留下了一个待哺的孩子。这孩子使释然想保持自己后撤的姿态而不能，不得不再度进入武林/外面世界之中。这个孩子可被视为作者对少年理想的一个质疑和反讽——这个空间不仅没有兑现它许诺的自由，反而成为少年实现自由的牵绊。这进一步深化了对理想空间的质疑。尽管在结尾处，释然最终拒绝了刘义前去规劝甚至杀死已登基为帝的释空的建议，意图远离江湖纷争以保留自己后撤的姿态，但这个姿态的可行性却已经显得可疑：莫说孩子的存在使这后撤难以实现；即使这个后撤的行为仍能发生，然而释空的诏令已使江湖难以成为容身之处，而喜乐葬身的地方却是不忍归去或者说只能以死亡的方式归去之所。那么后撤，究竟是撤往何处？小说结尾处释然对名为"米豆"的少女所表现出的悲伤便似有所指。"米豆"与死去/消失的"喜乐"一起，象征的是对平常生活的愿望，但这一愿望实现的可能性对此时的释然而言已经极为微茫——愿望只能是愿望。小说借此呈现了释然进不能退亦不能的处境。这一处境所传达的无力和彷徨，恰恰复沓了韩寒在《三重门》结尾处林雨翔的迷途之感："也许放开这纷纷扰扰自在一些，但不能放开——比如手攀在一块凸石，脚下是深渊，明知爬不上去，手又痛得流血，不知道该放不该放，一张落寞的脸消融在夕阳里。"[①] 在《长安乱》中，幻想空间崩塌后，释然不仅如现实世界中的少年一样

---

① 韩寒：《三重门》，作家出版社 2000 年版，第 360 页。

四顾茫然，同时也以他的消极颓废显示了幻想空间对现实的无力。在对"外面的世界"极尽讽刺之后，幻想空间的短暂与暧昧为少年们留下的仍是脆弱与迷茫。

幻想空间的暂时性也并非不为少年们所知。在《一个幻觉的未来》①中，SIN 描述了关于"我"和丙丙当街头小贩的幻想生活。小说在轻松的叙述中表现了幻想生活中的自由。而这生活因为市容督察的拘禁而被打断。市容督察的暴力介入在这里意指了对少年幻想的破坏。被释放出来以后，"我"和丙丙回到了学校。不仅如此，"随着时间推移，我和丙丙也渐渐忘记了曾经当小贩的经历"②。显然在这里，幻想只是生活的一个插曲。在经过幻想之后，少年们仍然要重归现实生活。而这也是张悦然从《幻城》之中所读到的："幻城的城门合上的时候，我们的忧伤和孤独都已得到纪念，我们年少时那苍白凛冽的一季也在这里永葬。"③显然，幻境所提供的只是暂时的休憩和安慰，以使他们与现实格格不入、矛盾丛生的青春获得某处安放之所。而当成长来临，少年们终将离开幻境，重返现实世界。但此时的回归现实并不意味着他们将改造现存秩序。尽管对幻境书写看似提供了理想真实化的可能，然而这种可能性最终被证明只是一种虚假。即使其中有勇气，对改造少年们所置身的真正现实也无能为力。"主宰自然的不应再是近似性，而只能是劳动"④，如若少年无法使想象落地而成为真正的劳动，束缚他们的铁板一块的现实生活并不会发生分毫的松动。在短暂而虚假的抚慰之后，幻境终究被表述为青春岁月的某种精神纪念。然而从某种程度上说，少年对幻境的难以介入现实却是坦然

---

① SIN：《一个幻觉的未来》，《萌芽》2002 年第 7 期。

② SIN：《一个幻觉的未来》，《萌芽》2002 年第 7 期。

③ 张悦然：《序二·和春天终年不遇》，载郭敬明《幻城》，春风文艺出版社 2003 年版，第 3 页。

④ ［德］霍克海默、阿道尔诺：《启蒙辩证法——哲学断片》，渠敬东、曹卫东译，上海人民出版社 2006 年版，第 14 页。

接受的。事实上，他们的理想和勇气都在离开幻境、重返现实生活时付之阙如。而"我终于是在这里扎下了根，陶城已经渐渐远去了"①，就此而言，幻境所提供的抚慰仍然趋向了虚无。

第三节　自我卑贱化

《萌芽》作者群的创作传达了悬置的青春给他们带来的迷惘感和撕裂感。尽管这些作者们也在纷纷寻找应对抚慰的策略。但如上所述，这些策略最终都失效了。失效的原因一方面来自作者对这些策略所抱有的悲观和不自信，另一方面则与这些抚慰渠道的脱离实际不无相关。而这更加剧了少年们的悲观。在此双重作用下，《萌芽》作者群的创作中充溢着一种对青春失望与消极的情绪，呈现了 80 后一代人的颓废青春。这种颓废实际上传达了这些作者们"自我卑贱化"的倾向。而这种自我卑贱化又分为两个层次。一是相对于成人世界的卑贱化；二是对少年理想而言的卑贱化。

一、"我一定是要堕落的"②：相对成人世界的自我卑贱化

（一）从自我卑贱之中建立主体性

根据克里斯蒂瓦和乔治·巴塔耶，卑贱是对缺乏的认识，也来自个体不能以足够的力量去承担对卑贱物的排斥。它总是由试图与被践踏的法律和睦

---

① 周嘉宁：《陶城补记》，载《陶城里的武士四四》，浙江文艺出版社 2003 年版，第 191 页。
② 杨倩：《无何有之乡》，《萌芽》2002 年第 8 期。

相处的东西引起的。① 卑贱物"从根本上说就是一个被排斥物，它把我拉向意义崩塌的地方"②。而卑贱物的存在，正为自我与秩序设定了一个"护栏"。在对卑贱物的排斥中，"我"把自我安排妥当，"我"的文化开始了。因此，使人走向卑贱的，正是那可能引起搅混身份、干扰体系以及破坏秩序的东西。相对于成人世界的规则和秩序而言，《萌芽》作者群对成人世界的拒绝所产生的实际也正是这样一种破坏和扰乱的作用。从某种意义上说，对成人秩序的破坏和扰乱使他们成为成人世界/秩序的"卑贱物"。如果说，成人世界通过排斥卑贱物来建构自我身份和文化，那么在这些《萌芽》作者这里，恰恰相反，正是对卑贱物的认可使他们获得建构主体的可能。

这种自我卑贱化首先体现为对污秽、禁忌之物的描写。如上文所述，《萌芽》作者群对颓废青春的书写在某种程度上是为了反转成年人对80后一代人生活与成长的定义。而似乎为了更突出地达到这一目的，这些颓废青春往往走向一种极端。这样，他们的创作中便出现了大量对于死亡与暴力的描述和谈论。庞婕蕾在《我是一只笨小孩》③ 中，以极大的篇幅探讨了包括触电、坠楼等内在的多种结束生命的方法。在《威马逊之夜》中，苏德描述了数次死亡；死亡在这一小说中甚至成为一个推进情节完整故事的手段。同时，死亡往往以暴烈的方式呈现在《萌芽》作者们的文本中。如《威马逊之夜》中"我"和一二选择在老房子跳楼自杀，而颜歌在《关河》中让史官杜善撞死在墙上。仿佛越惨烈的死亡，越是被认为不应当出现在少年笔下的事物，却越能激发他们叙事的热情，越突出地被他们讲述出来。

---

① 参见［法］朱莉娅·克里斯蒂瓦《恐怖的权力：论卑贱》，张新木译，生活·读书·新知三联书店2001年版。

② ［法］朱莉娅·克里斯蒂瓦：《恐怖的权力：论卑贱》，张新木译，生活·读书·新知三联书店2001年版，第2页。

③ 庞婕蕾：《我是一只笨小孩》，载陈佳勇等《首届全国新概念作文大赛获奖作品选·A卷》，作家出版社1999年版，第245—250页。

不仅是对死亡与暴力的轻描淡写，这些作者笔下还出现了一种对怪异行为与现象的淡化处理，而呈现出了一种"生冷怪酷"①的倾向。在小说《小染》中，张悦然描述了一个在家庭暴力的冰冷环境中成长的少女小染。但无论是小染童年时父亲对母亲的暴力侵犯，或是小染被父亲当成一个近乎无生命的客体，还是小染茫无目的然而凶狠地切割水仙花球时表现出来的虐待与病态的倾向，这些在小说中都被冷漠而平淡地呈现出来。暴力与伤害的原因在小说中被刻意表现得微不足道。甚至小染杀死父亲，不过是因为父亲阻碍她去参加一场由陌生男孩邀请的舞会。在杀死父亲这一场景中，小说不仅对剪刀刺入身体的动作予以慢镜头一般地呈现；而少女手上沾满的鲜血不但未使她感到恐惧，甚至让她感到抚慰。在此，鲜血与死亡本应引起的恐慌不仅消失了，而且产生了一种倒错。

一方面，通过以冷漠而平淡的方式来处理如血腥的尸体这样被定义为污秽、怪异的事物，达到了对污秽事物的盲点化效果。当污秽不再是污秽，怪异者也不再怪异，约定俗成的对怪异和污秽的界线便受到了质疑。而对这一界线的扰乱，或许也指向了对父亲/成人权威的动摇和对成人规则本身的质疑。

不仅如此，当面对父亲濒死的身体时，小染想起的却是陌生男孩对她嘴唇太过苍白的评价。这时，父亲的鲜血在此充当了颜料的作用。

> 小染看着自己，看着自己。然后她缓缓地提起自己的手。
> 她对着镜子把手上的鲜血一点一点涂抹在嘴唇上。温热的血液贴合着嘴唇开出一朵殷红色的杜鹃花。小染想着男孩的话，看着镜子

---

① 邵燕君：《由"玉女忧伤"到"生冷怪酷"——从张悦然的"发展"看文坛对"80 后"的"引导"》，《南方文坛》2005 年第 3 期。

里红艳艳的嘴唇，满意地笑了。①

可以看出，"梳妆"这一行为在文本中被赋予了一种仪式化的意味。在小说中，在冷漠而强大的父亲形象下，小染生活得如同一具苍白的、任他摆布的玩偶，几乎没有自己的生命，也难以寻找到一个真正属于自我的主体位置。父亲在她生日时赶走了她的母亲，同时给予她一只布娃娃——这一情节的设置意味着小染的生命源头／母女关系被人为地切断，而自身则开始成为父亲的一只布娃娃。成人世界对少年的精神阉割被具象化了。而在小染的成长岁月中，她对水仙花球的戕害与虐待正来自她内心需求的未能得到满足，显示了一种尚未被扼死的精神追求。它与来自父亲的威胁之间形成了一种张力。而这股力量把小染拖向了病态的深渊。而父亲流血的身体虽然是会被视为污秽的一种化身。但在张悦然这里，流血使父亲的生命流失，同时也使小染苍白的嘴唇成为鲜艳的具有生命力的花朵。这是对成人世界阉割企图的否定。

另一方面，对于一个秩序坦然的成人世界而言，小染这样因不服规训而趋于病态的个体具有某种"剩余物"的意义。克里斯蒂瓦借助探讨婆罗门教中对剩余物二重性的观点，指出："剩余物似乎与这个不能总括一切的整个思想建筑共有外延。对它来说没有任何东西能代表一切，没有任何东西是彻底的，在任何体系中都有一定的余数……它总会放出一个既污染又复苏的非客体：污秽与创世。"② 在此意义上，尽管小说对小染的塑造表现出了一种完全走向病态的倾向，但她却也因此得到了生命的形态。在小说中，卑贱质疑了成人秩序所划定的界线，同时也为少女建立自己的主体性制造了可能。这是一种宁愿自居为病态／卑贱，也要使自我获得主体性的选择。

---

① 张悦然：《小染》，载《是你来检阅我的忧伤了吗》，上海译文出版社 2004 年版，第 30 页。

② ［法］朱莉娅·克里斯蒂瓦：《恐怖的权力：论卑贱》，张新木译，生活·读书·新知三联书店
2001 年版，第 109—110 页。

　　不仅对这些作为禁忌之物的血腥与暴力的冷静描写是这些作者们自居为病态 / 卑贱的一种表现，这些作者笔下所呈现的青春本身即是卑贱化的一种体现。如果说，被禁止的逻辑是卑贱物的缔造者[①]，那么在这些作者对成人世界的怀疑与拒绝中，我们所看到的正是一种亲近被禁止之物的逻辑。成人世界对这些作者们意味着一种阉割的焦虑——当个性被剪除后，他们将在精神上被裁剪成千篇一律的个体。这些将被剪除的个性在这些作者这里是以被禁止之物的面貌呈现出来的。正如在周嘉宁《明媚角落》中，钱越作为"坏孩子"对于"我"而言显然是被禁止接近的对象。但钱越所意指的却是自由、活泼的生命——这正是"我"在成长的过程中不断失去的，并因此吸引"我"不断地去接近。不仅如此，这些作者对成人世界的抗拒使他们自愿地栖身于禁忌界线的另一边。这是一种"甘愿被社会放逐"[②]的姿态。对于其中的叛逆者来说，是自暴自弃地悬置了对前途和未来的计划，以玩世不恭的态度对成人世界进行嘲讽和冲撞。如刺小刀的《宠儿》中始终以失败者出现的吕小林，或小饭的《我的秃头老师》中借助重述拉瓦锡的故事而对历史和权威的讽刺；对忧伤者而言，是全盘向内转，沉溺在自我世界中的自怨自艾，如李海霞的《多梦的季节》里坚持"为自己的心而活"[③]，或沈星好的《糯米团之恋》[④]中不能拯救世界也不能为世界所拯救的被抛弃感。这两副青春的面孔，都以背对的姿势，以一种不合时宜的悲观，以一种心甘情愿的"堕落"，拒绝了成人所允诺的"更好"的世界。如果说，卑贱赖以生存的是被抛弃者，那么对于成人世界而言，这些少年正是一群"被抛弃者"——同时，更是自愿的"被抛

[①] 参见［法］朱莉娅·克里斯蒂瓦《恐怖的权力：论卑贱》，张新木译，生活·读书·新知三联书店 2001 年版，第 92 页。

[②] ［美］迪克·赫伯迪格：《亚文化：风格的意义》，陆道夫、胡疆锋译，北京大学出版社 2009 年版，第 138 页。

[③] 李海霞：《多梦的季节》，《萌芽》2002 年第 7 期。

[④] 沈星好：《糯米团之恋》，《萌芽》2003 年第 2 期。

弃者"。自我卑贱化对于他们来说,是"在一种更为明显的形式中去反映自己对于环境的感受:一种自愿流放的状态"①。通过自居为卑贱物,他们获得了防卫。因此,他们拒绝将被禁止物当作卑贱而排斥掉,甘愿自居为"卑贱",甘愿自居为流放者和被抛弃者。在此,他们颓废的青春姿态,包括逃学、暴力、消极情绪、向后看的目光等,都可以被视作一种自我卑贱化的姿态。

而根据克里斯蒂瓦,导致卑贱的缺乏与攻击性也是相辅相成的。由此观之,这种自我卑贱化的姿态对成人世界是具有攻击性的。这也是颓废的青春往往被意味深长地界定为"反常"表现的原因。事实上,它们是一种具有"渎神"意味的反叛。在这一意义上,这种被视为"颓废"的自我卑贱化并不是一种真正的颓废。自晚清始,青少年往往被视为一种代表着革新可能的新生力量。但,无论是怀抱着与老中国格格不入的独立思想与独立精神的魏连殳(鲁迅《孤独者》),还是以年轻、理想的眼睛发现组织部中陈腐官僚主义的林震(王蒙《组织部来了个年轻人》),他们所具有的革新力量正显示在其与现实的急剧碰撞之中。在某种程度上说,这种碰撞正是通过这些新青年不断冲击着老旧、陈腐现实的禁忌来实现的。这种相似的禁忌使《萌芽》作者群或可借助自我卑贱化而将自己安放进代表着革旧鼎新的新青年脉络之中。就此,这种自我卑贱化正预示了一种完成自我的主体性建构和理想实现的期望。

(二)极端的卑贱化

从某种意义上说,青春的迷惘在此也是与自我卑贱化相联系的。被抛弃者"不停地划定自己的天地,那变化无常的边界——因为由非客体,即卑贱

---

① [法]朱莉娅·克里斯蒂瓦:《恐怖的权力:论卑贱》,张新木译,生活·读书·新知三联书店2001年版,第83页。

物组成——总是对它的稳定性提出疑问，迫使他重新开始"①。被抛弃者所关心的和询问的是"我在哪里"。对于这些作者而言，这个问题是他们自我卑贱化之后所亟待解决的。尽管，克里斯蒂瓦宣称，对于被抛弃者，"越是迷路，他越能得救"②。但这些《萌芽》作者显然不能很好地"重新开始"。正如前文所述，他们对成人世界的拒绝断绝了一个前进的方向，但悬空的姿态却使他们无法找到一个可以置足的实地。这样，他们的"迷路"最终只能导致他们在自我卑贱化的道路上越走越远。而这种迷途的自我卑贱化却没能使他们获得"创世"的可能和道路。在这里，极端的污秽不再产生意义，而只是一次描写的沉溺和语言的狂欢。张悦然的《红鞋》即是一个突出的例子。

《红鞋》对血腥、污秽事物的处理与《小染》有某种相似之处。《红鞋》的故事围绕着杀手和由杀手抚养的少女而展开。少女幼年时目睹母亲被杀手枪杀而无动于衷；在被杀手抚养之后，少女 10 岁时在小狗的额上嵌入铁钉杀死了小狗；观看恐怖电影时不仅不感觉惊惧，反而露出心满意足的表情，甚至干脆践行电影中的情节，拔光了隔壁男孩的牙齿。当女孩爱上了摄影之后，她的镜头热爱捕捉的都是生活中的骇人之物；最后，抚养她的杀手为筹措她的影展经费被枪杀在她的面前，她不仅对这死亡无动于衷，甚至加入了杀人者的行列，因为在她看来做一个杀手"那会很有趣"③。与这些令人毛骨悚然之事形成呼应的是，小说的叙事语言也沉溺在对污秽的描绘上。

　　　　瘸腿的狗，身上勒满了白色的尼龙绳子，四脚朝天；一只青蛙被

---

① ［法］朱莉娅·克里斯蒂瓦：《恐怖的权力：论卑贱》，张新木译，生活·读书·新知三联书店
　　2001 年版，第 12 页。

② ［法］朱莉娅·克里斯蒂瓦：《恐怖的权力：论卑贱》，张新木译，生活·读书·新知三联书店
　　2001 年版，第 12 页。

③ 张悦然：《红鞋》，上海译文出版社 2004 年版，第 118 页。

漆成了鲜红色，蹲在一片荷叶上，一动不动不知死活；一个满头长满瘤子的丑陋老妇，心满意足地大口吃着一只腐烂透了的苹果……女孩非常迷恋她自己的杰作。她把它们一张一张贴在自己房间的墙上，她的床头，写字台前。[①]

跛脚的男人满脸参差的胡子，赤露的身上有三个枪口，血液正从四面八方汇集。她看着，露出笑容，觉得他是极好的模特。[②]

综观《红鞋》的整个文本所呈现出的华丽与唯美倾向——不仅在文字语言上，小说的装帧设计中插入的大量插图也体现了如此的倾向——显然，作者也试图在污秽与诡异之物的描写中呈现出美感来。尽管这也可以被视为自我卑贱化的一种表现，但剥开这层怪异与卑贱物的外衣，里面却空空如也。《红鞋》对残酷与血腥的关注与《小染》似乎如出一辙。但不同的是，《红鞋》中的少女所呈现出来的残暴和变态是原因不明的，仿佛与生俱来。同时，作者对少女的行为没有进行任何的评判。当怪异的原因与目的在小说中都缺失了之后，少女的残暴与病态便不再具有任何的指控性。这使得《红鞋》的叙事似乎也单纯只是为了呈现某种怪异性，甚至耽溺其中。这种对怪异的书写便难以在隐喻层面抵达更深的意涵。可见，在卑贱化的道路上，《红鞋》已经走得太远，而彻底迷失了方向和目的。这样，自我卑贱化的意义也显得暧昧不明了。自我卑贱化本是通往主体建构的道路之一，而这些《萌芽》作者显然已经过度地耽溺于这一过程之中。当他们过多地在文本中书写血腥与死亡、消极与颓废，而这些卑贱物所应该带来的"创世"却不断延宕时，随着目的

---

① 张悦然：《红鞋》，上海译文出版社 2004 年版，第 63 页。
② 张悦然：《红鞋》，上海译文出版社 2004 年版，第 118 页。

的悬置，自我卑贱化所意味的究竟是一种抵抗的形式，还是彻底的放弃？这令人不得不怀疑这一手段的意义。

另外，这种迷失感是由升华物的缺失而导致的。这种升华物是相对于自我卑贱化而存在的。对于卑贱者而言，只有通过升华，他才能掌握卑贱物。"升华物……它让我们膨胀，它超越我们，同时让我们生存在这里，成为被弃之物，或在那里，成为他人和光明之物。"①这些作者所构建的少年乌托邦在某种意义上即可被视为这一升华物。然而如前文的讨论，在《萌芽》作者群笔下，无论是存在于现实世界中的少年乌托邦的倾圮，还是投射着少年乌托邦理想的幻境的破碎，都显示了少年乌托邦的虚幻。这使得升华物在这些作者自我卑贱化过程中缺席了。如果说，主体通过升华物来掌控卑贱物，那么升华物在这里的缺席可能导致卑贱物的不可控，甚至使泛滥的卑贱物淹没主体。升华物的缺乏与主体性建构在现实中的不断延宕，使卑贱化之后的自我始终只能以卑贱者自居。于是，在被他们拒绝的成人世界与摇摇欲坠的少年世界之间，这些作者是夹缝之中的卑贱者。这加剧了他们寻找自我定位的焦虑感。而这也是这些作者面对颓废青春时表现出盲目与暴烈的原因，并再度折射出了这些作者对"我在哪里"的追问。对自我定位的迫切，导致了《萌芽》作者群被主流收编的可能性。这便走向了我们在此处所论的第二个层面的自我卑贱化。

二、"微笑的日子总会真正来到的吧"②：相对少年理想的自我卑贱化

（一）回归主流的意图

值得注意的是，恰恰是这些作者们对"我在哪里"的追问为成人世界收

---

① ［法］朱莉娅·克里斯蒂瓦：《恐怖的权力：论卑贱》，张新木译，生活·读书·新知三联书店 2001 年版，第 18 页。

② 梅思繁：《朝北教室的风筝》，《萌芽》2001 年第 7 期。

编这些被视为"反常""叛逆"的少年制造了机会。而这便意味着少年们将逐渐离开少年世界，放弃少年理想，转向曾被他们所否定的、成人的世界。而这恰恰意味着转向另一个"被禁止的逻辑"。对这些作者而言，这种向成人世界的靠近实际形成了另一层面上的，即相对于少年世界的自我卑贱化。

《萌芽》作者群向成人世界的靠拢和回归，首先是由客观条件所决定的。一个可见的事实是，随着年龄的增长，没有人可以永远滞留于青少年期。这意味着《萌芽》作者群中的大多数都将不得不向成人世界靠拢。同时，理想世界的虚幻性，以及理想实现的无限延宕，又使得现存的社会将成为他们别无选择的归宿。在这一意义上，成人世界作为现存社会的具体载体和体现，将成为他们终将前往之所。但值得注意的是，事实上，在他们怀疑和否定成人世界，并拒绝进入时，他们就已经暴露出了并不彻底的姿态。

在《朝北教室的风筝》里，梅思繁所呈现的忧虑显然针对的是高考制度对少年们广泛的兴趣、个性，甚至是生命力的限制。但在忧虑的同时，却呈现出了不断地向这一制度妥协和认可的意图。事实上，就书写少年的忧虑而言，这一文本所透露的更多的却是对自己无法通过高考，从而无法在成人世界之中占据一席之地的忧虑。

> 我们都是爱学习的孩子，能够考取重点中学多少也是个说明。我们害怕的是那样的方法和考试，和谁知道它们会怎么断送了我们。我们如此被断送了那又怎么办？[1]

可见，在《朝北教室的风筝》中所传达出的忧虑和抗拒只是针对作为唯一的选拔制度的高考。而对高考背后的那个世界，他们拒绝的态度显得模棱

---

[1] 梅思繁：《朝北教室的风筝》，《萌芽》2001 年第 7 期。

两可。不仅是梅思繁，同样地，当刘嘉俊谈及韩寒敢为退学等等自己所不敢为之事的同时，也为他感到担忧："不读书该怎么办？不上大学该怎么办？"①而另一个值得注意的现象是，虽然新概念作文大赛创办的初衷以发现文科人才，突破中学生作文的"八股式"倾向为其主要目标，且它所引起的轰动，也在很大程度上是因为发现了一批被视为"意外的惊喜"的少年作者，但对于大量被大赛吸引而参与其中的中学生来说，更多的是因为"一篇作文上大学"所具有的吸引力。这是大赛在中学生之中产生影响的主要原因。联系在新概念作文大赛出台之前《萌芽》杂志上关于"教育怎么办"的讨论，参与者无论是学生、家长、教师，他们所批判的对象也集中在应试教育制度上；而对于产生这一制度，并以此制度淘汰人才的社会却较少质疑。由此可见，事实上，这些少年们所质疑的只是应试教育这一手段；而对于应试教育所指向的"上大学"这一目的乃至这个手段背后的世界，他们并不是全盘而彻底地拒绝。以此反观他们所要求的自由，更多的不是拒绝，而是要求以更适合自己、符合自己需求的方式去进入成人世界。从这一层面上看，《萌芽》作者们的批判与他们的家长、老师并未产生根本的分歧。少年世界实际并未彻底地叛逆成人世界。对于大多数的《萌芽》作者而言，他们也未真正以叛逆青春来与主流话语进行激烈和彻底的对抗。当苏德指出，"对我们而言重要的是高考的结果，对于过程我们渴望忽略，有一种类似一步登天的妄想"②，再度表明被少年们所质疑的，更多的只是应试教育这一制度或手段，而不是"上大学"这一结果——事实上，对于他们的成长道路，他们也鲜少有超出"上大学"之外的设想。

同时，从《朝北教室的风筝》里也可以看出，即使是对应试教育本身，

① 刘嘉俊：《事关韩寒》，《萌芽》2001 年第 7 期。

② 苏德：《我的高中年代》，载《次马路上我要说故事》，浙江文艺出版社 2003 年版，第 138 页。

作者的态度也是矛盾的。如果说，"学习好"是那个世界在潜移默化中强加给他们的要求和评判标准，那么在这里，"我们都是爱学习的孩子"则意味着梅思繁们在忧虑高考的同时却认可了这一标准。实际上，不仅是梅思繁，这些作者常常会为他们笔下的人物添加一个"成绩很好"的背景。他们是"刚在中考里制造了点辉煌，又准备继续甚至是永远辉煌下去的新生"[①]；他们也是"穿奇奇怪怪的小衣服，功课很好"[②]的留学生。正如郭敬明所宣称的："我不讨厌考试因为它证明我的价值"[③]，考试成绩的好坏，直接关系着他们能否顺利进入成人世界，并占有成人世界给予的位置，享有成人世界允许的特权。这在郭敬明小说中有最为直观的呈现。从早期的作品到最近的《小时代》三部曲，"成绩优秀"是郭敬明所塑造的主要人物的共同点。优秀的成绩为这些少年的行为提供了正当的理由，无论是林岚与顾小北的早恋，还是顾里的张扬尖刻，"成绩好"成为行为合法性的前提，因为，"如果你成绩够好，那么那些学生守则对你来说约等于零"[④]。然而，也正是在此前提之下，这些少年具有叛逆色彩的行为产生了某种悖谬。如果这些少年正是试图以对成人世界的反叛来表达他们的质疑，那么在此，无论反叛以何种方式呈现，这一前提的设定意味着他们仍在靠近并认可成人世界的价值标准。无法建立新的价值标准，再度证明了他们使理想进入现实的努力是无效的。在此，他们的反叛实际是在以成人世界赋予的权力来反对成人世界，青年亚文化的抵抗力因此被抵消了。而从这一意义上可以说，叛逆的他们仍然是被规训的孩子。

与此对应的是，在 2003 年前后，郭敬明取代韩寒成为 80 后写作者的代表和领军人物。相对于激烈批判应试教育制度，并以退学作为实际抗议的韩

---

① 苏德：《我的高中年代》，载《次马路上我要说故事》，浙江文艺出版社 2003 年版，第 165 页。

② 张悦然：《赤道划破城市的脸》，《萌芽》2002 年第 8 期。

③ 郭敬明：《思想的声音》，《萌芽》2003 年第 8 期。

④ 郭敬明：《猜火车》，载《左手倒影，右手年华》，上海译文出版社 2003 年版，第 181 页。

寒，郭敬明则是以成绩优秀、行为规矩的好学生形象出现的。[1] 对主流社会
而言，郭敬明这样的青春偶像对他们的批判和冲击显然要薄弱得多，同时也
更符合他们所制定的价值标准；而对少年们而言，郭敬明式的姿态意味着与
成人世界更少的冲撞，也即付出更少的代价；而郭敬明的成功也预示了一种
进入成人世界的可行方式。郭敬明取代韩寒而走红，实际是以退守自我的忧
郁取代咄咄逼人的批判。正如李萌的诉说："在这个时间里的孩子们是不是都
太容易寂寞。"[2] 这个关于"寂寞"的提问显得颇耐人寻味——不再是愤怒，不
再有激烈，而是一种怯怯的、不确定的怀疑；虽不能全盘接受成人世界，但
对自己的信念也无力坚持。青少年亚文化的抵抗在此已经弱化为一种精神上
的犹豫和因之而产生的寂寞。而这也是作为同龄人的刘嘉俊敏锐地从郭敬明
的散文集《左手倒影，右手年华》之中感受到的，郭敬明所谓的"疼痛青春"
实际上贫乏而空洞，"他的绝望的高三，他的充满痛苦与眼泪的青春，他的各
种同样伤感的朋友，他对各种事物的经常性的感伤"[3]。而这种感伤背后却没有
更为深入的挖掘。然而"寂寞"却逐渐成为这一些少年青春的注脚。这其实
是一种后撤的姿势。它意味着少年们对待成人世界的方式从激烈反抗转向了
委婉控诉。至此，《萌芽》作者们的颓废青春借助郭敬明的姿态而得到了一种
想象性的解决或者说一种妥协，"没有逃跑的欲望和冲动，因为我总是幻想自
己已经身在网外"[4]。

即使在《萌芽》作者们对少年乌托邦的部分书写当中，也潜藏了为成人
社会收编的可能性。在《明媚角落》中，在追忆了与"坏孩子"钱越厮混的

---

[1] 参见吴怀尧《45°已成过去式"首富"郭敬明其实古板而传统》，《华西都市报》2011 年 11 月
22 日。

[2] 李萌：《只是寂寞》，《萌芽》2002 年第 10 期。

[3] 刘嘉俊：《谨慎阅读与温和批评》，《萌芽》2003 年第 9 期。

[4] 郭敬明：《思想的声音》，《萌芽》2003 年第 8 期。

明媚岁月并以之突出"我"当下生活的苍白黯淡之后,"我"却仍然选择了回到自己那间晒不到阳光的房间里继续完成练习卷,而不是跟随再度邂逅的钱越而去。这种选择正显示了"我"对成人世界收编企图的臣服。更进一步地,在郭敬明的作品中,当天真澄澈的"好女孩"纷纷收获苦果时,深谙成人世界游戏规则的"坏女孩"却过得风生水起。此处在传达少年们对成人世界的质疑和恐惧的同时,这两种结果的并转却也隐约地将成功与对主流社会不合理规则的臣服相联系。在此,已经不仅仅是对以成绩选拔的制度的认同,以少年乌托邦的最终倾圮和少年理想的付诸虚无,这些书写隐晦地传达了少年们对抵抗主流社会不合理秩序的放弃。青少年亚文化对主流的抵抗因此而付之阙如。

从1999年的首届新概念作文大赛起,以《萌芽》作者群为代表的一批80后们对代际经验的书写曾因其对以成人世界为代表的主流社会的诘问而获得了某种青年亚文化的抵抗意义,但事实上,这一亚文化本身却潜藏着被收编的可能。他们所能利用的材料正来自主流世界。"社会结构的复杂层面相互作用,再现于统治群体和从属群体的经验之中,这种经验又依次变成了'原料'。"①这些少年作者们也不例外。他们的代际体验是在他们生活的不同场所中成形的,难免会受到这些场所的结构、规则、价值体系的影响。因此,他们所利用的原料,实际"既是真实的,也是意识形态的"②。正如他们对于自己成长道路难以有超出"上大学"之外的设想,他们对成长结果的设想也并未超出成人世界提供的现实。这正是他们最终只能隐晦地认同成人世界的原因。而这也从另一个侧面解释了本应作为"升华物"的少年乌托邦在此

---

① [美]迪克·赫伯迪格:《亚文化:风格的意义》,陆道夫、胡疆锋译,北京大学出版社2009年版,第107页。

② [美]迪克·赫伯迪格:《亚文化:风格的意义》,陆道夫、胡疆锋译,北京大学出版社2009年版,第103页。

因何而缺席。少年乌托邦对现实的否定越强烈，其实现的过程便越困难；而乌托邦的难以实现则加剧了少年们对现实的认同和妥协，又反过来使少年乌托邦显得更加虚无和遥远。这种循环最终使这些作者无限期地悬置和放逐了这种乌托邦实现的可能性。在他们批判和抵制成人世界的同时，却预示了对后者的回归。以将成人世界所定义的卑贱物排除的方式，《萌芽》作者再次完成了自我卑贱化。在进入成人世界的同时，甚至放弃了理想的建构。

（二）主流社会的收编

根据迪克·赫伯迪格，尽管亚文化意味着对象征秩序的象征性挑战，但主流意识形态却仍然可以对亚文化进行收编。事实上，亚文化也并非仅仅自发地肯定那些被主流社会排除在外的价值。"它们或多或少都会表现某些偏爱的意义和阐释，即那些为大众媒体所青睐并传播的意义和诠释。"[1] 回到 80 后写作本身，实际上，这一写作群体的出现一开始就是与主流话语相关的。第一届新概念作文大赛正是在主流社会关于素质教育讨论的背景下出台的；而一部分大赛获奖者的光环正是来自他们以一篇作文而达到"上大学"这一符合主流期待的结果。换言之，80 后写作的登场和最初引起的关注，都是借助了主流社会话语的力量。另外，如若 80 后写作意图进入主流，便不免要在一定程度上放弃边缘性的话语。而这些作者们所流露出的对主流价值标准和规则的微弱认同，正呈现出了一种进入主流的意图。这也为成人世界提供了对他们的叛逆进行收编的契机。这种收编主要是通过两种方式进行的：通过市场和商品形式的吸纳，以及借助媒体再现和命名来降低 80 后写作的"他者性"[2]。

---

① [美] 迪克·赫伯迪格：《亚文化：风格的意义》，陆道夫、胡疆锋译，北京大学出版社 2009 年版，第 108 页。

② [美] 迪克·赫伯迪格：《亚文化：风格的意义》，陆道夫、胡疆锋译，北京大学出版社 2009 年版，第 116—117 页。

伴随着新概念作文大赛所产生的轰动效应，《萌芽》杂志和《萌芽》作者群在媒体和读者之中的影响日渐扩大。这使这些作者迅速受到了图书市场的关注。2003 年，萌芽杂志社联合浙江文艺出版社推出的"萌芽小说族"系列作品，出版包括周嘉宁、苏德、宋静茹等在内的几个《萌芽》作者的小说（集）。同年，春风文艺出版社出版了郭敬明的《幻城》，成为当年的畅销书，并被列为当年的全国人气图书奖第一名。春风文艺出版社趁机成立了"布老虎青春文学"工作室。在《布老虎青春文学》以图书的形式出版了三辑之后，2004 年 9 月，春风文艺出版社创办了青春文学期刊《布老虎青春文学》，以发表与校园、青春等有关的文学作品为主，以极为积极的态度进入了青春文学出版领域。如果说，"萌芽小说族"这一系列作品在巩固和扩大这些作者影响力的同时，仍然在一定程度上将读者群限定在《萌芽》读者群之内，那么春风文艺出版社的致力进军青春文学则进一步拓宽了这一作者群的影响面。

事实上，早在 2000 年，80 后作家即已进入图书市场。这一年，作家出版社推出韩寒的长篇小说处女作《三重门》，迅速成为当年的畅销书，销售 200 多万册，在当时成为中国近二十年来销量最大的文学类作品。[1]而春风文艺出版社在成功推出郭敬明之后，2004 年，已经借助《葵花走失在 1890》进入读者视野和市场的张悦然被打造为与"金童"郭敬明比肩的"玉女"作家，以"金牌畅销书"的规格推出张悦然的首部长篇小说《樱桃之远》。在这一市场的介入之下，事实上，迄今为止，韩寒、郭敬明、张悦然仍是公众眼中最具知名度和代表性的三个 80 后作家。不仅是这些出身新概念作文大赛或《萌芽》的作者，2002 年，随着《北京娃娃》的出版，春树以"残酷青春"记录者的身份进入读者视野。《北京娃娃》更以其对高中辍学少女的一系列情感纠葛以及对性

---

① 参见王芳《偶像的建构与祛魅：媒介镜像中的韩寒（2000—2012）》，《青年研究》2012 年第 6 期。

的大胆描写在一片哗然和争议之中引发了关注。2004 年 5 月，东方出版中心推出由马原任主编并作序的《重金属——80 后实力派五虎将精品集》；8 月，中国文联出版社推出"苹果树中文原创网络"策划编辑的《我们，我们——80 后的盛宴》。2004 年，80 后写作占据了图书市场相当可观的份额。这一年出版的 80 后作品即包括张悦然《樱桃之远》、周嘉宁《夏天在倒塌》、韩寒《长安乱》、霍艳《生如夏花》、颜歌《关河》、孙睿《草样年华》、李傻傻《红 ×》、辛唐米娜《绝不堕胎》、易术《孔雀》等，使这一年成为 80 后写作发展的一个高峰。

但值得注意的是，80 后作者所引起的关注很大程度上并不来自他们的写作本身，而与出版社的包装手段，甚至是与媒体的炒作行为相关。例如，在获得新概念作文大赛一等奖后，韩寒由于七门功课不及格而留级并进而休学。这一事件经由媒体报道引发了对教育问题和韩寒个人的热烈讨论。在这一时期的媒体话语中，韩寒的身上交织着"天才作家""偏才""功课不及格休学的差生"等充满矛盾的形象。①而韩寒在 80 后一代中建构起的反叛形象虽然在很大程度上来自他本人另类叛逆的作为，但同时与媒体话语对他进行的宣传是分不开的。而本文第一章所阐述的，《萌芽》杂志曾刊发文章，对这些作者们私人生活进行有限度的曝光，以满足读者的窥视欲。这实际也有以作者的私人生活和花边新闻来辅助他们的写作，以博取知名度的嫌疑。在当时，新概念作文大赛的轰动效应、80 后写作者们的年纪以及他们写作所触及的主题，都使这一群少年作者充满了话题性，也为市场的运作和炒作留下了空间。恰恰是借助市场，80 后作品和作者的大量涌现，且大部分留下了较好的销售成绩。可以说，市场运作确实有利于 80 后作者扩大他们的知名度，但同时也给他们留下了"名不正言不顺"的把柄。经过熟练的市场营销，80 后的作品

---

① 参见翁寿昌《韩寒和郁秀："好孩子"与"坏孩子"的交锋》，《中华读书报》2000 年 11 月 22 日；《"是教育部门反思的时候了"——韩寒眼中的教育》，《人民政协报》2000 年 12 月 19 日；张良才《韩寒——中国教育界自命清高的悲哀吗》，《人民政协报》2000 年 12 月 19 日；等等。

在某种程度上都是经过包装后被推向图书市场的商品；而有影响力的写作者则成为图书市场的明星。无论80后写作在市场引发怎样的关注，首先引起轰动的往往不是作品本身的文学性。这也是为什么80后写作一开始是以市场的轰动效应来吸引文坛的关注的；也是为什么在获得极高知名度之后，仍被认为"进入了市场，还没有进入文坛"①的原因之一。

进入20世纪90年代之后，当代文学生产从作为计划经济体制下的意识形态生产的一部分，开始转向以"市场原则"为主导的消费性文化生产。文学场开始向市场倾斜。在市场原则的挤压下，文学的自主原则也被削弱。②在这一背景下，80后写作受到市场的影响，这本是不可避免的。根据迪克·赫伯迪格，一种崭新风格的创造与传播，往往会不可避免地与生产、宣传与包装密切联系。③亚文化也可以通过商品来传达意义。因此，如果恰当地利用市场，甚至可能有助于扩大80后写作的影响。但是，呈现在我们面前的是，市场对80后写作的过分介入甚至主导导致了80后写作文学性的弱化。首先，在市场将80后写作纳入自身的运作中之后，80后写作所具有的文学与亚文化意义便被逐渐削弱，成为一处喧哗的文化景观。其次，80后作者的名气成为具有市场号召力的象征资本，但这种明星化和作品商业化也导致了80后写作的被轻视。其结果之一是，80后作家长期被视为畅销书作家，难以真正进入主流文学界。毕飞宇、苏童等都曾表示"不看'80后'的书"④；而陈忠实则指出，大学生如果只看这类型的书，应该算是一种缺陷，并闭口不谈80后作

---

① 白烨、张萍：《崛起之后——关于"80后"的答问》，《南方文坛》2004年第6期。

② 参见邵燕君《倾斜的文学场——当代文学生产机制的市场化转型》，江苏人民出版社2003年版。

③ 参见［美］迪克·赫伯迪格《亚文化：风格的意义》，陆道夫、胡疆锋译，北京大学出版社2009年版，第117—118页。

④ 黄咏梅、赵利平：《苏童痛批"作家富豪榜"称不看80后作家作品》，《西安晚报》2009年12月8日。

家对整个中国文坛的意义。① 可见，80 后写作尽管呈现出一幅涌动着喧哗与骚动的热闹图景，却未真正地以文学的意义进入文坛的视野之中。而也正因为如此，80 后写作作为一股新兴的文学力量，它对一代人经验的书写，对压抑、束缚的探讨与质疑、对不合理规训的颠覆和消解，也都随之被削弱了。

而在产生巨大市场效应的前提下，不仅是知名 80 后作者的作品不断涌现，甚至还有假借这些作者之名出版的"伪书"大量出现，以至于不胜其扰的韩寒不得不在《长安乱》出版之时附上一页"伪书"书目以正视听。"伪书"的出现至少说明了两个问题。一是 80 后写作的市场效益相当可观；二是 80 后写作具有相当的可模仿性。随着一批 80 后作者的走红，他们为诸多的同龄人指示了一条成名的道路。而他们的写作模式也成为被模仿的对象。韩寒的叛逆、郭敬明的忧伤、张悦然的精致、周嘉宁的温暖，这些标签化的描述一方面限制了作者的发展和突破，另一方面也造成了 80 后写作极易被模仿而陷入模式化之中。尽管早在 2000 年第二届新概念作文大赛之后，赵长天即指出，"要特别关注在选材、视角和表现方法上有新意的作品"，以防止在"旧的作文模式的同时，又产生一种新的模式"。② 然而，到 2003 年，新概念作文的类型化就已经是一个颇令人忧心的问题了。③ 而长江文艺出版社在 2006 年甚至出版了一本《写得像郭敬明一样好》，对郭敬明小说中的词语、节奏、句式、故事情节和设定等各方面进行深入细致的分析。尽管这些分析是在解构郭敬明的前提下进行的，但也意味着掌握郭敬明的写作风格，并创作出相似作品的可能性。可见，类型化已成为 80 后写作不可扼制也不可被忽视的一个趋势。

同时，更年少的作者也开始进入媒体的视野。在韩寒被冠以文学的"天

---

① 参见《陈忠实：我从不看 80 后作家的书》，《沈阳晚报》2006 年 11 月 1 日。

② 赵长天：《好些，更好些》，《萌芽》2000 年第 7 期。

③ 参见史零《一个普通编辑眼中的第五届"新概念"》，《萌芽》2003 年第 3 期。

才少年"走红之后，2002 年，12 岁的成都女孩古立坤辍学写书，成为又一挑战教育制度的事件。而在同一年，生于 1989 年的蒋方舟已经出版了她的第三本书。不仅是作者年纪更小，年少的蒋方舟表现出了更为先锋和前卫的姿态。在《正在发育》《青春前期》等作品中，年少的作者讨论了性、婚外恋等在传统视阈中鲜少对少儿道之的主题。甚至一些作品的题目就以争议性夺人眼球，如《你发育了吗》《泡妞秘笈》等。而这也是《正在发育》等作品为媒体所关注的热点："光看这名字，就让人不由自主地往人类生理问题上想，再看看书的作者：十一二岁、小姑娘。"① 这些作者的成名显然都颇为巧妙地借助了市场的运作。但是，其作品本身的稚嫩却鲜少得到相应的关注和指导。

在市场的介入下，80 后作品的大量出现最终使 80 后写作成为一种文化商业化的景观，80 后写作本身具有的颠覆性力量被削弱了，发展的可能性也受到了制约；同时，它以不断更新人们固有观念的先锋和前卫来博取媒体版面，以话题性引发热议。二者最终使 80 后作者们的反秩序不再那么触目惊心。那只是引起注意、获得利润的一种姿态。事实上，"一旦代表'亚文化'最初的创新被转化为商品，变得唾手可得时，它们就会变得僵化"②。"青年文化的风格会以象征性的挑战而展开，但不可避免的是，它们注定要以建立一套新惯例，通过制造新的商品、新的产业，或者重新激活旧的产业而终结。"③ 真正具有抵抗意义的 80 后青年亚文化在市场的淹没下濒于死亡。

---

① 曾丹：《正在发育的女孩——专访 12 岁少女作家蒋方舟》，《北京青年报》2001 年 10 月 17 日。
② ［美］迪克·赫伯迪格：《亚文化：风格的意义》，陆道夫、胡疆锋译，北京大学出版社 2009 年版，第 118 页。
③ ［美］迪克·赫伯迪格：《亚文化：风格的意义》，陆道夫、胡疆锋译，北京大学出版社 2009 年版，第 118 页。

80 后写作模式化的另一原因，是主流社会对 80 后写作者的命名，并在命名的同时树立少数典型。命名即意味着被收编的可能；而典型的树立则遮蔽了这一群体内的其他可能性。第一届新概念作文大赛之后，韩寒的迅速走红无疑使他成为当时 80 后写作最炙手可热的作者。有趣的是，韩寒的媒体形象呈现出一种两面性。在被描述为问题少年、狂妄、离经叛道的同时，他也是充满灵气，十分早熟的单纯的孩子。[①] 这一 "单纯的孩子" 在一定程度上消解了韩寒相对于秩序的 "他者性" 威胁。通过这种形象的描述，韩寒这样的叛逆少年 "被遣返常识为他们安排就绪的位置中。正是通过这一持续不断的恢复（recuperation）过程，断裂的秩序才得以修复"[②]。主流社会在此流露出修复秩序的意图。而到了 2004 年，最为走红的 80 后作家更替为郭敬明和张悦然。他们被视为青春写作中的 "金童玉女"。二者的作品以忧伤的基调、精致的文风，将从第一届新概念作文大赛以来渐次浮出水面的一代人的经验书写和其中蕴含的青年亚文化抵抗意义削弱为一种不甚剧烈的疑惑和暂时性的忧郁。80 后写作的代表从韩寒到郭敬明和张悦然，一方面，是以这些典型作者将 80 后呈现为单一的、同质的群体，而 80 后写作内部复杂性的长期被遮蔽。另一方面，这种变化也透露出主流社会对 80 后写作的引导企图，试图将 80 后规训为更为安全也更容易控制的群体。但这种转变也是一种双方选择的结果——本来，并非所有的 80 后都在坚持少年理想，坚持对主流社会的批判和解构。而在 80 后写作这个喧哗的景观里，同龄人们得以在其中各取所需。而媒体的介入和引导则使某一些选择凸显，"媒体在为我们界定体验时扮演了一种关键的角色。它提供了最有效的范畴……使得体验坦然有序，对其加以解

---

① 参见王芳《偶像的建构与祛魅：媒介镜像中的韩寒（2000—2012）》，《青年研究》2012 年第 6 期。

② ［美］迪克·赫伯迪格：《亚文化：风格的意义》，陆道夫、胡疆锋译，北京大学出版社 2009 年版，第 116 页。

释，并让它在彼此的矛盾中凝聚起来"①。

正如居伊·德波所言，景观决定欲望，而欲望决定生产。② 当主流社会借助媒体和市场将 80 后写作降格为一处文化景观，并以这一景观取代了 80 后写作的真实现状时，这些被景观化的写作者们其实已在无意中放弃了其对少年乌托邦的坚持，被主流社会所收编。通过将自身的"卑贱物"排除出去的方式，他们认同于主流社会而成为"主体"。而这种主体性的获得方式，实际上却是对少年世界所定义的"卑贱物"的认同。同时，这种市场影响下的写作也将对读者产生了一种"无形的控制，它消解了主体的反抗和批判否定性"③。这样，80 后"卑贱物"排除出去以建构主体性的企图，实际被转换成了又一种规训。再一次地，他们的自我定位陷入暧昧不明当中。

---

① ［美］迪克·赫伯迪格：《亚文化：风格的意义》，陆道夫、胡疆锋译，北京大学出版社 2009 年版，第 106 页。

② 参见 ［法］居伊·德波《景观社会》，王昭风译，南京大学出版社 2006 年版，第 16 页。

③ 张一兵：《代译序：德波和他的〈景观社会〉》，载居伊·德波《景观社会》，王昭风译，南京大学出版社 2006 年版，第 15 页。

第三章

对比中的《萌芽》作者群

如前一章所述，自 1996 年改版后，《萌芽》杂志逐渐吸引了以 80 后青少年为主体的作者群和读者群，形成了"贴近青年人的心灵感受"[①]这一相对固定的杂志风格。宏观地看，《萌芽》杂志中的青春书写并不是一个孤立的存在。首先，这些青春书写的出现固然来自一代人言说自我的需要，但他们书写风格的形成并非横空出世，而是受到了 80 后代际之外的文化资源的影响。其次，《萌芽》杂志并非当时唯一的 80 后写作平台，《萌芽》作者群也不是当时仅有的 80 后作者。在他们出现的同时，另一些国内的 80 后作者如春树、李傻傻，以及台湾地区的作家等也崭露头角，引起了市场及评论的关注。而在与其同期或稍后，其他国家（如日本等）的 80 后作者们也渐渐出现。这些影响在《萌芽》作者群的创作中是如何呈现的？这些作者与其他的 80 后写作者之间又存在着怎样的异同？本章将把《萌芽》作者群同时置入 80 后代际外部文化资源及与其他 80 后创作的对比之中，在纵与横的层面上对其进行考察。

[①]《发自内心的文学梦犹在——〈萌芽〉读者意见反馈综述》，《萌芽》2002 年第 3 期。

第一节 "文本盗猎者": 纵向对比中的《萌芽》作者群

本书所指的"外部资源"是不由 80 后们创作的、来自他们代际之外的文化资源。《萌芽》作者群的青春书写显然不可能不受到这些外部资源的影响。早在第一届新概念作文大赛之时,作为评委的陈丹燕就已从这些少年的创作中发现了这种影响痕迹:"原来许多的结构,是从流行歌曲里来的。"①《萌芽》作者群所受的影响可能来自前辈作家的创作,或电影、音乐等其他门类的文本。《萌芽》作者们对这些"外部资源"的参考和借用隐在或显在地出现在他们的创作中,并推动形成了具有代际特点的写作风格。这种参考和借用使他们成为一群"文本盗猎者"。"文本盗猎者"是来自亨利·詹金斯的概念。亨利·詹金斯原以"盗猎"来描述粉丝们对粉都的挪用。他们将文本打成碎片,再根据自己的需要对其进行重新组合,从中寻找到可以用来理解和表达粉丝个人生活与经验的只言片语。②这些外部资源影响着《萌芽》作者群形成自己的风格,从而影响杂志的风格。另外,这些文化资源不仅借助《萌芽》作者群的"盗猎"而显现,《萌芽》杂志本身还会直接刊登推介这些文化资源的文章。这样,《萌芽》杂志也不再仅仅为其作者提供言说的渠道,也是他们的

---

① 陈丹燕:《看那恳切的少年心》,《萌芽》2001 年第 3 期。

② 参见〔美〕亨利·詹金斯《"干点正事吧!"——粉丝、盗猎者、游牧民》,载陶东风主编《粉丝文化读本》,北京大学出版社 2009 年版,第 42 页。

文本"盗猎"活动的平台。这些作者们在《萌芽》杂志上分享、交流自己的文化资源，使杂志集中出现了各种文化符号；而读者／作者则又可在其中各取所需，使它们进入自己的情感结构之中，成为一代人相互认同的基础，促进写作风格的形成。这也成为《萌芽》杂志为少年们提供的自我认同的途径之一——"青少年总是想看到新的图像，总是不断求证自己是谁，青少年杂志正好回应了这一系列需求"①。而作者对某些文化资源较为集中的"盗猎"及杂志的重点推介，都有助于这些资源在杂志读者群中的传播。这些将潜在地影响读者的阅读选择和审美倾向。这些倾向通过读者对不同作者的偏好体现了出来。读者的偏好又将影响杂志对作者作品的选择。可见，外部资源的推介在一定程度上促使《萌芽》杂志形成更为突出和稳固的风格。本节将对其中较为突出的几个文化资源进行分析，探讨它们因何种原因又在何种意义上被选择成为"盗猎"的对象。

一、"我们的正常之处，就在于自己懂得自己的不正常"②：病态与个性化

（一）绝望青春中的阴暗自我

2008 年 5 月，由张悦然主编的《鲤》系列主题书推出了第一本《鲤·孤独》③。其中，以专题的形式对他们在青春期里曾大量阅读的日本文学进行了一次回顾和总结。在这一专题中，出现了包括村上春树、吉本芭娜娜、片山恭一等在内的日本作家。专题借此呈现出了一部青春期的"阅读史"。而村上春

---

① ［英］安吉拉·默克罗比：《后现代主义与大众文化》，田晓菲译，中央编译出版社 2006 年版，第 245 页。

② ［日］村上春树：《挪威的森林》，林少华译，漓江出版社 1989 年版，第 163 页。

③ 张悦然等：《鲤·孤独》，江苏文艺出版社 2008 年版。

树是其中对他们影响最大也最广泛的作家。

事实上，早在这些作者还聚集在《萌芽》杂志这一写作平台之上时，村上春树就已经作为一个重要的影响因素出现了。村上春树的作品以直接引用的形式出现在《萌芽》作者群的创作中。作者借助它们来传达自己的观点，如张羽修便借《挪威的森林》来表达自己与现实世界的格格不入："挪威森林里玲子说：我们的正常之处，就在于自己懂得自己的不正常"①；而周嘉宁的小说《猫与鼠》②干脆以村上春树的小说来统贯全篇。同时，在《萌芽》作者群那里，村上春树也是一种标示阅读兴趣和喜好的道具，如甘世佳在《对一个金山农民艺术家老巢的专访》中用以打发时间阅读的"包着《挪威的森林》的封皮的《象的失踪》"③，或是李萌记述的为购买村上春树文集而宁愿饿肚子的往事④。可见，无论这些《萌芽》作者本身的青春书写是倾向于叛逆，还是倾向于忧伤，村上春树都是这些作者可以指认出彼此的关键词之一，从而使村上春树在他们之间具有了识别标志的意义。另外，《萌芽》杂志本身也对村上春树进行了直接推介。2002 年第 2 期的《萌芽》上，不仅在 Amazing 里推出了一期以村上春树为模仿对象的"大家模仿秀"，也在"惊奇专题"里对村上春树的作品进行了详细介绍。其中包括对村上春树读者群的调查，对《挪威的森林》的版本统计，对村上春树小说人物介绍等，甚至还出现了以村上春树小说为命题内容的"题库"。这无疑是在《萌芽》"异托邦"里进行了一次关于村上春树的普及。

村上春树是日本当代文坛极具鲜明特色的作家。其创作受到了日本乃至世界文坛的广泛关注，并日趋成为世界性的文学现象。相对说来，东亚地区

---

① 张羽修：《九月》，《萌芽》2002 年第 6 期。

② 周嘉宁：《猫与鼠》，《萌芽》2001 年第 3 期。

③ 甘世佳：《对一个金山农民艺术家老巢的专访》，《萌芽》2001 年第 4 期。

④ 参见李萌《只是寂寞》，《萌芽》2002 年第 10 期。

出现的村上春树阅读潮更为突出，在国内也出现过"村上春树热"的现象。截至 2006 年，仅仅是上海译文出版社 2001 年版《挪威的森林》便已印制 23 次，发行逾百万册。[①]这一"村上春树热"也影响了包括这些《萌芽》作者群在内的年轻一代。

村上春树的作品关注的多是后现代社会中"人"的生存状态。其创作的人物多呈现出消极的生活态度，如其在中国大陆最负盛名的作品《挪威的森林》的男主人公渡边。《挪威的森林》的主线讲述的是渡边对直子的爱情，同时呈现了对现实的困惑、对生与死的思考，等等。小说正是在此意义上超越了一般的恋爱小说。[②]渡边在小说中则呈现出了对逃离世俗生活和改变不合理秩序的束手无策。作者在《挪威的森林》中首先为渡边设置了两个显在的参照者："敢死队"和永泽。前者对死板规矩的按部就班与后者熟稔制度的游刃有余都是为渡边所否定的。但这两种否定在小说中却意味着渡边对整个现实的拒绝。在此意义上，木月成为渡边隐在的参照。木月对现存世界的决绝是渡边否定的极端化，然而也是渡边所不认同的。因此，渡边对秩序的不合理虽有不满，但却既无力改变，又不愿彻底拒绝，只能耽于言语的嘲讽，同时不断地亲近被视为"不正常"的人群。而作为"不正常"者，玲子与直子则具象化了不合理世界对人性的贬抑和被贬抑者的无能为力。而这又传达了小说对现存秩序的否定。然而正如玲子的自况："我们的正常之处，就在于懂得自己的不正常"——如果否定秩序的不合理便意味着反常，那么他们甘以反常者自居。可见，在村上春树的小说中，主人公孤立处境毋宁说是由他们自

---

① 参见林少华《村上春树在中国——全球化和本土化进程中的村上春树》，《外国文学评论》2006 年第 3 期。

② 《挪威的森林》出版时，村上春树在书的腰封上写道："这是恋爱小说。虽然觉得这个名字非常陈旧，但我想不到其他更合适的词。这是激荡人心、安静而哀婉的 100% 的恋爱小说。"转引自杨炳菁《后现代语境中的村上春树》，中央编译出版社 2009 年版，第 120 页。

己所选择的。渡边等人对接受规训与彻底弃绝（死亡）这两种选择都是拒绝的，但同时，他们也无法为自己厘清一个理想的栖身之所。这使他们呈现出了矛盾而彷徨、消极而颓废的精神苦闷。这一精神面向在村上春树笔下极具代表性，也是一代日本青年的写照。

显然，《挪威的森林》中所呈现的由对现实的不满和对秩序的拒绝而导致的自我疏离，以及理想的缺失而导致的迷惘青春，在《萌芽》作者群的青春书写中也存在着。由此观之，对《萌芽》杂志的这群作者与读者而言，《挪威的森林》中的渡边等人实际扮演了一个隔代的"镜像"。在渡边的彷徨中，《萌芽》作者群获得了关于自身青春期迷惘与苦闷的共鸣；同时也借助渡边等人遭受的秩序压抑，他们又取得了一个传达被压迫感、同时将自我的反叛合法化的途径。也正是在此意义上，村上春树被"赋权"而成为这些少年们所选择建构的极为重要的一个"粉都"客体，在投射与内摄的作用中成为少年们获得自我认同的渠道。

另外，村上春树之所以能够扮演 80 后们的"粉都"客体，也在于青春书写虽然隔代，但在产生的情境上却存在着某种相似性。无论是 20 世纪 60 年代后期之后的日本，还是世纪之交的中国大陆，所经历的都是一个经济快速发展，而精神创造却日益贫乏的时代。精神的困厄造成了个体在理想与追求方面的缺失，并导致了空虚感。同时，由于青年的个性与主流社会的格格不入，前者在抵抗后者规训的同时，容易产生某种被孤立感。这种时代背景与遭遇的相似性也是村上春树在中国的 80 后一代中引起阅读热潮的原因之一。

但值得注意的是，村上春树所塑造的这种消极的青年形象与作者自身青年时期经历的诸如反"日美安全保障条约""全日本学生共同斗争会议"（即"全共斗"）等学生运动的失败不无关系，亦与彼时理想主义的高涨和激剧落潮相关。① 村上春树于 1968 年进入大学。这一年，由新左翼诸党派和无党派学生组成的"全日本学生共同斗争会议"策划并展开的学生运动在这一年激化。② 有论者指出，"全共斗"是日本战后体制崩溃的体现，是青年一代预感到经济高速发展后个体将为后工业文明所异化、宏大叙事将为后现代语境中的多元化价值观所取代而进行的最后抗争。③ 青年村上春树亦参与其中，正如其在《搬家杂记（3）》中所言及的："时值一九六八年，正是闹学潮的时期，我也正血气方刚，很多事都让我愤愤不平，有时因担心右翼学生偷袭，睡觉时枕下还放了把菜刀。"④ 但随着学生运动的逐渐落潮，结伴而来的是理想主义的沉沦与对学生运动的反思。在学生运动中曾经被青春叛逆的激情所掩盖的种种不堪也渐次浮现。因此在《挪威的森林》中，不仅借助挖苦学生宿舍之中看似庄严的升旗仪式来表达对秩序的不满，也通过渡边对学生运动的嘲讽及绿子对"进步"学生社团的不满来对学生运动内部进行反思和批判。由此观之，《挪威的森林》中所呈现的迷惘与消极在拒绝与秩序合作的意义上具有了抵抗色彩。但显然，20 世纪 60 年代风起云涌的日本与中国的 80 后们毕竟隔着遥远的历史距离。而在"告别革命"的时代里，"革命"对他们而言，更像是一次短暂的回眸或一次幻想。甚至如前一章所论述的，《萌芽》作者群所书写的颓废青春实际是来自他们在与秩序交锋之前的全面后撤与放弃。因此，《萌芽》杂志上关于其的交流在一定程度上遮蔽了"全共斗"等学生运动落潮这一造成其创作中挫败感与失望感的直接原因。换而言之，《萌芽》杂志及作者群实际是在屏蔽和抽空村上春树写作的历史语境的基础上，完成了对村上春树文本的"盗猎"。

---

① 孙树林：《论"村上春树现象"》，《外国文学》1998 年第 5 期。

② 杨炳菁：《后现代语境中的村上春树》，中央编译出版社 2009 年版，第 22 页。

③ 杨炳菁：《后现代语境中的村上春树》，中央编译出版社 2009 年版，第 23 页。

④［日］村上春树、安西水丸：《村上朝日堂》，林少华译，上海译文出版社 2005 年版，第 33 页。

（二）戏谑与狂欢

与村上春树相比，王小波虽然也对《萌芽》作者群产生影响，但由于相当一部分《萌芽》作者逐渐形成了忧伤与疼痛青春的书写模式，因此这一影响相对较弱。尽管在 2002 年第 6 期的杂志中的 *Amazing* 的"大家模仿秀"栏目即以王小波为模仿对象，但可以看出王小波的影响在《萌芽》作者群中相对集中，主要体现在剌小刀、小饭等人的创作中。

王小波的创作往往在看似通俗的语言与行文之中闪现其作为智者的观察和洞悉。他的小说在构造想象世界的同时，也显示出对意识形态的追问及对个体的关怀，传达了作者作为一个知识分子的批判责任。王小波的小说往往书写个体与权力之间的碰撞与交锋，"在其小说不断地颠覆、亵渎、戏仿与反讽中，类似正剧与悲剧的历史图景化为纷纷扬扬的碎片；在碎片飘落处，显现出的是被重重叠叠的'合法'文字所遮没的边缘与语词之外的生存"①。"文革"是王小波小说常常选择的背景。借助对"文革"这一特定时代的重返和凝视，王小波试图揭示的是权力机器与"历史"自身。②与此相应的是其小说呈现的独特文体，显示为"民间的立场，冲破成规的革新精神，贬低化和弃旧图新的努力"③。王小波的小说创作是在以荒谬对抗荒谬。那种汪洋恣肆的戏谑风格，既平淡，却又饱含幽默和嘲讽。他将普通人生的欲望纳入笔端，"又能够穿透人生的荒谬和无聊，揭开我们可笑的东西，让我们感到自己的浅陋、

① 戴锦华：《智者戏谑——阅读王小波》，载韩袁红编《王小波研究资料》（上），天津人民出版社 2009 年版，第 287 页。

② 戴锦华：《智者戏谑——阅读王小波》，载韩袁红编《王小波研究资料》（上），天津人民出版社 2009 年版，第 297 页。

③ 崔卫平：《狂欢 诅咒 再生——关于〈黄金时代〉的文体》，载韩袁红编《王小波研究资料》（上），天津人民出版社 2009 年版，第 407 页。

荒诞和微末"①。

事实上,《萌芽》作者群对王小波的效仿与致敬实际是一种弱化。后者创作中的思辨与批判在《萌芽》作者群都被削弱了。正如张颐武曾敏锐地指出:"他们似乎缺少王小波的那种力量,那种对于人性的通达和敏锐,还缺少他那嘲讽的微笑里所隐藏的真正的智慧。"②事实上,王小波的戏谑是以对意识形态的追问和对人类的悲悯为基础,以对抗极权为目的的。而他关于自由的思考也是以此为其前提。然而在《萌芽》作者群的创作里,王小波创作中的诘问和抗争被他们放逐了。如果说,王小波的创作是叩问寓言的荒谬,那么这些少年作者所继承的仅仅是一层戏谑的外衣。而隐藏在这些寓言中的个体的挣扎与跋涉,对冲破生命和伦理困厄的追求,在少年作者这里都被淡化了,如小饭的《有个女人叫蓝色》③。小说是对苏德《我是蓝色》的续写。这一续写以刻意的粗陋来扭转原小说中绮靡忧伤的"小资"倾向。如原作中蓝色对 Stanley 爱而不得的苦楚,在小饭这里则直接呈现为刻薄粗俗的腹诽。在这一续写和改编借助调侃戏谑,冲淡了苏德原作缠绵悱恻的情调。尽管这一改编也确实传达了对当时 80 后写作中"小资"情调泛滥、沉迷物质倾向的反思,但这一批判却显然停留于浅层。而刺小刀在《宠儿》之中则不断地出现与"性"有关的描述,如对猴子将"six"误写为"sex",将"rope"误写为"rape"的描写,以及对弗洛伊德的刻意引用。如果说在王小波那里,对性爱的描写是其抗争的重要依凭,那么在刺小刀这里,对性的描写仅仅是对主角玩世不恭这一性格特点矫枉过正的凸显。借助这些浅薄的戏谑,这些 80 后作者所达到的仅仅是语言的狂欢。

---

① 张颐武:《和时代拔河——十年后再思王小波的价值》,载韩袁红编《王小波研究资料》(上),天津人民出版社 2009 年版,第 733 页。

② 张颐武:《和时代拔河——十年后再思王小波的价值》,载韩袁红编《王小波研究资料》(上),天津人民出版社 2009 年版,第 735 页。

③ 小饭:《有个女人叫蓝色》,《萌芽》2002 年第 9 期。

另外，这些《萌芽》作者们虽试图效仿王小波的谐谑与反讽，但却悬置了后者小说中反思权力和历史的主题。反思对象的抽离，使这些《萌芽》作者的戏谑与嘲笑无法抵达更深的层面。正如刺小刀在《宠儿》中所显示的，吕小林等人玩世不恭的游戏姿态正是试图以拒绝与秩序的合作来传达对不合理秩序的抵抗。在小说中，无论是对知识贬值的暗示，或是对大学教育的嘲讽，还是对拜金现象的讽刺，都将吕小林等人描述为被秩序所排挤、抛弃的对象。而这也是小说以"宠儿"为名实际却将他们指为"弃儿"的反讽之意。但是，一方面，《宠儿》中所揭露的秩序不合理处并不具有深刻的独特性。这些现象长久以来即是讽刺文学嘲讽的对象。另一方面，这些讽刺最终所揭示的，却未必全如其表面所显示的，是赤子之心与不合理秩序之间的矛盾。从某种程度上说，吕小林的远走他乡也未必是饱受秩序的压抑；猴子的壮志难酬正因为其学艺的有限；他们的入狱正是因为一时的意气之争而对他人造成伤害。以此观之，小说结尾处，吕小林讽刺地将自己与猴子的命运视为上帝的"恩宠"所营造的那种英雄穷途式的仓皇与荒凉也被削弱了。除此之外，阅历与学识的限制也使得这些 80 后作者们的讽刺与幽默在行文中显得芜杂而生硬。更重要的是，他们难以触及和反思这些现象背后复杂的机制。

同时，王小波小说中的夸张、怪异与变形，正是孕育着颠覆与新生的可能。正如崔卫平借助巴赫金所指出的："颠倒的行为，诅咒和和废黜一个旧世界及其中的旧权威和旧的真理的代表者，正是为了促使和预备一个新世界的诞生，把原有的、人们愚昧地奉为圭臬的东西发配至下水道，令其速朽，正是为一个新世纪的到来开辟道路。"① 然而，《宠儿》中吕小林等人游戏人间的最后结局要么彻底边缘化，要么死亡。在此，游戏的姿态最终指向的是一种

---

① 崔卫平：《狂欢 诅咒 再生——关于〈黄金时代〉的文体》，载韩袁红编《王小波研究资料》（上），天津人民出版社 2009 年版，第 408 页。

挫败，指向了赤子之心的无处立足，也指向了改变的不可能。这恰恰意味着一种逃避——逃避对现实的真正改变，尽管这些作者的戏谑与荒谬也力图表达对秩序的抵抗和拒绝。《萌芽》作者们效仿了王小波小说中的戏谑，却恰恰悬置了后者对新生的希冀与探讨。这种戏谑或可带来阅读时的快感，但却在某种意义上放逐了其中抵抗与变革的意义。而我们也恰可从中再度发现这一代人的悲观与对未来的迷惘。

（三）从对抗强权到反对压抑

无独有偶，《萌芽》作者群对摇滚乐的"盗猎"也呈现出了类似的弱化倾向。摇滚乐本就是一种青少年文化，反映并影响了青少年的精神需求和审美趋向。摇滚乐的崛起与二战后成长起来的一代青少年对传统的反叛有密切的关系。这一代青少年多生活在经常繁荣、物质丰富的环境里，在思维与生活方式上都与上一代人产生了不同和分歧，并逐渐产生了追求自由的要求和对传统观念、行为、秩序的怀疑和反抗。摇滚乐反映并影响了青年一代的情感与思想。其强烈有力的节奏，无拘无束的表演形式，与青少年们的逆反心理是相适应的；摇滚乐所表现的题材，也与青少年所关注的问题产生联系；摇滚乐中所体现的反叛意识、斗争意识、批判意识与青少年们的精神需求也是相契合的。

从世界范围看，20 世纪 60 年代都是一个风起云涌的年代。摇滚乐在 60 年代的发展与这一时期许多学生、青少年都卷入其中的社会运动密切相关。如"披头士"乐队之能成为新的精神领袖，与肯尼迪遇刺后美国社会所遭遇的信仰危机密不可分。[①] 又如同时身为摇滚乐、美国黑人民歌、乡村音乐的表演者及激进的异议者的鲍勃·迪伦。"1963—1964 年间，鲍勃·迪伦逐渐成为

---

① 俞睿：《叛逆的声音与颠覆的年代——试论美国 1960 年代摇滚乐对美国传统价值观念的影响》，《东南大学学报（哲学社会科学版）》2009 年第 3 期。

正在形成的抗议运动中无可争议的代言人。他的一系列歌曲都以敏感的社会问题为题材，起着动员、启发群众的作用"，乃至被称为"60年代的良心"。①

从摇滚乐的早期发展史来看，摇滚乐并不是一种与社会现实相互隔绝的艺术形式。如果说，摇滚乐所体现的是一种反抗意识，是人类对自由生存的一种追求，那么在摇滚乐产生与壮大的过程中，这种反抗和追求则明确地呈现为对现实的不合理的揭露，对社会改革运动的积极参与，对理想世界的想象等。这种反叛的性质，使其成为60年代文化的重要的组成部分，也成为抵抗性的青年亚文化中的重要形式。

摇滚乐进入中国之后，经过了一个本土化过程，呈现出了一些与西方摇滚乐所不同的面貌。值得注意的是，摇滚乐进入中国时恰逢改革开放初期，中国社会正经历着反思"文革"与重建文化的过程。摇滚乐在中国的早期传播，很大程度上由于它契合了当时的青年一代反思历史、批判腐朽的心理需求。因此，尽管经过了本土化，但中国早期的摇滚乐仍然保留了一定的批判精神。崔健强调摇滚乐的批判性。他指出，"摇滚乐具有社会责任感"，"摇滚乐就是作为社会传统意识的对立面而诞生的"，"它是以音乐的形式表现人们心中对一些社会问题的不满"。② 在崔健看来，摇滚乐的价值正在于反抗一切让个体丢失了自己的东西。崔健的音乐创作正是针对中国当时所普遍存在的问题，正如他的《一无所有》正是产生他这一代人对特定时代的独特感受和经验，表达他对于时代乃至社会问题的思考，并引起同一时代的个体的广泛呼应。但是，"崔健的第一盘专辑实际在完全否定过去，破坏既定的很多文化

---

① 钟子林编著：《摇滚乐的历史与风格》，人民音乐出版社1998年版，第86页。

② 雪季：《崔健采访录》，载雪季编著《摇滚梦寻——中国摇滚乐实录》，中国电影出版社1993年版，第1页。

概念。不仅仅针对'文化大革命'，而且是对中国历史"①。在这一意义上，崔健试图完成的是他作为一个艺术家批评社会存在的责任。

但正如金兆钧所指出的，"比崔健年轻的摇滚者们，就没有这种对历史的愤怒"②。中国摇滚乐的发展过程是政治色彩被逐渐稀释的过程。在较晚于崔健几年出道的丁武看来，他们这些早期接触摇滚的青年尽管有反抗，但仅仅是背叛了家庭，而"对政治不是很关心，也不在乎"③。从丁武所在的唐朝乐队的作品如《梦回唐朝》《九拍》等，可见他们的创作倾向是从中国文化传统中汲取资源，而与中国彼时的现实呈现出一定的隔阂。而从中国摇滚乐后续的发展来看，尽管极力保留了摇滚乐"反叛"的精神内涵，但这种"反叛"渐渐转变为对个人不平的抒发，对理想主义的空洞呼唤，或不满秩序束缚的诉求等。

这种转变并不是中国摇滚在本土化过程中所独有的。事实上，西方摇滚乐的反抗性内涵也在不断地变化，从忧国忧民的思考逐渐走向对个体自身的关注。尤其 20 世纪 70 后代越战停战后，席卷美国的政治抗议浪潮和民权运动都渐渐回落。曾在 60 年代参与各种政治抗议活动的青少年们在这种环境下从关心政治转向关心自我。即使鲍勃·迪伦也逐渐放弃了"抗议歌手"的身份标签，将个人抒情引入创作之中。"70 年代摇滚乐的共同倾向是：曾经引起人们普遍关注的政治性题材减少，反抗意识减弱。"④尽管 20 世纪七八十年代的摇滚乐比之 60 年代的反叛更加激烈甚至走向极端（如直接激烈并常常借

① 《金兆钧：中国摇滚之我见》，载雪季编著《摇滚梦寻——中国摇滚乐实录》，中国电影出版社
　1993 年版，第 214 页。

② 《金兆钧：中国摇滚之我见》，载雪季编著《摇滚梦寻——中国摇滚乐实录》，中国电影出版社
　1993 年版，第 214 页。

③ 雪季：《梦系"唐朝"》，载雪季编著《摇滚梦寻——中国摇滚乐实录》，中国电影出版社 1993 年
　版，第 15—16 页。

④ 钟子林编著：《摇滚乐的历史与风格》，人民音乐出版社 1998 年版，第 86 页。

助古怪形象与激烈的舞台行为来表现的朋克音乐），但反叛的对象逐渐指向了教育制度、父母长辈与现存秩序，并在反叛失败后走向颓废乃至厌世。而这些也是 80 后作者们从摇滚乐中获得共鸣的重要基础之一。

作为青年亚文化的一种，摇滚乐在世纪之交也得到了《萌芽》作者群等中国 80 后们的注意。在他们的作品中，摇滚乐是一个经常在场的"背景音乐"。在《赤道划破城市的脸》中，摇滚乐是后现代城市的馈赠和慰藉，也是少年们识别出彼此的标记；在《天亮说晚安——曾经的碎片》中，摇滚乐是少年们渴望放飞却又被迫压抑的灵魂；在《流浪的吉他手》①中，摇滚乐手干脆直接象征了少年们渴望不可及的自由状态。从中我们可以发现，在这摇滚乐的漫长历史与丰富资源中，《萌芽》作者群所截取的那正是其中抒发被规训、被压抑个体的感受与对自由之向往的那一部分。这也正是《萌芽》杂志推介这些摇滚乐时的着眼点。无论是在中国本土摇滚乐的乐评中突出原创音乐对自我的坚持和对自由的追求（周璐玺的《永远的许巍和最后的〈一天〉》②），还是在介绍"披头士"乐队（2003 年第 5 期）、滚石乐队（2003 年第 6 期）等西方摇滚乐的代表时，强调摇滚乐与自由精神之间的关系，都表达了对束缚的抗拒——"唯一不可忍受的即事事皆可忍受"③。而摇滚乐在发展过程中曾具有的接轨现实、反抗强权的精神在《萌芽》杂志对它们的介绍及这些作者对摇滚乐的借用中显然被遮蔽了，凸显出的仅是其对摆脱束缚、追求自由的向往。

有趣的是，这些作者在摇滚乐之中读出的是对自由的幻想。在《来自英伦的摇滚盛宴》④中，作者在 Radiohead（电台司令）乐队的歌曲中寻找到的是

---

① 晨枫：《流浪的吉他手》，《萌芽》2002 年第 5 期。

② 周璐玺：《永远的许巍和最后的〈一天〉》，《萌芽》2003 年第 4 期。

③ 王为径：《夏天的最后一次摇滚》，《萌芽》2003 年第 3 期。

④ 刘潋：《来自英伦的摇滚盛宴》，《萌芽》2003 年第 6 期。

强烈的厌世情绪，指出他们从来不做无谓的抵抗，仅仅是冷漠的旁观。然而与其说这是 Radiohead 在音乐中所传达的，不如说是这些听者的推己及人——这恰恰是《萌芽》作者群在面对束缚时所表现出的反叛姿态。作者写道："在权衡现实主义与理想主义的价值轻重后，我们往往不自觉地把幻想最先抛弃。"[1] 这或在无意中道出了少年作者在面对主流社会时自我卑贱化的选择。可以说，当他们循着自己的想象去阐释"摇滚精神"时，摇滚乐的反叛意识、斗争意识、批判意识被削弱为关于抵抗和自由的空洞能指。在那些看似旗帜鲜明的符号之后，抵抗的对象与方式缺席了，而自由的方向也暧昧不明。在此基础上，更进一步地，摇滚乐的反叛精神被表述为一次与青春有关的短暂热情。那是长大成人之后必然会被放弃的一次青春冲动。尽管诚如周嘉宁所指出的，她在摇滚乐中学到了许多书本与学校不曾教授予她的东西[2]，那或许是关于自由与生命的哲学启蒙。但是，这种启蒙在她／他们的作品中，往往成为少年恋情与青春岁月的一处注脚，如《后来》和《赤道划破城市的脸》。最终，摇滚乐被弱化为"青春"这一共同的抒情符号："年岁为界，分割世代，歌者惟唱彼时情怀。而关于青春的种种，竟千秋万代，琐碎如斯。"[3]

（四）现代都市之中的个体经验

安妮宝贝是《萌芽》杂志推介的又一重要的"外部资源"。与村上春树等人相比，安妮宝贝与《萌芽》作者群显然更为切近。这里的切近指的是《萌芽》作者群尽管与安妮宝贝在代际经验上存在着一些差异，但他们基本生活于同一时代，置身于相似或者说是共同的历史语境。这种切近使《萌芽》作者群在阅读和接受安妮宝贝时具有了感同身受的前提。

---

① 刘漪：《来自英伦的摇滚盛宴》，《萌芽》2003 年第 6 期。

② 周嘉宁：《后来》，载《流浪歌手的情人》，东方出版中心 2004 年版，第 35—68 页。

③ 余莹：《他们·我们·青春琐碎》，《萌芽》2003 年第 6 期。

安妮宝贝最早于网络上成名，并在引起关注后，迅速进入图书市场成为畅销书作家。在安妮宝贝所吸引到的读者之中，包括了相当数量的 80 后。一些《萌芽》作者在自己的文章中就曾毫不讳言地宣称对安妮宝贝的喜爱。郭敬明在其散文集《左手倒影，右手年华》中提到，"我喜欢的网络作家说：这是个告别的年代。……那个网络作家是安妮宝贝"[①]；颜歌则直接在她的作品中借用安妮宝贝小说中的人物林和场景来完成她自己的幻想。[②]2002 年第 8 期的《萌芽》杂志推出了一个以文学与电影改编为主题的惊奇专题。其中以《刺激〈八月未央〉》为题，设想由世界各大导演来改编和执导《八月未央》的可能性。[③] 有趣的是，安妮宝贝也曾在《萌芽》杂志上发表作品，分别为 2000 年第 10 期上的《瞬间空白》与 2001 年第 1 期上的《八月未央》。从杂志的作者到对杂志产生影响的"外部资源"，安妮宝贝的这一身份的转变也正说明了杂志所推介的资源与其风格之间存在的相互关系。

《瞬间空白》与《八月未央》极能代表安妮宝贝早期作品（以长篇小说《莲花》为其转型的标志）的风格。安妮宝贝早期的作品常常关注后现代城市中人们的生活和情感，多以讲述都市男女的爱情故事为表，而意在探讨他们精神上的焦灼与创伤。宿命感、精神漂泊与孤独体验是安妮宝贝小说的关键词。其作品往往表达偏执甚至极端的主题，呈现出一种颓废、虚无的风格。这些形成了她个人化的写作特色，也是其作品吸引读者的重要因素。安妮宝贝所塑造的人物常常对社会表现出疏离的态度，毫不掩饰甚至凸显人物的阴郁和病态，并常常有暴力倾向、自虐和自杀冲动。如《瞬间空白》中吸毒、颓唐的林、《八月未央》中于母亲之死的阴影中长大成人的未央，以及《疼》

---

① 郭敬明：《四季歌》，载《左手倒影，右手年华》，上海译文出版社 2003 年版，第 191 页。

② 参见颜歌《Ashes.4Lin 和他的白咖啡》，载《马尔马拉的璎朵》，中国工人出版社 2003 年版，第 38—41 页。

③ 参见《刺激〈八月未央〉》，《萌芽》2002 年第 8 期。

与《杀》中因为精神极度创痛而绝望至杀人的主人公。

但同时，安妮宝贝本人却认为，她作品中的人物是"独立和保持个性的人。他们比常人敏感，有潜伏的野性。他们不容易被世俗的标准接受，坚持自己的精神自由。他们是理想主义者。所以他们受到伤害"，"他们有着强大而封闭的精神世界。性格分裂并且矛盾。他们始终在思考，但和现实对抗的力量并不强大。所以有时候他们显得冷酷而又脆弱"。[①] 换而言之，安妮宝贝将其小说人物对社会与人群的冷漠和疏离表述为一种对独立精神的追求，一种对秩序抹杀个性的拒绝，一次宁为秩序他者的"自甘堕落"。而人物的病态与阴郁正是他们冷漠疏离态度的结果。这一方面意味着他们拒绝与不合理秩序合作的清者自清；另一方面又将这种病态指向秩序的压制下的精神戕害，从而引向了对秩序扼杀人性的控诉。也是在这一基础上，尽管这些阴郁而病态的人物使小说失于浅露，同时也与读者拉开了距离，却仍然获得了多数《萌芽》作者的推崇。因为安妮宝贝所书写的这种疏离态度，与《萌芽》作者对成人世界的拒绝、宁愿被秩序排除在外是相通的。同时，安妮宝贝的人物尽管极端病态，但从他们的社会地位上说，却并非被压抑在社会底层的群体。相反，他们往往是游走于写字楼之间的高级白领，对物质的追求不低且衣食无忧。而这显然为《萌芽》作者们"自甘堕落"的未来提供了一种肯定的可能性。安妮宝贝因此在某种意义上具有了抚慰的作用。

不仅是对这种自居为秩序他者的人物的塑造，安妮宝贝对这些《萌芽》作者的又一影响，或者说是与之共鸣的基础是她对后现代城市生存经验的表述。被其称为"石头森林"的后工业时代大都市突出地呈现在安妮宝贝的小说中。这是她铺演故事的重要背景，如在《瞬间空白》与《八月未央》中四

[①] Maya Lin、安妮宝贝：《对话录：它如同深海》，载安妮宝贝《蔷薇岛屿》，作家出版社 2002 年版，第 169、175 页。

处可见上海的高楼大厦、百货公司、酒吧等。安妮宝贝对城市表现出疏离又亲近的暧昧态度。一方面，是城市生活带来的巨大生存压力，如物欲横流之下的精神贫乏与疾患；或自我利益驱使下的互相欺骗与倾轧；或夹缝中生存者的步履维艰。适应城市生活者接受规训和异化，不适应者则遭受碾压。这种压力下的人人自危导致了相互戒备。这是上文所论及的安妮宝贝小说中的冷漠与疏离产生的重要原因。而后现代城市生活自我退隐性的生存空间既是对独立个人的保护，也加剧了这种疏离感，并极端化为病态心理。另一方面，城市的迅猛发展带来的充足物质则为小说中孤独人群的精神空虚带来安慰。在安妮宝贝的小说中，这些阴郁而病态的人物生活中往往充斥着丰厚的物质，如昂贵的香水、衣饰。小说对这些物质的细致摹写，正是着眼于它们对人物的抚慰功能。揭露城市所造成的心理疾痛意味着安妮宝贝对后现代城市的批判，但同时，对物质抚慰作用的过分强调却传达了对城市生活的迷恋甚至沉溺。如在《瞬间空白》中，这种安慰直接具体地呈现为一杯哈根达斯冰淇淋。"香草来自马达加斯加，咖啡来自巴西，草莓来自俄勒冈，巧克力来自比利时，坚果来自夏威夷。……我觉得它就像我的理想。"[1] 此处，城市生活对个体的碾压借助物质的抚慰被轻巧地回避了。在秩序的裂缝再次趋于弥合的同时，放逐了改变和颠覆的可能性。另外，当物质被过分升格，甚至与个人理想相挂钩时，安妮宝贝对城市的态度便显得更加暧昧——对物质的耽溺中实际传达了对市场经济下消费逻辑的认可，并由此消解了她对后现代城市造成精神困厄的批判。事实上，安妮宝贝在网络上走红之后即引起了主流图书市场的关注，并迅速进入畅销书排行榜。正如市场对 80 后写作的关注，安妮宝贝所经历的这一从"边缘"到"主流"的过程，本身就是市场对具有颠覆可能性的边缘文化的一种收编。

---

[1] 安妮宝贝：《瞬间空白》，《萌芽》2000 年第 10 期。

如第二章所述，这样对城市的矛盾态度也出现在《萌芽》作者群的创作中。如张悦然对城市的书写，一边是在城市中，"我"的成长如同一场溃烂，而爱情总是走向夭折；一边是却是对城市光鲜亮丽的外表不厌其烦的描写："饼干精致到一块一块出售。每个有它们自己的盒子。情人节的时候要写名字在上面，颜色鲜艳得像是掠获了彩虹。"[①]这种对物质唯美化的描写冲淡了"出售"这一行为背后的消费逻辑。同时，正如在周嘉宁的《飞一般爱情小说——纪念微蓝头发里的雏菊》里，微蓝以自居为"城市的孩子"[②]来进一步地拒绝离开城市的可能性，这种对自我的定位实际悬置了对后现代城市真正施以批判的可能性，暴露了他们对后现代城市看似疏离实却耽溺的暧昧态度。作为彼时生活于上海 / 大都市的"70后"作家，安妮宝贝与大多数《萌芽》作者们实际置身于相似的生活环境之中，分享着相似的城市经验。而在他们的创作中，我们也得以窥见安妮宝贝与《萌芽》作者群之间的又一相通性。

从某种意义上说，借助村上春树、王小波与摇滚乐，《萌芽》杂志中的青春书写本应联结起一个具有抵抗性质的青年亚文化脉络。但这些"外部资源"在进入这些作者的视野之后，却都经历了一个"去革命"和"去政治"的弱化过程。这一方面固然与这些 80 后作者置身于"后革命"的年代有关；另一方面，对革命话语的拒绝实际意味着理想的世界仍悬置于幻想之中，而使之接入现实的实践却是缺失的。这再度传达了少年们对改变现实的逃避姿态。可见，即使是在对"外部资源"的"盗猎"中，《萌芽》作者群也传达了他们面对不合理秩序时的后撤与内转，而将他们对于理想的坚持再次指认为一场臆想之中的演绎。而在对践行改变的回避中，实际也潜藏了 80 后们的文化

---

① 张悦然：《赤道划破城市的脸》，《萌芽》2002 年第 8 期。

② 周嘉宁：《飞一般爱情小说——纪念微蓝头发里的雏菊》，《萌芽》2001 年第 6 期。

抵抗被降格为文化景观和市场炒作热点的可能性。而正是基于这一原因，在《萌芽》杂志所推介的诸多"外部资源"之中，唯有自消费社会之内产生并走红的安妮宝贝，以同样对革命话语的摒弃和对消费社会的暧昧态度，实现了与这些《萌芽》作者群的"无缝对接"。

二、"只有死者永远17"①：无限延宕的成年

《挪威的森林》能够根深蒂固地进入这些《萌芽》作者们的情感结构之中，不仅因为小说中呈现的渡边等青少年对生活的无力感和消极态度，也在于小说叙述中所流露的对青春的眷恋和对时光流逝的恐慌。小说中，渡边从中学到大学的过程，即可以被视为从青春走向成人的转折期。如前所述，在《萌芽》作者群这里，少年世界与成人世界之间的对立，使这些作者一方面对被具象化和简单化为成人世界的现存秩序充满了抗拒和恐惧，另一方面又为青春的终将逝去和长大成人而忧虑。如果说，进入成人世界之后少年们将遭受的冲击和贬抑在《萌芽》作者群的书写中尚只是一个想象性的存在，那么在《挪威的森林》中，这种冲击和贬抑则已显现为一种真实。在书写渡边的大学生活时，《挪威的森林》通过"敢死队"和永泽，具体地呈现了秩序的荒谬及其对纯真灵魂的贬抑。对这种不合理虽有不满却缺乏反抗和逃脱的途径，使渡边陷入空虚和消沉。不仅是渡边，小说中的其他人物，如直子与玲子，她们纯粹柔软的内心，都在这种不合理的秩序中备受碾压。渡边等人与现存秩序的这种矛盾冲突，很容易与《萌芽》作者群笔下关于少年世界与成人世界的对立联系起来。这样，在对现存秩序产生恐惧的基础上，《挪威的森林》与《萌芽》作者们之间产生某种呼应，并对后者造成了极大的影响。

————————————

① [日] 村上春树：《挪威的森林》，林少华译，漓江出版社1989年版，第40页。

　　而从这一角度来看，小说中的木月之死便具有了另外的含义。木月作为渡边的挚友，于 17 岁时毫无征兆地自杀。渡边对木月之死的态度是矛盾的。一方面，自杀于盛年的木月给密友渡边和爱人直子留下了深刻的心灵创伤，渡边并不赞同这种极端而激烈的方式；另一方面，对比自己的现状，渡边对木月死亡的悼念却具有了另外的意蕴："唯有死者永远 17"——死亡既然是对生命的终结，便意味着青春的永远停驻。这样，唯有死于盛年的木月能够成功地拒绝成长，得以永远地停留在青春期；唯有死亡，能够保留少年世界的完整性。对死亡的冲动和渴求来自使青春停驻的欲望。死亡与青春的矛盾统一使《挪威的森林》暗合了《萌芽》作者群在书写青春时对其进行的悬置性处理。因此，尽管对于青春易逝的叹惋并非《挪威的森林》重点阐释的主题，却与这批 80 后少年对"悬置的青春"的书写产生了呼应，成为他们沟通村上春树的重要契机。

　　可见，"悬置的青春"不仅出现在《萌芽》作者群的创作中，也影响了他们对外部资源的选择和解读。"悬置的青春"不仅影响了这些作者与《挪威的森林》的联系，也体现在这些作者对大陆校园民谣的青睐中。尽管《萌芽》杂志并未直接向读者推介校园民谣，但校园民谣的歌词常常被这些作者在创作中直接引用。在《萌芽》杂志刊登的作品中，有职烨《刻在生命线上的故事》篇首引用高晓松《蓝色理想》的歌词，陈末《琴弦上的成长》篇末引用高晓松《模范情书》的歌词，徐璐《乱红飞渡》引用郁冬《来自我心》的歌词等。这种引用在这些作者同期的创作中也存在，如韩寒《三重门》结尾处引用了高晓松《青春无悔》的歌词，周嘉宁的第一本作品集则直接借用了高晓松的《流浪歌手的情人》为题。这些对校园民谣的直接引用，显然是想借助歌曲进一步来传达创作的旨意。而这种借用正是基于校园民谣与《萌芽》作者群创作之间所具有的某种相通性。

　　这里所说的校园民谣，指的是在中国大陆产生于 20 世纪 80 年代末，风行于 90 年代初的一类音乐创作。校园民谣多以校园生活和青春岁月为其主要的书写和抒情对象。也正是由于这个原因，尽管校园民谣的创作者与这些《萌芽》杂志的作者之间存在着年龄的差距，但校园民谣仍然得到这些《萌芽》作者的青睐。但值得注意的是，尽管大陆校园民谣的出现与台湾 70 年代的民歌运动不无关系，但与后者相比，大陆校园民谣的一个突出特点即在于其抒情视点的转移。在校园民谣中，抒情的主体往往是曾经身在校园但早已离开校园的人。因此，校园民谣对校园与青春的抒情常常是在一种回眸与追忆的视角下发生的——这是在离开校园进入社会之后，对逝去青春的一次追怀。恰如高晓松在《睡在我上铺的兄弟》中所书写的，"每当你回头看夕阳红，每当你又听到晚钟，从前的点点滴滴会涌起，在你来不及难过的心里"——正是"回头"这一动作所暗示的不可重来，为"从前的点滴"进行了赋魅。有趣的是，对于当时的这些《萌芽》作者而言，校园生活与青春岁月仍是一种正在经历的现在时。这意味着，他们要对校园民谣中关于青春的追怀感同身受，必须借助一个青春逝去而成年已经来临的预设想象才能完成。郭敬明获得第四届新概念作文大赛一等奖的《我们最后的校园民谣》中的这段文字无疑是这一预设想象的绝佳反映：

> 我总是喜欢设想这样一个问题：当我们已经大学毕业，每个人都在生活的夹缝里谋取营生，每天穿着整齐的西服穿行于石头森林的时候，突然听到诸如笔记本，考试，英语语法，寝室窗前的美丽香樟，同桌的漂亮女生，食堂门口常看见的帅气男生，心爱的书包，不及格的成绩单，毕业纪念册，足球场等这些词语的时候，有多少人会停下脚步，有多少人会涌出泪水。[1]

---

[1] 郭敬明：《我们最后的校园民谣》，《萌芽》2002 年第 4 期。

在这一预设的"追忆似水年华"的视角下，校园生活与青春岁月再一次被建构为尚未沦陷的理想乌托邦，一块洁净的纯白之地。在此意义上，校园民谣为这些少年们提供了一处情感的"过渡性领域"[①]。它既在某种意义上将他们对未来的恐惧和对校园生活、少年时光的赋魅指认为一种现实，也使他们为自己仍身处乌托邦之中而感到庆幸。然而也正是这一预设的想象，再度暴露了这些《萌芽》作者对介入现实的逃避：现实的压力尚未席卷而来，就已在想象性的追忆之中自我耽溺。

另外，大陆校园民谣在 20 世纪 90 年代初期发展至巅峰之后，于 90 年代中期开始式微，并逐渐淡出了人们的视野。换而言之，这些《萌芽》作者开始关注校园民谣的时间基本已是校园民谣的落潮期。这使校园民谣在为他们提供抚慰的同时，也意指了这种抚慰的最终失效。有趣的是，在《萌芽》作者群的表述中，校园民谣的没落往往是时代与社会过分膨胀的物欲对其进行贬抑与排斥的结果："以前校园民谣有商业价值，于是唱片公司也乐得赚钱，当校园民谣不再有号召力的时候，于是就有了'1995'的大裂谷。断裂，挣扎，消失。"[②] 同时，由于校园民谣的创作者们大多为"60 后""70 后"，他们的青春期大多在 80 年代或 90 年代初度过。而在关于 80 年代的描述中，这个时代往往被赋予了浓重的理想色彩。"人们总是倾向于将 80 年代视为精英知识群体的'黄金时代'和'理想主义'文化盛行的启蒙时代，一个更关注精神而非物质、更关注理想而非现实的浪漫时代"[③]，90 年代初则是这一时代袅袅的余音。而 80 后们对这一年代的看法也不例外。在《萌芽》作者群这

---

① ［英］科奈尔·桑德沃斯：《内在的粉丝——粉都和精神分析》，载陶东风主编《粉丝文化读本》，北京大学出版社 2009 年版，第 222 页。

② ［英］科奈尔·桑德沃斯：《内在的粉丝——粉都和精神分析》，载陶东风主编《粉丝文化读本》，北京大学出版社 2009 年版，第 222 页。

③ 贺桂梅：《"新启蒙"知识档案：80 年代中国文化研究》，北京大学出版社 2010 年版，第 6 页。

里，这一自己已然错过且一去不返的时代得到了这样的描述："我总是觉得中国五四时期和90年代初的大学生才是真正意义上的大学生。五四时期有轰轰烈烈的诗歌运动，到了90年代，还有大学生为了海子的死亡而焚烧诗集以悼念。于是海子极其惨烈的死亡也随之有了光环。90年代还有高晓松。"① 显然在这样的书写中，校园民谣被表述为一个理想时代的象征之一。"民谣之死"与诗人之死并置，甚至更进一步地与人文精神与理想主义之死产生联系，是精神守则为市场经济所冲决的表征之一。借此，少年作者们对校园民谣没落的遗憾和惋惜悄然转化为对其时社会上物欲极度膨胀而精神贫乏的批判。而这背后所潜藏着的仍然是这一逻辑：以青春与理想为标志的少年世界与以商业与金钱为特征的成人世界之间的对立。但是，关于校园民谣的这种表述同时遮蔽了另一个事实，即校园民谣的走红与唱片界的商业运作本是密切相关的；而校园民谣进入唱片市场之后也迅速转化成为一种商品。因此，《萌芽》作者群对校园民谣的理想化表述，实际正是在以一种市场经济体制中商业运作的结果来否定这个社会的商业逻辑。恰恰是这一为他们所忽视的悖论，动摇了他们对理想的阐述。

正如《挪威的森林》中的木月之死，校园民谣的没落恰恰为它提供了被《萌芽》作者群们收集的可能与另一意涵。在有关的表述中，世界再度简单地分裂为鲜明的对立的两个部分：青春与成年。后者不断对前者施以束缚；而前者的"死亡"既是一次失败的终结，也意味着对后者的彻底拒绝，以自我毁灭的方式，无限延宕了后者的收编。但这种拒绝的方式，看似保有了少年理想的完整与鲜活，实际却难以再次为这理想赋予生命从而投入现实。而这正与这一代人所书写的无出路的青春相互映照。

① 郭敬明：《我们最后的校园民谣》，《萌芽》2002年第4期。

三、"小资的都不小，另类的却很累"①：写作的"小资"倾向

从总体上看，村上春树对《萌芽》作者群的重要影响不仅在于小说主题，也包括了写作风格。村上春树的小说呈现出了西方现代主义文学传统与日本文学传统相互杂糅的特点。因此，一方面，村上春树所书写的颓丧消极的青年是现代社会的产物；另一方面，其小说行文的克制与清淡则来自他的"日本气质"。《挪威的森林》中对性与死亡的描述，都处理得极为洁净。同时，这种清淡使村上春树的小说呈现出了情绪淡化的倾向。如《挪威的森林》中，面对木月的自杀、直子的死亡，渡边的精神创痛都被描写得极为含蓄，小说的哀伤情绪以极淡的方式呈现了出来。这种淡化处理与小说情感的疏离及人物的消极也是相关的。

这种淡化的忧伤也被认为是《萌芽》相当一部分作者的写作风格。苏德、张悦然、周嘉宁、郭敬明、杨倩等都被认为是这一风格的代表。② 除此之外，这些作者的风格还具有其他的相似性，如对孤独的摹写、对物质的追求，以及文字中出现的一定程度的自恋倾向。随着大众文化中"小资情调"的兴起，这些作者的写作风格也逐渐被冠以"小资"之名。而这一风格的"师承"除了上文所指出的村上春树外，也包括玛格丽特·杜拉斯、吉本芭娜娜等作家。

但应当注意到的是，村上春树、杜拉斯等人创作中的感伤情绪并不是简单的宣泄，更不是没有来由的无病呻吟。如前所述，村上春树的哀伤和颓废很大程度上来自其青年时期所经历过的学生运动的失败。而杜拉斯的创作虽然注重文体的革新与独特，但其丰厚的人生经历及对人性深入的思考与挖掘

---

① 韩寒：《小资的都不小，另类的却很累》，《萌芽》2002 年第 1 期。

② 参见刘一寒《解读"萌芽"几个关键词和 80 后读者心理》，《萌芽》2004 年第 6 期。

仍是其创作的重要基石。然而对这些《萌芽》作者而言，一方面是实践能力的缺失与逃避姿态导致了对消极情绪的耽溺；另一方面是自身经历的单薄又不足以支撑对内在层面的深入挖掘。因此，这些作者的"小资"倾向实际仅仅是对村上春树等人写作风格浮于浅表的模仿。如苏德、张悦然在《萌芽》时期的创作中，小说的哀伤情调往往来自少年爱情的失败。为了达到这种哀伤，有时甚至会刻意营造分离、告别等生硬的情节，如苏德《烟逝》[①]里宽和黛最后的分离。村上春树等人隐藏在颓废之后的批判意图在这里被削弱甚至消失了，取而代之的是一种浮泛而肤浅的哀伤。

同时，这一风格在《萌芽》作者群这里呈现出了更进一步的精致和唯美。从某种意义上说，《萌芽》作者群将村上春树等人的风格进行了更进一步的"洁化"。如上一章所述，《萌芽》杂志中大多数的作品所呈现的往往是如理想化的爱情、友情等处于"云端之上"的对象。这一选择本身就具有追求完美的倾向。而他们所采用的书写方式也呼应了选择对象的这种倾向。可以看出，无论是周嘉宁《飞一般爱情小说——纪念微蓝头发里的雏菊》中对柯瞳贫穷故乡的描写，"家乡的樱花又一次开得漫山遍野的，花瓣到处飘落下来，沾在头发上也是清清爽爽的味道"[②]；还是杨倩《无何有之乡》中"用时光磨损自己，同时也是埋葬真我"[③]来描述备受规训和扭曲的成年，都可见一种委婉的呈现方式，同时在文字的选择上趋向了精致化。而张悦然这一时期的作品更是这种精致化的典型表现，甚至是《小染》和《红鞋》之中的谋杀、虐待、虐杀都以华丽的意象予以呈现。文字的优美、语言的精巧是这些作者的共同追求。这样，现实生活的污秽之处更进一步被遮蔽。事实上，作品的描述愈加精致、唯美，它所能呈现的便与现实愈加遥远。从这一意义上说，张

---

① 苏德：《烟逝》，载苏德《赎》，上海译文出版社 2005 年版。

② 周嘉宁：《飞一般爱情小说——纪念微蓝头发里的雏菊》，《萌芽》2001 年第 6 期。

③ 杨倩：《无何有之乡》，《萌芽》2002 年第 8 期。

悦然等人从情感的节制走向对完美的过度追求，实际是与他们对现实的回避相联系的。显然，在与现实及秩序的不合理发生冲撞时，与叛逆的青春相比，忧伤的青春显示了一个更为明显的后撤姿态。这是在不堪现实重负，甚至在重负尚未到来时的一次回避。因此可以说，在《萌芽》作者群这里，正是对现实的感觉无力，才导致了对文本本身的极力雕琢。这是面对现实的又一次遁逃。

另外，村上春树等人小说中的故事发生的场景，或是为了烘托气氛而引用的音乐等，也在《萌芽》作者群的创作中出现了。正如周嘉宁多年后所回忆的："我们同时也开始听甲壳虫乐队，看菲茨杰拉德的《了不起的盖茨比》，那多少是因为村上春树。"① 这些场景、道具和音乐、文学等等往往成为这些《萌芽》作者在创作中突出"小资情调"手段，如张悦然《陶之隕》中的陶艺馆、颜歌《星之南　城之北》② 中的咖啡馆、苏德的《烟逝》③ 和《离》④ 中的酒吧。有趣的是，对于村上春树等作家而言，酒吧、咖啡馆等只是寻常的生活场景。但在《萌芽》作者群这里，这些场景却成为一种指认自我身份的标识。这虽然首先与当时国内的实际情况有关，咖啡馆与酒吧等对他们而言毕竟是尚未日常化的生活场所。更重要的是，这一批作者对这些场景的描述与他们在创作中对物质的沉溺实际是相互关联的。一方面，这些场景的非日常性能够使这些作者在一定程度上与庸常生活相互隔离，再一次保存了少年世界的纯粹和理想化。正如他们对物质的迷恋，这些场景也被嵌入少年乌托邦之中。另一方面，这些场景进一步局限了这些作者的观察视野，使他们能够展现和

---

① 周嘉宁：《扶桑岛上的青春札记》，载张悦然等《鲤·孤独》，江苏文艺出版社 2008 年版，第 4 页。

② 颜歌：《星之南　城之北》，载《马尔马拉的瓔朵》，中国工人出版社 2003 年版。

③ 苏德：《赎》，上海译文出版社 2005 年版。

④ 苏德：《离》，湖南文艺出版社 2005 年版。

挖掘的空间被挤压得更为扁平。这样，呈现在这些《萌芽》作者笔下的青春与城市再一次被悬空了。而联系大众文化中的对"小资情调"的定义：追求物质和精神享受，强调生活品位。这使这些作者在创作中所追求的"小资情调"看似在寻找一处自我的休憩之所，实际仍在无形中遵从了消费逻辑。因此，在满足享受、显示品位的同时，"小资"暗示了对社会现实有选择的观照，消费社会消极堕落的一面被视而不见地遮蔽了。在对社会的不合理进行回避的意义上，张悦然等《萌芽》一批作者的写作风格被划为"小资"，虽有某种贬抑性，却也不是空穴来风。

《萌芽》杂志对代际外部文化资源的推介，以及《萌芽》作者群对这些资源的引用和受到的影响，实际是一个文本挪用的过程。他们在这些文化资源之中发现了可以借来理解自我生活的痕迹，在将这些文本"打碎"之后，再根据自己的需要将其重新组合，并赋予新的意义。这样，这些文化资源便转化为这些 80 后们塑造自我的材料。但同时，这一转化的过程实际也是一个分离的过程——这些文化资源往往被抽离了它所产生的历史与社会语境。因此，在这些代际之外的文化资源和《萌芽》作者的写作之间，看似存在着相似的面目，但实际上往往都已经通过"盗猎"行为为它们赋予了新的意义。从某种意义上说，这是一个"解码"后再"编码"的过程。而也正是在这一"盗猎"的过程中，《萌芽》作者群所选择和所舍弃的，再一次暴露了他们对现实的逃避。

第二节　我们 80 后：横向对比中的《萌芽》作者群

一、"整个青春期的感知都是非常虚妄和空泛的"①：与中国其他 80 后写作的对比

《萌芽》杂志并不是 80 后写作唯一的平台；《萌芽》作者群也并非唯一的 80 后写作群体。80 后写作在当时实际已经呈现出了多种发展的倾向。但新概念作文大赛及《萌芽》杂志所引发的关注使《萌芽》作者群在一定程度上遮蔽了其他写作者的存在。2004 年 2 月，随着韩寒、春树登上《时代》周刊亚洲版的封面，并被周刊指认为中国 80 后写作代表，80 后写作又一次引起了广泛的关注。一方面，这意味着如春树这样的非《萌芽》出身的作者也在市场与公众视野占据一席之地。另一方面，却进一步引发了 80 后写作内部的分裂。2004 年 2 月 17 日，新概念作文大赛一等奖获得者 AT 在《南方都市报》上发表了《谁有权力代表"80 后"发言？》一文，对春树等人能否代表 80 后及 80 后文学提出质疑。接着，第四届"新概念"的二等奖张佳玮在《中华图书商报·书评周刊》上发表了《80 后写作：你认为什么是文学？》一文，指出韩寒、郭敬明、春树等 80 后作者的写作只是商业包装的假象，而有一批真正富有创造性的写作者则被遮蔽了。同样出身于《萌芽》的作者小饭、陶磊（笔名夜 ×）也提出了类似观点。② 与此同时，80 后写作被划分为"实力派"与"偶像派"。一份所谓的"实力派"作者名单被开列出来，李傻傻、胡坚、小饭、张佳玮、蒋峰名列其中，并于 2004 年 5 月出版了这 5 位作者的作

---

① 张悦然：《我已不能，让青春连着陆地》，载张悦然主编《鲤·嫉妒》，江苏文艺出版社 2008 年版，第 88 页。

② 参见江冰《论"80 后"文学》，《天津师范大学学报（社会科学版）》2007 年第 3 期。

品集《重金属——80后实力派五虎将精品集》。本节将选取春树与李傻傻的作品，将它们与《萌芽》作者群的创作进行对比，试图在"横向"的对比中使《萌芽》杂志及《萌芽》作者群的风格更为明晰地呈现出来，并意图更进一步发现国内80后写作的代际特点。

（一）春树："残酷青春"

春树的处女作和成名作《北京娃娃》于2002年出版。小说对少年主人公的另类个性及其因之而遭遇的残酷青春进行了毫不掩饰的直接呈现，突出了青春岁月粗粝的一面。由于取材另类、大胆，同时具有自传色彩，小说的高度话题性迅速为春树赢得了关注。而春树本人高中辍学的经历也将她标识为激进的叛逆者，与其在作品中一贯标榜的"朋克精神"相呼应。而这种激进的姿态也使她获得了"残酷青春真正的记录者"的评价。[①] 在她此后的一系列创作中，"另类"和"青春"也的确是春树的主要标志。

春树小说追求一种有力的、随心所欲的表达效果，因此笔法略显粗糙，叙事多不饰雕琢，常常并不在细节处做过多的停留。小说的情节也未经过刻意设计，往往依靠主人公的生活和情感轨迹将一些无尾的片段组合起来。因此，小说人物的出场总显得略微突兀，而退场又往往交代不明。由于叙事者充满了倾诉的欲望，而使小说的节奏未能得以很好的把握。这些都使春树的小说虽常常能够渲染情绪，产生感官上的冲击，但在细部描写和总体架构上却大都流于无力。与《萌芽》作者群中一些较为知名的作者，如郭敬明、张悦然、周嘉宁等相比，春树小说存在明显的不足，显得粗糙随意，完成度也较差，但春树的独特之处在于突出了青春的残酷性，提供了不一样的青春体

---

① 参见沈浩波《盲目而奋不顾身》，载春树《北京娃娃》书后附评，远方出版社2002年版，第221页。

验，从而在一定程度上对《萌芽》作者群的青春书写形成了突破。

作为春树的成名作，《北京娃娃》在一定程度上代表了春树早期的创作特点。《北京娃娃》讲述的是少女林嘉芙从 14 岁到 18 岁的成长史，记录了林嘉芙从进入职高、第一次休学、打工到最终彻底退学的生活经历。而贯穿于其中的，一是林嘉芙与不同男性之间的爱情与肉体纠葛，小说中青少年对性显出了一种随意的态度；二是小说中对意指反规则、反束缚的朋克精神的标榜。这二者作为小说备受争议的关注点，也出现在春树之后的创作如《长达半天的欢乐》《抬头望见北极星》等之中，成为她的主要标识。显然，在春树这里，被突出的是青春残酷的一面。同时，由于写作时春树的青春仍是未完成的状态，而使青春无法被虚化和美化。这样，青春的残酷显得格外地刻骨铭心。这在春树当时的诗歌中得到了更为直接的反映。"我就是年轻 // 我就是有你没有的热情 // 我就是不怕牺牲 // 我就是彻底"[1]，"写诗也许是在滥写感觉 / 咬紧牙关以至出血 // 我的血出得越多越好 // 还有什么事能让我兴奋"[2]。而关于"残酷青春"的直接记述也将春树与同期的《萌芽》作者区分开来。与《萌芽》杂志及其作者的风格相比，一方面，春树无论是小说人物还是作者本人，都体现了对成人世界为少年所意图实施的规训更彻底的拒绝。这种彻底的不合作，较之《萌芽》作者群中那些一边批判或揭露教育制度一边却在其中泥足深陷的作者们（如梅思繁《朝北教室的风筝》）显然是更为激进的。另一方面，与同样退学的韩寒相比，《北京娃娃》中的春树退学之后的生活则处处碰壁。几乎她所有的尝试都使当下的生活和世界远离她的理想。换而言之，激进的拒绝并不能为她保留少年理想的完整，相反暴露了后者螳臂当车式的脆弱，并翻手将她掷入无助与无望之中。这最终使她更深地陷入回不到过去

---

① 春树：《唯有暴力才能解决一切》，载《春树的诗》，重庆大学出版社 2012 年版，第 22 页。
② 春树：《我只是一个女孩子》，载《春树的诗》，重庆大学出版社 2012 年版，第 12 页。

却又看不到未来的颓废感之中，甚至在矛盾中幻想以自杀来解决一切。较之《萌芽》作者群，春树展示了追求理想时更为激进的姿态和更为彻底的失望，也因此呈现了 80 后所可能遭遇的更为残酷的现实。

这种激进的态度使青春在春树这里似乎具有了与《萌芽》作者群笔下不同的面目。在《北京娃娃》中，林嘉芙被呈现为渴望挣脱束缚却四处碰壁，因而敏感焦灼、奋不顾身却又茫然失措的少女形象。她对不合理想的现实的每一次拒绝都不留余地，对爱情的每一次投入都倾尽全力。"残酷青春"来自她对成人世界所限定的成长道路束缚自我的不满。小说由此而呈现了一系列的矛盾对立：由于渴求自由的欲望格外强烈，突破现实束缚的需求便更迫切；这使得对自由的追求显得更加离经叛道，而招致更为严苛的束缚。然而在这些恶性循环的矛盾中，我们却窥见了某种似曾相识的对立——可以说，与《萌芽》作者群的创作类似，在春树的小说中也存在着一个少年世界与成人世界的对立。对于春树来说，成人世界即意味着对她这样的少年的束缚和压制，甚至扼杀。而退学、随意的性等等离经叛道的行为都被她视为与这个成人世界抵抗的手段。在经历着与成人世界的剧烈碰撞时，春树不断宣称要"混出来"，要有钱，仿佛这样便可以在成人世界中撕开一个属于她的缺口。但有趣的是，紧接着在《2 条命——世界上狂野的少年们》中，春树却对这种"混出来"的结果产生了怀疑。《2 条命——世界上狂野的少年们》中成名的遇断可被视为是那个已经"混出来"的林嘉芙。但闯入成人世界却并未带来预想中的快慰。"那污秽的成人圈子让她受不了"，"在成人的复杂社会中越陷越深，随时都有沉没淹死的危险"。[①]"混出来"在此被表述为成人世界对叛逆者的收编。而此时年少未成名的时光则被建构为纯粹简单的世界而吸引着遇断频频回望。不仅如此，成人世界收编的企图在《2 条命——世界上狂野的少年

---

① 春树：《2 条命——世界上狂野的少年们》，上海译文出版社 2012 年版，第 8、42 页。

们》中以一种荒诞的方式予以直接的呈现：成人们将令少年服下扼杀少年记忆的毒药。这种成人世界与少年世界对立的模式与《萌芽》作者群的青春书写是相互对应的。可见，尽管春树表现出了更为激进和彻底的抗拒，但其青春书写背后的逻辑与《萌芽》作者群是相通的。事实上，虽然春树试图通过强调"残酷青春"来突出其青春体验的独特之处，但除了提供一些关于北京地下摇滚乐队及乐迷的生活场景外，春树所书写的青春所能完成的突破极为有限——这种独特性之后所存在的仍然是一种少年与成人世界相对立的逻辑，而她所能呈现的也仍局限在 80 后，尤其是城市生活背景的 80 后的代际经验之中。

另一个与《萌芽》作者群相似之处是，春树的彻底反抗也未提示如何走向或实现 80 后们所认为的"美丽新世界"，甚至连《萌芽》作者们苦心构造出的少年乌托邦在春树这里也是缺失的。在《北京娃娃》中，林嘉芙所寄托希望的爱情与友情无一不在现实之中破灭。不满现状，却又无法描述理想，《北京娃娃》因此在书写激进反抗的同时也呈现了更为彻底的迷惘和颓废。而通过这种前路未卜的迷惘，春树在《2 条命——世界上狂野的少年们》中甚至质疑了"残酷青春"这一抵抗方式本身。从某种程度上说，遇断似乎借助反抗而抵达了理想的实现。但如前所述，这种实现立即被呈现为成人世界的收编。而作为遇断的另一面，好孩子楠楠则重演着遇断少年时的"残酷青春"。在小说结尾处，遇断杀死好孩子楠楠并保存了她的少年记忆，以一种宁为玉碎的方式想象性地解决了成人世界的压制。但另外，"杀"这一行为恰恰传达了春树对残酷青春的一种质疑和否认。这正暴露了春树对"残酷青春"的暧昧态度。

而这一暧昧态度实际在《北京娃娃》看似激进的反抗中就已经隐约地存在着。在《北京娃娃》中与退学、打工、玩乐队等行为并行的，是林嘉芙对"上北大"的热望——"录取我的是一所职高。……当初报那儿的原因一是离北大近（我被北大鬼迷心窍）"①。从这一意义上说，林嘉芙从休学到最后彻底退学，并非对教育制度的不满和反抗，而只是具体地对这一职高令人窒息的管理制度的不满。同时，也是由于考北大的梦想终成泡影。另外，春树对成功的想象显然也是来自成人世界对成功的定义，如《2 条命——世界上狂野的少年们》中功成名就、名利双收的遇断。可见，春树所不认可的也并非成人世界的主流价值观，只是无法适应秩序所给出的抵达成功的途径。而春树本人的成名从一开始就与图书市场的运作不可分割。朋克精神、对性无所谓的态度固然是一种抵抗的方式，但很快其小说"用身体写作"②便成为市场销售宣传的炒作热点。从反抗主流到被主流收编，春树的道路与《萌芽》杂志作者群等并无不同。

2010 年出版的小说集《光年之美国梦》被视为春树告别青春期的转型之作。小说集呈现出写作者个人的成长和心境的变化。在此，"残酷青春"已然退场，但爱、友情与梦想仍然是《光年之美国梦》里的四篇小说中都重点谈论的对象，并成为支撑主人公克服挫折的支点。在《美国梦》中，张莹和宁这两个颇有意味的人物形成了有趣的对读。她们分别象征了"我"的过去和现在。"我"从张莹身上识别出"无奈""被动""绝望"等属于自己曾经的词，告别了张莹即意味着告别过去的自己。而"我"最终能够与张莹和解也是由于张莹开始尝试着摆脱这糟糕的生活状态。借助张莹，春树展现的实际是自己的成长过程。而"我"始终与宁不离不弃，活在当下，追求理想，并"相信不管有多远的路，我们一定能走到"③。正因为如此，"我"对过去的自己并非彻底的拒绝，而是以相对平心静气的方式去面对。这也是"我"与张莹和解的另一层意味。如果说先前以存在主义者自居的春树绝对地以自我为中心，

---

① 春树：《北京娃娃》，远方出版社 2002 年版，第 6 页。
② 《〈北京娃娃〉用身体写作 17 岁少女赶超九丹卫慧》，《华西都市报》2002 年 5 月 30 日。
③ 春树：《美国梦》，载《光年之美国梦》，文化艺术出版社 2010 年版，第 262 页。

要求个性和自由，那么在《光年之美国梦》中，春树则转向以一种更为平和的方式来与世界及他人相处。在这里，她放弃了与这个世界的激烈对抗，转向爱与友谊以获得抚慰。而在此意义上，梦想或者指示着更好的将来，或者梦想之地也未必令人满意，但追求的过程本身已具有意义。

但有趣的是，爱、友情、梦想也是《萌芽》杂志作者群早期写作中每每倚重的支点。告别"残酷青春"之后的春树，却向《萌芽》作者们早期的路线复归。或许可以说，春树告别了"残酷"，却未必告别"青春"。而《光年之美国梦》的写作风格也仍然保留着某种"青春写作"的面目，该小说集的四篇小说仍然带有自传体的色彩；主要人物往往带有春树个人的影子，并有重复之嫌；作者观察的目光仍然囿于自己的生活之中。另外，友谊与梦想同样被春树过度理想化了。《美国梦》中，宁与"我"的友谊缺乏令人信服的基础，她们能否相伴抵达梦想之地令人怀疑。而此处，春树所谓"梦想"的确切所指亦语焉不详。转型之后，春树的写作实际更突出地呈现出了与此前《萌芽》作者群的创作中存在的相似缺陷——在爱、友谊与梦想的"老路"上想象性地解决与成人世界之间的矛盾。而真实世界实际被再度回避了——也许并非刻意。

（二）李傻傻：乡村少年的青春叙事

李傻傻的成名源于网络。他的散文和第一部长篇小说《红×》最初在网易文化频道上连载，得到了迅速的流传。2004 年，《花城》杂志全文刊发《红×》。7 月，花城出版社出版《红×》单行本，起印 20 万册。《红×》的责任编辑林宋榆指出了李傻傻在 80 后作家中的不同之处：叙事的诚恳自然，网络语言与民间语言熔为一炉，在成长故事的叙述上与当时的青春小说拉开了距离。[①]2005 年 6 月，《时代》周刊（全球版）用大篇幅对李傻傻进行推介，

---

① 参见黄兆辉《花城社全力打造李傻傻》，《南方都市报》2004 年 7 月 6 日。

认为李傻傻出色地描绘了中国农村以及放弃土地涌入城市打工的农村人在城市中的境遇。① 可见，在 80 后写作者之中，李傻傻正是凭借着对农村和底层的书写而显示了他的独特之处。

与《萌芽》作者群以城市及校园生活经验为主要表现对象的青春书写相比，李傻傻的《红 ×》确乎提供了不同的 80 后生活经验。《红 ×》叙述的是乡村少年沈生铁被学校开除之后在城市的底层挣扎求生的故事。在这里，相比对学校生活寥寥数语的描述，乡村与城市底层构成了《红 ×》中故事展开和重点呈现的空间。沈生铁来自乡村的身份，使小说自然地展示了乡村空间。小说中主要出现了两处乡村。一是作为父亲沈玉田为争风吃醋而杀人的背景而出现的湘西深山，二是沈玉田杀人逃亡后的陕西农村白山村。对白山村的展现除了沈生铁家售卖苹果、养猪的经历之外，又重点叙述了绿毛这一由贼、疯子、哑巴三兄弟组成的家庭。小说讲述了父亲杀人的蛮横果断、绿毛对残疾弟弟的欺凌、小山疯癫背后是城市对乡村的倾轧，中间穿插了湘西人械斗式的复仇、白山村内对邻村小偷的妖魔化传说、绿毛行窃假扮死人而引起的驱鬼仪式等。从这些似曾相识的描写中我们可以看出，《红 ×》中的乡村仍然是一个剽悍、野蛮、愚昧的空间，并在描写中隐在地引用了城乡二元对立的模式。尽管李傻傻被认为确实在某种程度上拓宽了 80 后写作表现的空间，然而他对乡村的表现仍然囿于模式化且不够深入，不免令人遗憾。

同时，《红 ×》也意图呈现当乡村少年进入城市之后却被挤压于城市底层时的生存状态。比之《萌芽》作者群，李傻傻确实展示了城市的另一面目。这里没有张悦然的游乐场、苏德的酒吧、叟俏的咖啡馆，取而代之的是条件恶劣的廉租房，鱼龙混杂的旱冰场等。但是，小说中城市底层空间的出现却

---

① 参见倪方六《李傻傻凭啥登上〈时代〉周刊?》,《江南时报》2005 年 7 月 6 日。

并不意味着底层经验的呈现。沈生铁被学校开除之后，尽管经济问题成为亟待解决的头等大事，但沈生铁对如何谋生显然一无所知。在迫不得已的情况下，沈生铁前后进行了三次尝试：第一次是到学校的小卖部行窃；第二次是企图通过发明设计来获得专利而失败；第三次是为超市分发传单，但随着超市的倒闭而结束。然而除了这三次失败的尝试外，沈生铁被开除后更多的时间则耽溺在无所事事的不满情绪之中，被动地等待寒假回家骗取新学期的生活费。事实上，与其说沈生铁无法谋生，不如说他对谋生所持的是逃避的态度。在这一逃避中，小说实际并未呈现乡村少年在城市底层挣扎生存、受尽城市挤压的处境，所能提供的仍然只是少年沈生铁的浑浑噩噩、四顾茫然的青春体验。事实上，小说看似将关注的目光转向了底层，但这一关于底层的叙述仍是以沈生铁/少年为中心、为少年的生活经验所局限。显然，小说将更多的篇幅放在了陈述沈生铁与李小蓝的肉体纠葛，沈生铁与杨晓的恋爱关系，并同时不知不觉为杨晓的母亲杨繁所吸引而产生的利比多冲动上。因此，当小说集中于呈现沈生铁为内心的情欲与暴力所困扰时，它所指的对底层的关注，实际消失在了对少年青春迷惘的描写中。小说以对青春的书写，再度遮蔽了底层的现实。而沈生铁的无所事事、不愿谋生，实际也正是对少年理想缺失的一次具象化——这是反对现存秩序却无力使理想现实化的表现，也是一次后撤的行动。在这一姿态上，李傻傻与《萌芽》作者群未有太大的差别。

小说中沈生铁逃课、打架、四处用玻璃刀割破窗户，并最终导致被学校开除，这些都意指了一种对制度的不屑和对禁锢的抵抗。小说以"红×"名之，则取意于老师批改作业时指出错误的符号：红"×"。沈生铁在小说中的行为自然是不断地被老师/秩序判定为错误。而他任性地一错到底，实际也是对这一判定的不屑与无视。同时，小说通过对班主任周飞腾的丑化和矮化，更进一步地揭示秩序丑陋的一面。而这一对立和反抗的模式显然也是《萌芽》

作者群惯常使用的。但是，《红×》的反抗对象被具体化到了周飞腾一人身上，这反而使得沈生铁所遭受到的来自秩序的压抑显得语焉不详。而周飞腾在小说中的形象无疑接近于一个粗暴但庸俗的父亲。这样，对周飞腾的丑化被弱化为一种对"父亲"形象的解构，而削弱了反抗秩序的意图。在小说的结尾处，沈生铁南下长沙，抛弃了周飞腾的杨繁接受了沈生铁，这就使得小说在呈现反抗意图的同时，更加局限在对父亲权威的颠覆之中。即使我们认为小说中沈生铁的行为能够抵达反抗秩序的层面，他在杨繁的帮助下参加补习班，并最终考上了大学的结局也颇值得深究。首先，假设小说在此处试图以沈生铁最终成功地泅渡过黑暗的时光来嘲弄规则和秩序，那么这里的成功显然是重新回归、应和了规则预设的结果。其次，这一结局更意味了少年反抗的搁浅：在经历了曲折迂回的成长后，少年仍然授受了成人世界，这不能不说是充满讽刺的。相比《萌芽》作者群所构筑的少年乌托邦，《红×》对少年理想所要面对的现实世界或许有更切合实际的认识，因此它给出的应对方式也更为消极。然而从整体上来看，关于符合理想的将来，《红×》甚至无法给出一个方案来进行想象性的描述。在这一意义上，对于改变秩序不合理的可能性，比之《萌芽》作者群，《红×》显示了更为虚无的态度。

显然，无论是在《萌芽》杂志之内，还是在《萌芽》杂志之外，80后写作都存在着众多的面目。然而随着80后写作的发展，这种多样化却逐渐被一些代表性的写作者所遮蔽。这其中的原因，从80后写作的外部而言，是由于媒体与市场的推动。而就80后写作自身来说，在这些看似各异的面目背后，所存在着的其实是某些共通点。如春树的"残酷青春"和李傻傻的乡村与底层，实际仍然被局限于迷惘青春的经历与视角之中。他们实际并未提供太多不同的代际经验。另外，如前所述，郭敬明、张悦然的成名之路和成长道路也以更少的痛苦和代价、更平衡的发展赢得了更多的读者。可以说，对于这些面对现实时往往选择回避遁逃的80后一代人而言，郭敬明等人的成长道路与写作风格更符合他们中大多数人的需求。因此，尽管恭小兵①或"80后实力派五虎将"②们声明郭敬明等人不足以代表80后，但声音毕竟太过微弱，仍难以改变被遮蔽的结果。然而，随着郭敬明等《萌芽》作者所塑造的"忧伤的孩子"这一形象在80后写作中日渐凸显，其他的80后经验刚刚得到浅显的呈现，便已被湮没和遮蔽。由此观之，《萌芽》杂志在为"80后"写作的发展提供平台的同时，也反身遮蔽了80后写作的多种可能。

二、"甚至渴望突然之间变得苍老"③：跨地区、跨国对比中的《萌芽》作者群

在中国大陆的80后写作不断引起关注和热议的同时，其他地区和其他国家的80后写作也渐次"浮出历史地表"。此处将以杨富闵为中心对台湾的80后（在台湾亦称"七年级"）作家群及日本作家青山七惠的创作进行细读。意图探讨的是，同样作为80后，作为彼时正当青春的写作者，这些生活于不同社会环境与文化背景之下的80后们的书写具有怎样的面目，暴露出怎样的症候，它们与《萌芽》杂志及《萌芽》作者群的书写中所呈现的又有何异同。

（一）台湾80后作者群：时代与个体的裂隙

台湾80后作家群体的出现略晚于大陆。与大陆的80后写作相比，台湾

---

① 恭小兵：《总结：关于"80后"》，2004年4月25日，天涯社区（http://bbs.tianya.cn/post-culture-113980-1.shtml）。

② 黄兆晖、廖文芳：《80后文学：实力派与偶像派之争》，《南方都市报》2004年3月11日。

③ 和泉日实子、沈大成：《在一个人的好天气里，把自己渐渐晒干——青山七惠或者干物女》，载张悦然主编《鲤·孤独》，江苏文艺出版社2008年版，第10页。

的 80 后作家群似乎显示出了对历史与现实更为自觉的关注和更为强烈的书写欲望。如赖志颖的《海盗·白浪·契》①进入移民的历史之中，意图探询个体从何处而来的答案；他的《红蜻蜓》②，则重返台湾在从日据向国民党政权变革时期的历史现场，描述隐秘的同性、乱伦之恋。陈育萱《蒂蒂》③关注居于底层之中的纺织女工的生存境遇。杨富闵《逼逼》④通过水凉阿嬷向亲人传达丈夫即将离世这一事件，借助对地方风俗的表现与闽南语的运用，呈现乡土与现代都市文明之间的碰撞。林佑轩《女儿命》⑤将视线转向处于社会边缘的跨性别群体，表现他们的心路历程与精神创伤。

从这些简要的描述中，我们或可认为这一代台湾作家仍保持了对于历史的重视及对于现实的敏感。但是，与大陆的 80 后相似的是，台湾的 80 后作者在经历上比之前代作家也是先天"弱势"的。他们既无殖民式统治时代的家国之痛，也无戒严时代政治高压造成的精神之疡，而年岁尚轻的他们生活阅历也相对简单贫瘠。这一切投射在他们的写作之中则呈现为两个明显的趋势。一是"或汲取前代的写作经验"⑥，借助现成的批评理论在文本之中操演历史与现实，如赖志颖的《红蜻蜓》将人物的命运置入台湾日据时期与国民政

---

① 赖志颖：《海盗·白浪·契》，载朱宥勋、黄崇凯编《台湾七年级小说金典》，台北秀威资讯科技股份有限公司 2011 年版，第 58—66 页。

② 赖志颖：《红蜻蜓》，载朱宥勋、黄崇凯编《台湾七年级小说金典》，台北秀威资讯科技股份有限公司 2011 年版，第 67—74 页。

③ 陈育萱：《蒂蒂》，载朱宥勋、黄崇凯编《台湾七年级小说金典》，台北秀威资讯科技股份有限公司 2011 年版，第 96—104 页。

④ 杨富闵：《逼逼》，载朱宥勋、黄崇凯编《台湾七年级小说金典》，台北秀威资讯科技股份有限公司 2011 年版，第 148—171 页。

⑤ 林佑轩：《女儿命》，载朱宥勋、黄崇凯编《台湾七年级小说金典》，台北秀威资讯科技股份有限公司 2011 年版，第 196—207 页。

⑥ 朱宥勋：《重整的世代——情感与历史的遭遇》，载朱宥勋、黄崇凯编《台湾七年级小说金典》，台北秀威资讯科技股份有限公司 2011 年版，第 10 页。

府时代的交替期为背景之下，具有新历史主义的色彩；陈育萱的《蒂蒂》中在狭小的工厂空间中，使族群、性别、阶级的议题集中上演；杨富闵在《林宝宝的肺》①中借助乡间老者以日语进行对话而带入台湾日据时期的历史印迹，使小说具有了后殖民的色彩；神小风的《爱情公寓》②则书写当代女性在男性中心的婚姻家庭之中所遭遇的精神创伤，引入了女性主义的视角。二是往往通过边缘人群来书写现实。如赖志颖的《红蜻蜓》中的乱伦的同性恋兄弟；神小风的《上锁的箱子》③中的有收藏怪癖的外婆；林佑轩的《女儿命》中的跨性别父子；朱宥勋的《标准病人的免疫病史》④中的烧伤病人；等等。

但是，借助前代的经验和现成的理论来操练、演绎现实从而揭示现实痼疾，正显示了他们无法有效地观照现实；而从边缘人群入手来描写现实则是捕捉现实痛点的一条捷径，虽然有效但并非精准，看似贴近现实，实际则有遮蔽现实之虞。甚至也可以说，关注边缘人群亦是为了更好地借助现成理论推演小说。因此，正是这种与现实、历史相沟通的尝试暴露了他们与书写对象之间仍存在着隔阂。说到底，这两种趋势都是在借助别人的眼睛来观察现实。而个体与现实、历史之间的裂隙也因此而再度显露。

如赖志颖的《红蜻蜓》。小说在不长的篇幅中错综地置入了对家国想象与性别政治等议题的讨论。通过对兄弟二人在特写历史时期遭遇的叙述，小说看似雄心勃勃地拉开了一幅台湾历史转折时期的时代画卷。但实际上，小

---

① 杨富闵：《林宝宝的肺》，载朱宥勋、黄崇凯编《台湾七年级小说金典》，台北秀威资讯科技股份有限公司 2011 年版，第 172—178 页。

② 神小风：《爱情公寓》，载朱宥勋、黄崇凯编《台湾七年级小说金典》，台北秀威资讯科技股份有限公司 2011 年版，第 110—129 页。

③ 神小风：《上锁的箱子》，载朱宥勋、黄崇凯编《台湾七年级小说金典》，台北秀威资讯科技股份有限公司 2011 年版，第 130—142 页。

④ 朱宥勋：《标准病人的免疫病史》，载朱宥勋、黄崇凯编《台湾七年级小说金典》，台北秀威资讯科技股份有限公司 2011 年版，第 234—254 页。

说并不是在以个人遭遇来写历史，是以历史来写个人。小说对时代的描写颇为取巧也颇为简单地缩略为哥哥被捕、死亡、尸体被毫无尊严地解剖等几个场景之中，并以尸体解剖过程之中细致而血腥的描写来意指那个时代的残忍。但是，这一时代使活生生的"人"成为冷冰冰的"尸体"这一过程是如何发生的，小说在暧昧不明的交代之中采用了套路化的书写——深夜突至的警察、语焉不详的逮捕、秘密的审判与处刑，这些描述并未展开对历史有效或独特的重述。历史成为一片混沌的背景。更进一步，小说甚至未将着眼点放置于大时代的急剧变革之下个体的命运，而仅仅落在个体的私密情感之上。个人在时代变革之中的遭际和冲击被缩小为乱伦与同性恋的书写。而事实上，这一情欲爱恋在大多数时代都难以为大众和世俗所接受。于是，主人公由于这一隐秘爱恋而承受的精神创痛与时代之间并未真正地发生关联。但另外，小说对乱伦之恋所带来的痛苦进行明确的书写，其实更多地征用了读者的先在认知。这样，小说中复杂而宏大的议题之间形成某种相互抵消，因此也并未为观照历史与人性打开别样的窗口。这样，看似逼近历史真实之中的人性，实则却只是轻轻掠过。

而在神小风的《上锁的箱子》中，开篇便通过外婆身上不明来历的海洋气味来将历史具象化。外婆的形象与"我"社会课本上的插图相互重叠，使历史由抽象的叙述而成为与"我"息息相关的存在。同时，外婆惯于将私物收集并藏匿起来的怪癖，也是某种因她所经历的特殊历史时期而遗留下来的精神疾患。小说中，乖僻沉默的"我"唯有在外婆处能获得安慰与自在，只有"我"能在外婆收纳杂物的箱子中找到失踪的外婆，所书写的正是"我"与外婆之间存在的某种共鸣与认同。但，这种共鸣与认同并不是为了以此为基础而拉开一段女性经验与女性历史的书写，也不是为了借助认同外婆来指认出"我"自己的历史，从而锚定自我的位置，建构在时间与空间上重新认识、确认自我主体性的坐标，而是为了强调"我"与外婆这两个都与周遭环境格格不入的孤独个体之间存在的情感共鸣。"我"不合时宜的羞涩寡言与外婆不分原因的收纳行为使她们容易为人厌弃乃至遗忘;"我"的逃课与外婆将自己藏匿起来的举动都是一种对情感被侵害后的逃避和自我封闭。由此观之,"我"与外婆二人的生活之间实际是存在着某种同构性的。外婆洞穴一般的居所也在此意义上成为"我"之精神状态的一种投射:一种内向的、封闭的、自取自足的要求。尽管小说结尾处试图通过"我"独自找到藏匿在箱子里的外婆时再度袭来的海洋气味来回应开篇处对历史的回溯,但我们仍可以发现,小说由对历史的追溯开始,最终又回到了创伤个体的情感体验之中。个人与历史之间的关联在叙述中实际已然断裂。

这种"高开低走"式的叙述在神小风的另一部作品《爱情公寓》中也存在着。《爱情公寓》以在婚姻生活中受尽精神压迫的人物"她"入手,描写极端化的感情受挫经历。统领全文的是"她"对于拥有一间自己的房间的需求。"自己的房间"显在地关联着个体的隐私空间。如果说,一方面,对于房子的渴求来自底层恶劣的生活条件的刺激,隐藏其后的是日益明显的阶级分化和日益尖锐的阶级矛盾;另一方面,"自己的房间"也在女性主义的议题下联系着女性独立主体的建构,那么这些诉求在《爱情公寓》中都有着隐约的呼应。"连一扇可以把自己关起上锁的门也没有"[①],既指向了"她"婚前生活环境的逼仄与难以启齿的艰辛,也联系着"她"试图借助婚姻来摆脱底层生活与身份却事与愿违的人生前景。而在描写"她"在婚后生活空间的被侵蚀与情感、精神的被压榨的同时,小说拉开了一幅女性生活的图景:在懒惰的儿子与蛮横的公公的挤压下,"嫁不出去"的小姑、蛮不讲理却苛刻的婆婆与忍气吞声的"她",共同构成了卑贱化的女性群像。这些在男权家庭的夹缝之中被贬

---

① 神小风:《爱情公寓》,载朱宥勋、黄崇凯编《台湾七年级小说金典》,台北秀威资讯科技股份有限公司 2011 年版,第 118 页。

抑、被异化的女性形象，虽然具有类型化的倾向，但她们也可能开启进一步探讨女性在男权文化之中的遭遇与地位问题。但小说在结尾处安排的情节是，罹患癌症的"她"终于偷偷取空了婆婆的存款，成功购置了自己的房屋，并单方面断绝了与婆家、与过去的一切联系，在新居隐居以度过最后时日。这样，小说最终仍将问题的探讨令人遗憾地搁置在了对"个人空间"的追求上。尽管这一结尾也不失为一次快意恩仇式的报复。但是，它并无益于问题的讨论，更不是一种解决之道。

在台湾的这批 80 后作家中，杨富闵通过对乡土台湾的描述，较为有效地弥合了个体与历史之间的裂缝。杨富闵最为明显的特点在于他对闽南方言和地方民俗的熟练运用。这使他能够在文本之中建构一处生动可感的台湾乡土世界，从而借助"地域特色"来摆脱个体经验的局限。杨富闵的小说中既有被裹挟进时代洪流之中的老者，如《逼逼》中的水凉阿嬷，也有《暝哪会这呢长》[①]中的姐弟那般孤独而彷徨的年轻人。杨富闵所关注的，正是乡土世界与现代社会之间所产生的碰撞和对话，是台湾的乡土世界与祖辈的温情为身患"孤独症"的年轻人所能提供的一处安放、抚慰灵魂的所在。正如在《有鬼》中，苏惟弦之由"鬼"而变成人，正在于她从"无乡"而"有乡"，在于麻豆作为其故乡之意义的重新赋予。从"言谈的背后没有历史衬底，吐出的字像在飘，失去主体"到"安安稳稳的站在土地上"[②]，正是借助乡土的发现与建构，杨富闵为其小说中的孤独个体——也为他自己，找到了一处勾连历史与现实的立足之地。

但是，在杨富闵的笔下，这一乡土世界正在不断地走向凋敝。在《暝哪会这呢长》中，大内的三合屋正在日趋荒芜，阿嬷在逐渐衰老，祖辈们更是

---

① 杨富闵：《暝哪会这呢长》，载《花甲男孩》，九歌出版社有限公司 2010 年版，第 15—31 页。

② 杨富闵：《有鬼》，载《花甲男孩》，九歌出版社有限公司 2010 年版，第 122、123 页。

纷纷辞世。在此引起我们思考的是，当乡土凋零之后，还有什么可以安放姐弟二人敏感、孤独的灵魂呢?《听不到》^①则直接呈现了这一困境。小说中，年轻的一辈离散异乡，家乡的老人却接连故去。这里极为明显地以老一辈的死亡来表现台南乡土世界的凋敝。而"我"的性无能在回乡之后的不药而愈，显然又意指了乡土对个体所具有的抚慰的意义。"我"之主体性的建构由此而始。小说中，阿公葬礼既是"我"返乡的契机，也是"我"的一次成人仪式。但是，阿公的故去恰恰指向了"我"之乡土的死亡。在此意义上，乡土与个体的主体性建构之间形成了某种裂隙——唯有乡土能够为主体性的建构提供基础，但也正是乡土的死亡才是促成主体性建构的契机。那么，乡土又在何种意义上能为个体建构主体性提供依据? 而杨富闵的另一篇小说《花甲》^②则对乡土的抚慰功能提出了质疑。漂泊异乡的花甲在死后终于葬入祖坟，才完成了他"归乡"的心愿。这诚然是一种对乡土的回归，同时却也是对这一回归的质疑。不仅是个体的归乡需要借助死亡才能完成，这里的花甲的死亡还伴随着故乡气候的异变。换而言之，花甲借助死亡而回归的，并不是他记忆之中丰饶温暖的故乡。如果说，小说本意在于以回归故土来疗治花甲这代人在精神上的漂泊之痛，那么此处的死亡和灾变其实显示了对这一疗治的怀疑。如果唯有借助死亡才能完成对乡土的回归，那么这一回归对个体所具有的意义或将在此付之阙如。

　　而这恰恰说明，杨富闵对乡土的态度实际是暧昧与矛盾的。正如《逼逼》中水凉阿嬷在读册阿公去世之后对后辈的寄语："走出去，学他四界去流浪，你就可以认识他，认识这块土地。"^③对个体而言，乡土所具有的灵魂栖息之意涵，首先需要的是一个离开故土的前提。这就决定了，当杨富闵小说中的个

---

① 杨富闵:《听不到》，载《花甲男孩》，九歌出版社有限公司 2010 年版，第 67—85 页。

② 杨富闵:《花甲》，载《花甲男孩》，九歌出版社有限公司 2010 年版，第 199—221 页。

③ 杨富闵:《逼逼》，载《花甲男孩》，九歌出版社有限公司 2010 年版，第 65 页。

体在满怀深情地描述着他的乡土世界时。他所持有的始终是一种旁观的视角和立场。因此在《逼逼》中，行将就木、神志不清之际也惦记着"逼逼要带我去环游世界"①的读册阿公，因为曾经背叛了乡土才在乡土中获得了安息的可能；而一生坐守官田老家的水凉阿嬷，却将生命整个地浪费在这块土地之上，唯有在离乡报丧的道路上，她的生命才迸发出令人炫目的光亮。这恰恰意味着，对于不得不永居乡土的人来说，乡土既是归处，也更是一种拘禁。

这种矛盾态度在《我的名字叫陈哲斌》②中得到了集中而明显的书写。"我叫作陈哲斌"③正是一个具有建构以主体性意图的宣告。而小说实际就是陈哲斌寻找、确认自我的过程。小说中，陈哲斌的父亲为智力残疾人士，母亲为"越南新娘"，且在其幼年时即已经历父亲离世，母亲归国。凡此种种，使陈哲斌的身份充满了复杂性与暧昧性。同时，陈哲斌从小到大不断被祖母叫错名字，且每一次所叫的名字皆不相同。这些情节的设置，使陈哲斌身份的暧昧性更加突出。而这种暧昧性却无法通过对乡土的认同而得到厘清。小说中，陈哲斌在乡下的三合院旧居被描述为一处与世隔绝的地方。这不仅是就其所处的"孤船似四面都给水稻田围了起来"的地理位置上，也在祖母对陈哲斌"外界消息一律封锁"的教养方式上。④最终，陈哲斌成为一个被悬置于三合院旧居之中，无法与世界、与他人发生联系的个体。就此而言，陈哲斌建构主体的阻碍正是来自自己的祖母，来自以家神陈昭应为线索的家族史。进而言之，他所受到的阻碍来自具象化为三合院旧居的乡土。这样，小说结尾处那场大火便别有所指——烧掉三合院后，陈哲斌才真正地具有了命名自己的

① 杨富闵：《逼逼》，载《花甲男孩》，九歌出版社有限公司2010年版，第46页。

② 杨富闵：《我的名字叫陈哲斌》，载《花甲男孩》，九歌出版社有限公司2010年版，第127—155页。

③ 杨富闵：《我的名字叫陈哲斌》，载《花甲男孩》，九歌出版社有限公司2010年版，第155页。

④ 杨富闵：《我的名字叫陈哲斌》，载《花甲男孩》，九歌出版社有限公司2010年版，第128、131页。

权利与建构主体的合法性。如果说，小说中阿嬷与家神陈昭应在某种程度上是合二为一的，那么这场大火烧死了那些网名为"陈昭应"的网友、烧毁了陈昭应的神像就是一种想象性的解决。唯有如此，陈哲斌的主体性建构才能不与深埋于其心中的、与阿嬷相依为命的记忆产生矛盾。因此，小说开头与结尾处对阿嬷的两次致敬都发生于大火之后。而这样的处理也正显示了文本的暧昧性：乡土究竟是主体建构的基础还是障碍，这正是杨富闵尚未厘清的。

另外，杨富闵描写乡土的方式也显得颇为可疑。如前文所述，杨富闵对乡土世界的建构借助了对方言和民俗的征用。如《神轿上的天》[①]征用了大量的民俗来组织叙事，完成小说对忏悔主题的叙事。就阿公而言，是对未能阻止儿子杀媳的忏悔，只能借助妈祖朝圣时身为乩童的自我鞭笞来完成赎罪；而对陈锡雯而言，则是对为了阻止阿公在朝圣时的自我惩罚却误入了"女身不得进入"的庙口"结界"之中，因此导致了阿公此后重病的忏悔。宗教与民俗使小说对忏悔的阐释有了凭借。但这也正显示了杨富闵描述乡土时的局限性：既凭借方言与民俗，也恰恰受困于此。在这一小说中，大量的民俗描写使小说具有了一种猎奇的性质，反而削弱了悲剧本身所能抵达的力量。而在《唱歌乎你听》[②]中，一旦我们抽去小说中的方言，所剩的是一个并无新意的故事：老人偏疼"出人头地"的长子，而久病床前之时却是"没出息"的二儿子与女儿前来照顾。这也不得不使我们思考一个问题：方言写作确实为写作者们提供了一个感知与呈现现实的有效途径；但同时，这一途径是否由于其过于便捷，而产生了束缚他们的惰性，从而制约了他们观察现实的深度？

显然，杨富闵是有描绘台湾乡土世界之现实的意图的。但是在他的笔下，

---

① 杨富闵：《神轿上的天》，载《花甲男孩》，九歌出版社有限公司 2010 年版，第 181—197 页。

② 杨富闵：《唱歌乎你听》，载《花甲男孩》，九歌出版社有限公司 2010 年版，第 87—103 页。

无论是乡土充满生命力的过去，还是乡土世界在时代变迁之下的命运，写作者投入其中的情感都显得有些稀薄，并缺少与这一情感紧密联系的细节。从充满闽南方言与地方民俗风情的乡村图景，到被高铁／现代文明侵蚀之下逐渐凋敝的乡土，在这一看似生动可感的乡土世界之后是一种"标本"式的书写。这一书写也征用了读者的情感结构中关于乡土的预设想象：以"死亡、现代／传统、沟通不良"[①]作为其乡土故事的关键词，呈现了一个在现代文明的倾轧下岌岌可危、田园风情之中混合着蒙昧的社会。这正是因为作者并未将自己真正地嵌入乡土之中。对于这个被建构起来的台湾乡土，杨富闵更像一个远离它的旁观者。这种姿态与其笔下的离乡者恰恰不谋而合。因为背井离乡，乡土才产生意义；也因为背井离乡，乡土的建构则必须借助想象才能完成。在杨富闵这里，个体与乡土并非和谐相生。换而言之，乡土并未真正成为个体成长的沃土。在尝试着描写乡土之时，杨富闵也在无意间凸显了个体与乡土的隔阂。

可以说，无论是赖志颖尝试对历史进行重新讲述，或是神小风对个体精神创伤的关注，还是杨富闵对乡土台湾之命运的描写，乃至这一写作群体中的大多数写作者，他们的写作都显示了个体与现实、历史之间的裂隙。对于后者而言，他们往往显示出一种旁观的姿态，而难以真正地贴近和深入。这与他们借助现成理论、参考前辈经验来观看现实并进而推演小说是分不开的。当朱宥勋将他们这一世代台湾作家的创作描述为"在书写自身的过程中，无意间遭遇了历史在个人身上铭刻的种种痕迹"，"以情感作为基点，去遭遇大写的历史"时[②]，这一评价或许过于乐观了。

显然，台湾的这些80后写作者们已觉察到叙述现实，并进而沟通现实与

---

① 杨富闵：《后记：草莓缘》，载《花甲男孩》，九歌出版社有限公司2010年版，第223页。

② 朱宥勋：《重整的世代——情感与历史的遭遇》，载朱宥勋、黄崇凯编《台湾七年级小说金典》，台北秀威资讯科技股份有限公司2011年版，第8、10页。

个体情感的迫切需求。但是，他们的实践却很难说是成功的。总体而言，他们有再现现实与历史之意，却无观察与描述之力。事实上，在他们大多数的创作中只见个体而未见时代。个体与现实、历史相脱节，从这一写作症候之中暴露的是，这些写作者尚未探索到自己在现实、历史之中真正的立足点，并以此为基础来对现实、历史进行观察和发言。这与大陆 80 后写作过度依赖并局限于个体经验和情感的书写这一症候形成了某种有意味的对照。不尽相同的写作症候指向了相同的原因。而更深层的原因正在于，海峡两岸的 80 后青年正分享着相同的代际经验：他们张扬自我、强调个性，关注个体情感与经验的表达，却在"告别革命"的年代里、在大历史叙事消散的语境中，深刻地感受着现实感、历史感的匮乏，从而显示出或迷惘或颓废的精神倾向。

（二）青山七惠：孤独者的自我救赎

生于 1983 年的青山七惠是日本 80 后新锐作家。2005 年，青山七惠小说处女作《窗灯》获得了有"芥川奖摇篮"之称的日本文艺奖（第 42 届），得以在小说界崭露头角。2007 年，青山七惠又以《一个人的好天气》获得了第 136 届"芥川龙之介奖"而名声大振。《一个人的好天气》也成为日本最受瞩目的畅销小说之一。

《一个人的好天气》被称为"飞特族的青春自白"[①]。"飞特族"即 Freeters，由英语的 free（自由或指自由契约）和德语的 arbeiter（德语里意指劳动者，日语里意指非正式的 arbeit）所合成的，指的是年龄在 15—34 岁，没有固定职业，从事非全日的、临时性工作的年轻人。他们往往只在面临经济需求时从事短期工作。小说中独自前往东京打工 20 岁的女孩三田知寿就是这样的"飞特族"。知寿从高中毕业起就四处打工，拒绝读大学，并将这样放任自流

---

① ［日］青山七惠：《一个人的好天气》"封面语"，竺家荣译，上海译文出版社 2007 年版。

的生活一直持续到了东京。同时，知寿对爱情的态度也出奇淡然。小说中描写了知寿的三次爱情。第一次与阳平的恋爱持续两年半，却"互相都感觉对方是可有可无的"①。而知寿撞破阳平的出轨也不过是一句"太差劲了"②的评论便不了了之。而第二次恋爱则在更出色的女孩丝井出现后也平淡地无疾而终。第三次恋爱尚未真正开场，然而对方已婚的身份已然预示了这段"不伦之恋"③的悲剧前景。可以说，无论是对工作还是对爱情，知寿都呈现出了一种无所事事且又无所谓的混沌状态。而对稳定工作与爱情的拒绝实际意味着对稳定生活的拒绝。而稳定的生活在小说中则借助母亲对知寿的期待来表现。如果说，稳定的生活意味着一种真正的长大成人；那么，知寿的拒绝背后，实际是对长留青春期的企图——一种对青春期的自由、散漫的留恋，一种对承担成人责任的恐惧和逃避。这与《萌芽》作者群所描述的青春体验具有某种相似性。更进一步，《一个人的好天气》中的消极与迷惘也是在实践之前就已发生的后撤。事实上，青山七惠甚至不曾像《萌芽》作者群那样，预设一个成人世界与少年世界相对立的前提。知寿在选择自我的这种生存方式时实际并未受到束缚。换而言之，她是自由的。然而在《一个人的好天气》中，知寿的这种自由却导致了一种真正的无从选择。知寿在小说中的浑浑噩噩其实是在理想追求已经缺失，同时规则也失效的情况下所导致的迷惘。在这样对无处可去又无路可退的青春的描述中，青山七惠打通了与《萌芽》作者群之间的联系。从某种意义上说，青山七惠的三田知寿即是《萌芽》作者群所塑造的少年们的未来——他们试图冲撞秩序却又缺少将理想付诸实践的决心和能力。由于理想的缺失，当从成人世界的束缚中挣脱，少年们仍然无处可去，因为他们对成人世界的冲撞并未应允一个新的合理世界。

---

① ［日］青山七惠：《一个人的好天气》，竺家荣译，上海译文出版社 2007 年版，第 12 页。
② ［日］青山七惠：《一个人的好天气》，竺家荣译，上海译文出版社 2007 年版，第 29 页。
③ ［日］青山七惠：《一个人的好天气》，竺家荣译，上海译文出版社 2007 年版，第 140 页。

　　同时，《一个人的好天气》也是一个讲述孤独的文本。在混沌而迷惘的青春之中，知寿更深刻地感受到的是对孤独的恐惧。不仅是在与阳平和藤田的两段恋爱中，也在可有可无的共处与身体接触中，凸显了难以突破的孤独个体的疏离感。即使是与同处一室的吟子，知寿也难以在心灵上真正贴近，而往往从一个彻底旁观的角度对吟子的生活进行评判。除夕夜，知寿本应打一个电话对吟子的照顾表示感谢，却一再拖延至吟子睡觉的时间，并在电话无人接听的情况下感觉如释重负。甚至知寿面对自己的母亲，久别重逢之后的相处也尴尬客气得如同陌生人，因为她们"母女之间却没有笑得出来的故事和共同关心的话题"①。而知寿在回忆了与母亲有关的愉快的童年生活之后，接踵而至的却是关于母亲到底在她身上花了多少钱的负疚感，"比起对于妈妈的感激之情来，更多的还是负疚感"②。但母亲预备再婚的消息却令知寿深觉恐慌，因为她惊觉自己与母亲的最后一点联系也将断裂。作为一个走向自我封闭性的个体，知寿身上呈现出的实际是一种感情疏离却又恐惧孤独的矛盾性。知寿的小盗窃癖正是这种矛盾性的具体表现。她收藏的每件物品都是私人情感的附着物："偶尔我坐着翻看这些鞋盒子，沉浸在回忆中。想起东西原来的主人和我的关系，我会时而伤心落泪，时而吃吃笑起来。拿起其中任何一件摆弄，都会感到安心。"③在这里，小说呈现了由孤独所带来的精神创伤，一种真正的病态：由于个体的自我封闭，心灵的贴近和情感的交流企图不断失效，只能赋予物品以慰藉的意义。

　　而知寿并非《一个人的好天气》中唯一的孤独个体。作为被女儿疏离的对象，母亲对知寿的关心并非一种贴近，而更像一种出于责任的例行公事。然而，当母亲向知寿透露出可能再婚的消息的同时也表示"是对方想跟我结

---

① ［日］青山七惠：《一个人的好天气》，竺家荣译，上海译文出版社 2007 年版，第 62 页。

② ［日］青山七惠：《一个人的好天气》，竺家荣译，上海译文出版社 2007 年版，第 65 页。

③ ［日］青山七惠：《一个人的好天气》，竺家荣译，上海译文出版社 2007 年版，第 27 页。

婚，我不想结"①。显然在此，母亲也是沉溺于孤独状态之中的个体。同时，与知寿共处一室的吟子也是孤独者。吟子与猫为伴，平静地度过了长达数十年的独身生活。尽管与知寿共同生活，却不过分亲近；与芳介虽是情侣，但也相处平淡。小说所呈现的实际是知寿、母亲和吟子三代人的孤独状态。孤独在青山七惠这里突破了80后的代际经验，作为一种社会的普遍状态被呈现。那么面对这样的孤独又当如何自处？此时吟子便被知寿赋予了理想的色彩："我以后也能像她那样吗？到了七十岁还爱打扮，住在属于自己的小房子里，情人节去买巧克力。我能过上这样的生活吗？"②在小说中，吟子代表了一种孤独的自足和智慧。吟子面对孤独自有一套自己的逻辑。既不对知寿表示亲近，也无视知寿的冷嘲热讽；对芳介的清淡情感也杜绝了爱情带来伤害的可能性；死去的猫以照片的方式被凭吊，并全部以"彻罗基"名之，显示了一种挽留纪念的自我而蛮横的姿态。尽管吟子的存在确实显示了在人生的无尽空虚与孤独中生存下去的可能性。但这实际上，吟子的方式是在以自我世界的完满来应对外部变化的方式。小说写道："世界不分内外的呀。这世界只有一个。"③这看似突破内部世界的自我隔绝，打通了内部世界与外部世界的边界，然而就小说中吟子的生存态度而言，实际上却是内在的自我世界对外部世界的一种吞没。吟子的住所紧临的电车站，在此也成为一个别有所指的安排。吟子自我世界的完足正如电车站的岿然不动，一任行人乘客来者往去者返。而当知寿将收藏的纪念物搁置，离开吟子的住所，实际意味着一个以知寿的自我为中心的世界将被建构并日渐完善。因此，当知寿再度经过吟子的住所时，对她而言，那已成为一个遥远的过往和陈旧的布景，一处将被遗忘的陈年旧迹，并不足以吸引她驻足与回首；而在下一个车站等待她的人，即

---

① ［日］青山七惠：《一个人的好天气》，竺家荣译，上海译文出版社2007年版，第114页。

② ［日］青山七惠：《一个人的好天气》，竺家荣译，上海译文出版社2007年版，第123页。

③ ［日］青山七惠：《一个人的好天气》，竺家荣译，上海译文出版社2007年版，第132页。

使意指的是一段并不长久的恋情，也并不重要。自足的自我世界将赋予知寿以平淡心境来接受这一切的虚无。然而，个人世界的完足也意味着对外界的进一步隔绝。吟子对孤独的平淡实际导向了更为深刻的消极感。甚至死亡都不再具有激烈的抗争意味，而成为一个稀松平常的话题。有趣的是，对此时的吟子来说，孤独与空虚都成为一件必需的事情。因为倘若没有空虚，"只留下愉快的事，上了年纪，就怕死了"①。在这里，小说以一种极为消极的适应逻辑，替换了积极改变世界的可能性。

可以说，吟子对知寿的引导意义并不在于如何走出孤独，而在于如何适应孤独，并在孤独的环境中使自我世界趋于成熟与完满。尽管青山七惠在小说中试图为知寿这样"飞特族"的孤独症寻找出路；而知寿也确实在努力地改变自我，以成为与现在的"我"相区别的新我。但这样的"新我"仍未突破孤独个体的局限，而只是在孤独前提下成为一个自足完满的个体。由此观之，"好天气"并非孤独处境的改变，而是无论天气如何都视作"好天气"来平静处之。在此，青山七惠所谓的"疗治"实际是个体的进一步封闭，并在对自我情绪的玩赏和沉溺中再度悬置了重返现实的可能性。这仍然是在无法安顿自我前提下的又一次后撤和遁逃。如果说，《萌芽》作者群呈现了悬置的、迷惘的青春和少年面对这一青春时的不知所措，那么青山七惠试图给出的解决之道实际是以后退的消极来适应这一状况。封闭的自我世界实际未给青春的去向指明出路。而这个渐趋封闭的自我世界在张悦然、周嘉宁等人转型后的创作中也存在着。这将在下一章进行分析。

显然，无论是春树与李傻傻的囿于自我，还是在青山七惠这里再现的迷惘青春与孤独体验，都意味着《萌芽》作者群的青春书写并非这一群体的独特体验。在他们青春书写的背后透露出的相似性印证了这一判断："极端的独

---

① ［日］青山七惠:《一个人的好天气》，竺家荣译，上海译文出版社 2007 年版，第 40 页。

立和极端的依赖是我所以为的，他们最主要的生活姿态。孤独是他们成长过程中体验最深刻的词汇。……他们内心的绝望，不是对生活的失望，而是灵魂上的寒冷。"① 这种孤独的自我或许是 80 后一代共同的体验。而台湾的 80 后写作虽然看似突破了代际经验的局限，而将目光投进历史或转向现实，却始终难以打通个体与现实的联系。可以说，个体经验既是这一代人写作的优长，但同时也是他们写作的局限。尽管成长的环境不尽相同，但这些相似的症候正指向了他们相似的焦虑：同样地难以在现实与历史之中探寻到自己可立足并进而立言的基础。这种相似的焦虑正基于他们共同生活的时代。一方面，它与全球化的进程之中产生的焦虑有关；另一方面，这种焦虑也来自后现代社会本身的颓废感与荒芜感。而他们的理想的悬置与实践的缺失也隐在地呼应了这个时代的"告别革命"。

---

① 何从：《70 年代 VS 80 年代》，《萌芽》2001 年第 5 期。

第四章

《萌芽》作者群写作现状

时至今日，曾经属于《萌芽》作者群的作者们大多已届而立之年，至少在生理年龄上不得不告别了青春期。如果说，在早先的"萌芽"时期，这些作者对成年的来临和对青春的告别尚是一种充满了忧惧的想象；那么现在，时光已经以不可抗拒之力裹挟着他们真正地长大成人和告别青春。那么与之相应的，他们的写作是否也随之发生了变化？是否也已告别"青春文学"，突破代际经验的局限，而从稚嫩青涩走向成熟？本章将从《萌芽》作者群中选择韩寒、郭敬明、周嘉宁、张悦然、颜歌等个例，对他们的近作进行分析，尝试对上述问题做出回答。

第一节　韩寒、郭敬明：回归主流

作为《萌芽》作者群中知名度最高的两个，韩寒和郭敬明自成名以来就从未淡出过读者与公众的视野。韩寒从 2000 年出版处女作《三重门》开始至 2014 年，几乎每年都有作品（集）面世。随着个人博客的开通，韩寒更借助网络，通过网络的论争与对时政的点评保持了自己在大众与媒体之中的曝光率。而这些论争和点评大多针对并挑战现存的秩序。网络帮助韩寒完成了媒体形象的转变。到 2009 年 3 月，韩寒已经被贴上了"公民"的标签，为他塑造了针对不合理秩序的批判者。而此时，媒体上郭敬明的形象则与韩寒形成了鲜明对比：公民韩寒和商人郭敬明①。回顾郭敬明的发展道路，自以《幻城》引起轰动以来，他也几乎保证了一年一部作品的出版率，并且大部分作品都成为当年的畅销书。在创作上保持高产的同时，从 2004 年起，郭敬明相继主编了春风文艺出版社出版的青春文学书系《岛》系列共十本。2006 年起，郭敬明又主编依托长江文艺出版社出版的青春文学杂志《最小说》。《最小说》以青春题材小说为主、以娱乐和流行指标为辅，力求将其打造为最受年轻读者和学生欢迎的课外阅读杂志。2010 年，郭敬明成立上海最世文化发展有限公司，以《最小说》系列刊物为载体，力图结合文艺与商

---

① 参见王芳《偶像的建构与祛魅：媒介镜像中的韩寒（2000—2012）》,《青年研究》2012 年第
6 期。

业。以此，郭敬明旗下网罗了一批包括落落、笛安等知名 80 后作家在内的写作者，共同开辟青春文学市场。从这些经历中可以看出，郭敬明的发展趋势逐渐偏向了市场与商业。与此对应的是，在中国作家富豪榜上郭敬明长期位居前十。从韩寒和郭敬明这十年来的发展来看，二人所走的似乎完全是不一样的道路。然而，有趣的是，这两条不同的道路的背后却隐藏着某种殊途同归的可能性。2014 年 7 月，随着郭敬明执导的电影《小时代 3》和由韩寒执导的电影《后会无期》的相继上映，这种隐含的可能性逐渐清晰。本节将就韩寒小说《1988：我想和这个世界谈谈》和郭敬明的小说《小时代》三部曲，以及电影《小时代》三部曲和《后会无期》，探讨韩寒和郭敬明向主流的回归过程。

一、"生活它就是深渊"①：失效的抵抗

《1988：我想和这个世界谈谈》以一次汽车之旅统摄全篇，勾连起陆子野（即作为小说主人公和故事叙述者的"我"）的童年、青年与当下三个时段的经历。直观地看，《1988：我想和这个世界谈谈》延续了韩寒小说一贯的主题。"在路上"的形式很容易使读者联想起凯鲁亚克《在路上》中"垮掉的一代"式的崇尚自由、抵制常规和反抗压抑。如同小说中的描述，陆子野原本被秩序所束缚和压抑的生活，正像是被裹挟在流沙中的植物，无法自主地随波逐流。直到他奋力一挣，发现自己是可以自我决定的动物，而"作为一个有脚的动物，我终于可以决定我的去向"②。在这里，流沙对植物的裹挟显然喻指了秩序对个体的束缚。因此，可以说，陆子野的旅途始自对秩序

---

① 韩寒：《1988：我想和这个世界谈谈》，国际文化出版公司 2010 年版，第 92 页。
② 韩寒：《1988：我想和这个世界谈谈》，国际文化出版公司 2010 年版，第 25 页。

的质疑，同时，整个旅途也是一个在回忆和现实中不断否定和冲撞现存秩序的过程。

（一）"在路上"与方向的迷失

在小说中，陆子野在旅途中所驾驶的是一辆在报废基础上又重新拼装的汽车（即"1988"）。"1988"所使用的手续来自那辆报废的车，修复这辆汽车的朋友正在监狱，陆子野的汽车之旅正是为去接他。这种种描述，使这次汽车旅行呈现出一种与秩序不甚融洽的姿态。而陆子野在路上意外收留的旅伴娜娜则是在酒店偶遇的妓女。"妓女"这一身份，无论是对于旧道德还是对于新秩序，都是一个被排除被否定的可疑他者。但在这一小说中，娜娜被赋予了一种天真、单纯，并往往耽于幻想的性格。首先是她对自我"职业"表现出的执着和安于现状，"要等妈咪排钟的话，也许要等到两天以后了，所以我特别认真，姐妹们都睡觉了我还伏在门口"[1]。她对自己腹中的孩子的未来，设想得精细然而幼稚，偏执地坚持要让孩子过上好的生活，要送孩子出国。而娜娜的理想情人"孙老板"实际不过是她去的第一家洗头店的老板娘的丈夫。作为组织妓女卖淫的人，孙老板实际是娜娜最为直接的压迫者，却在娜娜的想象中被拔高为高大而近乎完美的形象。无论是娜娜对人的轻信，还是她对未来的过分乐观，都充满了一种儿童式的无辜和偏执，正如小说中陆子野对她的评价："娜娜，你太真诚了。"[2]尽管小说对娜娜的塑造实际只是沿用了对于"妓女"与"女神"定义边界的混淆，并不是太具有新意的做法，但仍然表现了作者对秩序的质疑。在陆子野初遇娜娜时遭遇的那场扫黄突击中，这种质疑以极为讽刺的方式形象地表达了出来。在这个场景中，对娜娜慌乱无

---

① 韩寒：《1988：我想和这个世界谈谈》，国际文化出版公司 2010 年版，第 6 页。
② 韩寒：《1988：我想和这个世界谈谈》，国际文化出版公司 2010 年版，第 62 页。

助与对执法者色厉内荏的描写形成了一种对比。"珊珊（即娜娜）继续拉扯了几下窗帘，气氛顿时紧张了起来……我数了数，心想，可能这十五个人害怕珊珊用窗帘把他们都杀了吧。"[①] 在此，执法者对娜娜的严阵以待微妙地传达了作者对权威和世俗道德的蔑视，并呼应了韩寒一贯的挑战姿态和叛逆形象。

同时，娜娜的天真并不仅仅是为了扰乱秩序对正义与非正义的定义。事实上，她与陆子野之间形成了一种互文关系，是陆子野的补充。与后者相比，娜娜像是一个尚未受到秩序打击和碾压，内心仍然纯粹的陆子野。因此，娜娜的天真实际正复写着陆子野的理想主义。作者掩藏在调侃和幽默之后的愤懑和悲哀便通过娜娜的受辱而传达出来。而小说中陆子野目睹娜娜的受辱却无能为力，突出了陆子野的理想主义面对现存秩序时的脆弱。尽管通过娜娜对自己和孩子未来生活的乐观想象，小说似乎保留了抵抗秩序之不合理的希望。然而随着孙老板的消失和自己的患病，娜娜遭受到现实的最后一击。秩序之不合理在此再度显影。而小说更是以结尾处娜娜语焉不详的死亡，将陆子野的"在路上"导向了缥缈之处。

另外，娜娜在小说中也是一个暧昧不明的存在。小说对她的天真与单纯进行了过分夸大的处理，而使娜娜的形象具有了虚假性。例如她认为孩子能出国读书便是有出息，哪怕是去朝鲜；在不正规的医院就医受骗，而医院的信息来自电线杆上张贴的小广告；坚持要给明显是骗局的电视竞猜节目打电话等。这些场景的设置意图增加小说的喜剧效果，却冲淡了娜娜这一形象的真实性。而她作为秩序的被压抑者的意义也随之削弱了。小说因此反而被局限在一种造作的讽刺之中。同时，如果如上文所述，娜娜在小说中实际是陆子野的补充，那么娜娜形象的虚假性也在某种程度上质疑了陆子野所怀抱的理想主义，并进一步动摇了挑战秩序的合法性。

---

① 韩寒:《1988: 我想和这个世界谈谈》，国际文化出版公司 2010 年版，第 11 页。

如果将陆子野与娜娜的旅途视为与秩序交锋冲撞并不断受挫的过程，那么小说结尾处娜娜的死亡便更有了另外的意味。正如娜娜所言："反正我清零不了。不过我如果生了一个女儿，她就是清零的。"① 小说在结尾处，确实以娜娜之死和新生的女婴意指了一种脱胎换骨的可能性，但实际也否定了重生的可能性——获得新生的毕竟不是娜娜的本身。通过生育，小说所应允于娜娜的救赎，实际发生了一次转移。当作者无法给予娜娜本身改变的可能性时，他以这样的一次转移或者说是一次逃避，想象性地召唤了希望的降临。而事实上，在与秩序的碰撞中，天真的娜娜最终还是被击败、被吞噬的对象。而在这背后，隐含的是陆子野本人面对秩序时的挫败。而陆子野只能向那些死去的前行者致意，面对前路依然未卜。"也许我会在那里结识一个姑娘，有一段美好的时光。那会是一个全新的地方。"② 而此时，面对黑暗中的渺茫前路，那新生的女婴是否真的能够承担起重生的希望，也是颇令人怀疑的。从这一意义上看，《1988：我想和这个世界谈谈》看似在调侃中不断冲击着秩序的不合理，然而实际上仍然延续并复现了《三重门》式的迷惘。

（二）嘲讽的意图与臣服的痕迹

作者对秩序不合理之处的嘲讽借助对陆子野初入社会时的一段记述而得到进一步的深化。这也是陆子野关于青春期的一段回忆。如第二章所述，在这些 80 后作者这里，青春期作为少年世界与成人世界的过渡期，是一个充满了矛盾的时期：一方面，还保留着少年涉世未深的天真理想；另一方面，现存秩序不合理的游戏规则扑面而来，对少年心灵造成冲击，并进行规训。而在陆子野对这段青春往事的回忆中，所呈现的正是秩序对赤诚少

---

① 韩寒：《1988：我想和这个世界谈谈》，国际文化出版公司 2010 年版，第 169 页。
② 韩寒：《1988：我想和这个世界谈谈》，国际文化出版公司 2010 年版，214 页。

年的规训过程。

在小说中，青年时期的陆子野是一个充满理想的新闻记者。记者是一个被认为应该去发现事实和揭露丑恶的一个职业，而这也是陆子野曾经所认为应该坚持的。但在小说中，记者被表现为被拨弄的角色。关于什么可见报，什么不可见报，记者并没有真正的决定权。在同事因为一篇报道而被辞退以后，陆子野得到的忠告是，在报道新闻时，"自我审查的时候细致一点，每一个背景都要搞清楚"①。这是陆子野理想的第一次受挫。而此后，由陆子野所撰写的成功商人"酒后吐真言"的采访稿在下厂印刷后，却在对方的干预下停印并替换。这可被视为陆子野所采取的应对与抵抗策略的失效。陆子野在报社的经历实际可被视为理想与秩序的对峙。而在这一对峙中，后者呈现出了压倒性的优势。

在关于这段经历的叙述中，居于中心的是陆子野与艺校学生孟孟的恋情。陆子野曝光了孟孟参演的电视剧剧组资金不到位，拖欠工资等等劣迹。本意在打击剧组，却意外炒作了该剧，博得了眼球，提高了知名度，反而解决了剧组的问题。此处，陆子野的努力抵抗不仅仅是失效，而已经制造了一种反讽的效果。而多年后，当孟孟闻知陆子野曾为了保护她，拒绝了剧组以曝光导演试图"潜规则"孟孟的视频来进一步炒作剧组的企图时，她表示了遗憾："如果当时这段视频能发出去，也许我早就红了。"②在这里，陆子野出于道义和良心的拒绝，反而成为孟孟成名道路上的阻碍。而这正是对景观社会中颠倒逻辑的反映和讽刺。"景观是生活的具体颠倒"③，在这个世界中，每一次对正义的实践都将导致对正义初衷的背离。面对这样的世界，与陆子野相比，

---

① 韩寒：《1988：我想和这个世界谈谈》，国际文化出版公司 2010 年版，第 131 页。

② 韩寒：《1988：我想和这个世界谈谈》，国际文化出版公司 2010 年版，第 159 页。

③ 张一兵：《代译序：德波和他的〈景观社会〉》，载［法］居伊·德波《景观社会》，王昭风译，南京大学出版社 2006 年版，第 16 页。

孟孟显然更加谙熟秩序的生存规则。孟孟作为一个一开始就抱着"我要成名"的愿望进入演艺学校的女孩，因为想要在秩序中证明自己的价值，而渐渐地被秩序的不合理所同化。如果说，在陆子野的汽车之旅中，娜娜是陆子野的补充与呼应；那么在与孟孟的交往过程中，孟孟实际与陆子野的理想主义形成了对比。这也是小说中所言，现实是陆子野与孟孟感情之间最大的第三者；分歧的产生正在于陆子野卑微的理想。[①]为了明确区分两人对秩序影响的不同态度，作者在小说中引入了一个"温水煮青蛙"的故事。

> 我对孟孟说，孟孟，你看，它马上就要跳出去了，煮得再慢也都是这样，不要以为现实可以改变你，不要被黑夜染黑，你要做你自己，现实其实没有你想象的那么强大，现实不过是只纸老虎……
>
> 砰的一声巨响。孟孟赶在青蛙往外跳之前，一把用盖子扣住了锅，旋即把火开到最大，青蛙则在里面乱跳，我看得心惊胆战。
>
> 孟孟一手用力按住，一边转身直勾勾看着我，说，这才是现实。[②]

在这里，"温水煮青蛙"的事件本身显然喻指了个体在现存秩序中所遭遇的束缚和规训；而青蛙能否跳出烧热的水则意味着受制的个体能否有效地识别并抗拒这一规训。在这里，孟孟对现实之残酷的认识显然比陆子野要悲观得多。在孟孟眼中，现实不仅是将青蛙淹没其中的热水，更是青蛙意欲跳出时从天而降的锅盖——断绝了所有的出路和希望。

尽管小说以嘲讽的方式对孟孟妥协于现实表达了某种否定，甚至是委婉的批判，但是，孟孟同时也是娜娜口中的职业楷模和理想投射。当娜娜认出

---

① 韩寒：《1988：我想和这个世界谈谈》，国际文化出版公司 2010 年版，第 159 页。

② 韩寒：《1988：我想和这个世界谈谈》，国际文化出版公司 2010 年版，第 134—135 页。

照片中的孟孟就是她曾艳羡地提起过的"职业楷模"时，作者的态度在这里便显得暧昧不明了。正如前文所指出的，娜娜是陆子野的补充，而孟孟是被否定的陆子野的对照。这里，娜娜对孟孟的羡慕则使小说对孟孟的批判意图受到了消解。而孟孟究竟又是在何意义上使娜娜羡慕不已？呈现在小说中的无非是名利双收，"她的总收入肯定是过千万的，她不光光是卅城的头牌，她可以说是全国的头牌"①。此时，小说在试图抵抗秩序的同时，却在无意间流露对适应秩序者所获得利益的向往。正如小说所谈论的，"因为生活太强大了。最强者总是懒得跟你反驳，甚至任你修饰，然后悄悄地把锅盖盖住"②。以此结合小说结尾处在想象中兑现的新生和未知的茫茫前路，如果说在小说中，理想与现实、抵抗逻辑与臣服逻辑处于角力的状态，那么作者的暧昧态度，正隐晦地传达了前者对后者的让步。

（三）被解构的童年与理想的缺失

有趣的是，小说不仅对当下的叙述与对青春的回忆中对秩序的不合理进行了揭露和嘲讽，甚至是关于童年时代的描写也抽空了其中的理想色彩。如本书第二章所述，在《萌芽》作者群的创作中，童年与少年的时光往往被建构为衬托成人世界与主流社会之污秽的纯洁之地。而事实上，韩寒对这一理想的否定在他 2006 年的旧作《像少年啦飞驰》中已经出现了："有时候我躺在床上，想为什么我还十分怀念我的学生时代。以前的标准答案是——因为那是一个纯真的年龄——去他妈的王八蛋。所有念过书的人都知道那个时代我们是否真的纯真。"③而他在《1988：我想和这个世界谈谈》中呈现出的是更为彻底的否定，是对少年乌托邦的全盘放弃。小说试图通过对少年乌托邦的

---

① 韩寒：《1988：我想和这个世界谈谈》，国际文化出版公司 2010 年版，第 108 页。

② 韩寒：《1988：我想和这个世界谈谈》，国际文化出版公司 2010 年版，第 152 页。

③ 韩寒：《像少年啦飞驰》，二十一世纪出版社 2006 年版，第 84 页。

祛魅，来还原真实的少年世界。这个真实的少年世界再不是独立于秩序之外的一块飞地。其中历历可见不合理秩序侵入的痕迹。

《1988：我想和这个世界谈谈》关于少年时代的叙述可以被大致分为三个组成部分。首先是陆子野与小伙伴之间的共处和游戏。在玩玻璃弹珠时，他们迫于力量的悬殊，不得不饱受年长于他们的临时工哥哥的欺压，不断地输掉弹珠。在这里，少年世界已不再能够为他们提供抵挡威胁的天顶，而无时不暴露在不合理秩序规则的打击之下。而当这群小伙伴中最为勇猛的 10 号奋起反抗临时工哥哥，并在丁丁哥哥出面解决了这一矛盾之后，10 号的反抗行为则巩固了他在少年之间的领导者的地位。而这一地位允许他在夺回的弹珠里分走最大的数目，抢夺角色扮演游戏中小伙伴的角色，压制其他小伙伴的权利等。尽管只是在几个少年之间，但 10 号却已经能够占据最大化的利益，从而使他成为少年群体之中的领导者。可见，小说中的少年世界并非纯洁之地。它不仅无法提供抗衡成人世界的可能性，甚至本身就已经在搬演弱肉强食的逻辑。少年们常常进行的另一个游戏是对日本动漫《圣斗士星矢》的模仿性的角色扮演。对于当时的陆子野来说，这种角色扮演实际具有某种自我认同的作用。少年时的陆子野曾朦胧而天真地认为自己的生命与众不同，肩负特殊使命。而动画片中"不死鸟一辉"不仅在这一使命感的意义上召唤了陆子野的认同，也以自我形象的强大、孤独与对规则的不屑而成为陆子野所钦佩和向往的热血人物的具象化。当 10 号来抢夺他"不死鸟一辉"的称号时，陆子野感受到了一次"信仰崩塌"[1]——"那我是什么？"[2] 这是一种自我认同的崩溃，并最终使陆子野成为被排挤在少年群体之外的弱者和孤独者。在《1988：我想和这个世界谈谈》中，陆子野置身其中的少年群体并未为少年个

---

[1] 韩寒：《1988：我想和这个世界谈谈》，国际文化出版公司 2010 年版，第 41 页。
[2] 韩寒：《1988：我想和这个世界谈谈》，国际文化出版公司 2010 年版，第 42 页。

体提供打破孤立状态、获得亲密情感的可能性，反而使陆子野遭遇了自我认同的危机。以此，小说完成了对少年友情的祛魅，并进一步达到了对少年世界的怀疑。在这里，少年世界早已为成人世界的秩序规则所侵入，甚至在某种程度上成为成人世界的投影。

与对少年友情的祛魅相伴的是对爱情的祛魅。寻找穿浅蓝色裙子的女同学是陆子野少年生活的又一重要组成部分。有趣的是，陆子野的爱情其实是存在于寻找的过程中的——换而言之，爱情存在于想象之中。事实上，在陆子野的那些女同学当中，谁才是那个穿蓝裙子的女孩并不重要。正是那个模糊的影像本身才意味了少年爱情的全部。这一关于爱情的想象为陆子野带来了成长的苦闷与惆怅，并成为陆子野成长的见证。而在这个模糊的影像从想象成为现实之时，与之同来的却是爱情的破灭。当刘茵茵站起来指出陆子野所喊的眼保健操口令漏了"为革命"三个字，而陆子野恰在同时辨认出她的蓝色裙子时，关于爱情的幻想以陆子野的尴尬处境结束了。少年的爱情刚刚从想象投入现实，便迅速被导向虚无。不仅如此，刘茵茵所指出的这个错误更使陆子野得到了一个不光彩的外号："反革命。""从此以后，我再也没有了自己的名字，在这个学校里，我的名字就叫反革命。他们说，你姓反，你姓反，你是反革命。我对他们说，不是，我姓陆，我叫陆子野，我不叫反革命。但是这一切都淹没在群众起哄的浪潮之中。……这么一个女孩子，随口的一句话，我就变成了反革命。"[1]少年的爱情并未如预期一般为成长提供抚慰，反而使陆子野被命名为一个不光彩的存在。这导致了他的自我认同再度阻隔。而尽管陆子野在高中的时候终于鼓起勇气去追求刘茵茵。但这一追求不仅失败，几年后，刘茵茵还最终在与已经成为帮派头目的 10 号约会时遭遇的车祸中丧生。在此，对爱情的祛魅与对友情的祛魅被结合起来。当强者不仅拥有

① 韩寒：《1988：我想和这个世界谈谈》，国际文化出版公司 2010 年版，第 100 页。

了权力、财富，并试图染指陆子野曾梦寐以求的爱情时，再度地，陆子野成为一个无名的存在："老大和老大的女人死了，而我是什么？"① 小说所呈现出的 10 号，从少年群体中的领导者到帮派的头目，搬演的都是秩序中的当权者形象。然而值得注意的是，在小说中，10 号又是陆子野眼中的"热血的人们"② 之一，也因此被陆子野视为自己身体中未被激发的隐秘的一面。陆子野对 10 号既否定又崇拜的矛盾态度，使小说又一次反身自我解构了其对秩序不合理处所进行的嘲讽。

陆子野成长的第三个组成部分是关于偶像的建构和坍塌的经历。丁丁哥哥是陆子野成长过程中最符合理想的具象。丁丁哥哥是陆子野少年时最钦佩的人。他"学习成绩好，血气方刚，总是能挺身而出"③。丁丁哥哥虽然强壮和"热血"，却并不依仗自己力量的强大欺压弱者，反而能够为陆子野这样的弱者提供保护。作为镇上唯一的大学生，丁丁哥哥也是符合主流社会和成人世界的理想典范。而丁丁哥哥的死亡则造成了陆子野在成长过程中认同对象的再一次缺失。对陆子野而言，这使"我是什么"又一次成为一个悬而未决的问题。不仅如此，小说也意图为丁丁哥哥这一形象赋予某种偏离秩序的色彩。在小说里，他曾带着陆子野偷窃了一辆摩托车而无人对他起疑。但是，也正是这一行为，呈现了丁丁哥哥在其"理想"和"典范"之外不为人知的阴暗面。一方面，小说似乎希望借助这一事件来传达丁丁哥哥对秩序规则和定义的反抗；另一方面，也意在嘲讽秩序对于自己所树立的典范人物之阴暗面的忽视乃至遮蔽。但小说对这一事件的叙述却反过来动摇了陆子野将丁丁哥哥树立为其理想的合法性。无论如何，偷窃摩托车并销赃的行为确实是对他人的损害，且并不能以年少轻狂、试图改写秩序的刻板定义来予以开脱。何况

---

① 韩寒：《1988：我想和这个世界谈谈》，国际文化出版公司 2010 年版，第 184 页。

② 韩寒：《1988：我想和这个世界谈谈》，国际文化出版公司 2010 年版，第 35 页。

③ 韩寒：《1988：我想和这个世界谈谈》，国际文化出版公司 2010 年版，第 32 页。

这一偷窃行为更导致了无辜者入狱。除此之外，小说所给予丁丁哥哥的结局是一个交代不明的死亡。尽管小说的叙述意图借此将丁丁哥哥定义为一个在冲撞秩序的道路上死去的前行者。但由于其死亡原因的语焉不详，这一刻意的安排反而使得这一意图失效了。事实上，小说在不断地将丁丁哥哥建构为陆子野理想的过程，也是其形象坍塌的过程。

（四）秩序的束缚与依赖

事实上，丁丁哥哥并不是小说中唯一一次语焉不详的死亡。包括替陆子野改装"1988"、因为袭击化工厂而最终死于狱中的朋友，甚至娜娜在内，小说对这些人物的死亡都缺乏明确的交代。与丁丁哥哥的死亡结局一样，小说给予他们一个触目的收场，只是为了借此来表达他们对主流社会不合理秩序的冲撞。这正是小说结尾处所显示的，"他们替我撞过了每一堵我可能要撞的高墙，摔落了每一道我可能要落进的沟壑"[1]。然而，小说对这些人物的死亡语焉不详的处理却使此处所说的"高墙"和"沟壑"被抽空了所指。这些人物是否能够扮演冲撞不合理秩序之后又遭受秩序碾压的牺牲者，因此也受到了质疑。作者希望能够借助这些人物的死亡来达到对秩序的控诉，无意中却堕入了对控诉本身的消解中去。

另外，陆子野在小说中所扮演的实际只是这些前行者的追随者。"他们先行，我替他们收拾着因为跑太快从口袋里跌落的扑克牌，我始终跑在他们划破的气流里。"[2] 然而这些前行者本身的合法性是可疑的。这动摇了他们所指示道路的正确性，从而也动摇了陆子野所追随的意义。即使这些前行者所践行的正是对秩序的抵抗，当他们死去之后，作为后继者的陆子野的继续抵抗也

---

① 韩寒：《1988：我想和这个世界谈谈》，国际文化出版公司 2010 年版，第 215 页。
② 韩寒：《1988：我想和这个世界谈谈》，国际文化出版公司 2010 年版，第 215 页。

并未获得走出黑暗的允诺。如前所述，小说中的汽车之旅联系着纵情自由的状态。这是对陆子野在现实中所遭受的每一次束缚与每一次失望的反拨，正如小说中所言，陆子野"一个地方一个地方地换，希望自己每到一个全新的地方就能重新来一次"①。但如同小说所记述，在陆子野的每一段成长过程里，即在他的当下、青年、儿童时期，他对秩序的冲撞都宣告失败；在这一次的旅途中，从第一次停留偶遇娜娜，到最后在目的地取得朋友的骨灰，陆子野的每一次停留实际都遭遇了挫折和希望的破灭。旅途本是对精神自由的追求，最终所呈现的却是一种不知何处是归途的精神漂泊状态。而当这一旅途未必指向光明时，小说所讲述每一次失效的抵抗，实际也在隐约地承认孟孟的逻辑，因为"生活它就是深渊"②。正如孟孟所进行的"温水煮青蛙"的实验，在个体意图挣脱时，秩序已然封闭了所有的出路。因此，即使陆子野仍行在寻找的路上，未明的出路也注定这是一次悲观的旅途。

同时，作为那些叛逆者的追随者，陆子野实际鲜少直接与秩序的不合理发生冲突。对比《三重门》中的林雨翔，后者往往在叛逆的冷眼旁观中对秩序表示鄙视，并拒绝与秩序合作；但《1988：我想和这个世界谈谈》中的陆子野被突出的性格却是"乖"："你就是乖，你看，你做过坏人么，你发过脾气么，你做过坏事么，你就是乖乖虎。"③而也正是这种追随者的角色和顺从的性格，实际上暗示了陆子野转向臣服秩序的可能性。让我们再回到小说所叙述的陆子野的梦境里去。

我做了一个梦，梦见我小时候爬在旗杆上。

但是我看见校办厂里的人正在做着仿制的手枪，看见刘茵茵从远

---

① 韩寒：《1988：我想和这个世界谈谈》，国际文化出版公司 2010 年版，第 92 页。

② 韩寒：《1988：我想和这个世界谈谈》，国际文化出版公司 2010 年版，第 92 页。

③ 韩寒：《1988：我想和这个世界谈谈》，国际文化出版公司 2010 年版，第 94 页。

处走来，已经成年的 10 号牵着还是小学生的刘茵茵的手，周围的同学们纷纷把石块抛向我，我说，丁丁哥哥，快来救我。丁丁哥哥却在一边的滑滑梯上盘旋而下，他看起来岁数比我还要小。然后我就不知道被谁绑在了旗杆上，我顿时觉得很安全，至少我不会再掉下来。这时候，校办厂里的阿姨们全都冲出来，所有人都在拿我试枪。我眼睁睁地看着自己被打得千疮百孔，但还是在想，你们千万不要打中我的绳子，否则我就掉下来了。那天的阳光是我从未见过的明媚，那是四十度烈日的光芒，却是二十度晚秋的和风，我从未见过这样好的天气。①

在这个梦境中，那些死去的前行者们，如果不是站在陆子野的对立面（如 10 号），就是无法再为他提供庇护和帮助（如丁丁哥哥）。而使他免受危险的，竟然是那根捆缚他的绳索。显然，这一绳索在这里喻指了秩序对他的束缚。它限制了陆子野的行动而使他不得不对外界的攻击毫无反手之力；但同时，这种束缚也带给陆子野某种程度的安全，使他免于坠落而遭受真正的灭顶之灾。这种矛盾恰恰暴露了陆子野对秩序的真正态度：尽管在感受到秩序的束缚时，他渴望能够挣脱束缚以获得自由；然而当反抗无果且无望时，他反而需要依赖秩序的束缚提供的保护。在此，小说意图展现的对秩序的冲撞终于付之阙如。当对自由的追逐最终只能意味着精神的漂泊时，作者终于借助陆子野的梦境而认同了秩序。

从《三重门》到《1988：我想和这个世界谈谈》，韩寒似乎在讽刺中延续了对秩序不合理之处的一贯揭露和批判。然而就《1988：我想和这个世界谈谈》而言，一个又一个隐藏在小说中的叙事裂隙实际对作者的批判意图形

---

① 韩寒：《1988：我想和这个世界谈谈》，国际文化出版公司 2010 年版，第 210 页。

成了某种程度的抵消。同时，叛逆的主人公退场，取而代之的是以被指认为"乖孩子"的角色。如果说，"在路上"这一姿态本来意图传达的是一种对自由的向往和奔赴，然而在《1988：我想和这个世界谈谈》中，陆子野通过旅途，最终收获的却是一种妥协。以此看来，在生活荒谬而强大的逻辑之下，那些所谓的"前行者"的死亡所传达的并不仅仅是一种"再见了朋友"[1]，更是一种"再见了反抗"。

二、"我们是微茫的存在"[2]：彻底的归顺

与郭敬明以往的作品一样，《小时代》三部曲仍然以其曲折且煽情的情节来吸引读者。而《小时代》三部曲也不出所料地一一进入了畅销书排行榜。小说以上海这座后现代城市为背景，讲述林萧、顾里、南湘、唐宛如四个女孩从大学到进入职场之后的生活经历。大学毕业正是从校园进入社会、从少年世界进入成人世界的节点。少女们之间的少年情谊也随之被赤裸地呈现在光怪陆离的都市景观与都市生存逻辑的冲击之下，接受它们的考验。《小时代》三部曲所着眼的正是这个人生的转折处，描述这四个女孩经过了猜忌、决裂，又重归于好的过程。但小说看似强调了少年情谊的坚不可摧，从而再度延续了郭敬明对于少年乌托邦的书写，但实则弦外有音。

（一）物质的"殖民"

小说《小时代1.0：折纸时代》的开头，即出现了一系列如电影蒙太奇一般迅速切换的画面：地铁站里的乞丐和手提名牌包的白领；星巴克里行色匆

---

① 韩寒：《1988：我想和这个世界谈谈》，国际文化出版公司2010年版，第215页。
② 郭敬明：《小时代1.0：折纸时代》，长江文艺出版社2008年版，第61页。

匆的职员和办公室里气定神闲的外籍老板；外滩门可罗雀的名牌店和江边大道上拥挤的游客。在这些画面中，物质在后现代城市之中的作用已隐约地显影了。而在描述这些画面之后，小说迅速进入了四个女主角在大学开学第一天相会的场景。有趣的是，小说对大学校园的描写所突出的仍然是其物质丰厚的特征：这所大学的建筑前卫奢华，校园里停满了名贵私家车。寝室的条件也极其优越。当顾里从宜家买回了沙发和茶几后，她们甚至有了享用下午茶的习惯。而随着四个女主角大学毕业，进入职场，这种对物质的强调更加明显地体现在小说中。小说中设定林萧等人工作的地方是时尚刊物《M.E》。这为小说直接展示各种名牌衣饰，切换各种高级公寓、购物场所、餐厅等场景创造了条件。

当然，《小时代》三部曲所呈现的也并非仅仅是以顾里、宫洺等为代表的资本占有者的生活。小说中也出现了弄堂中普通的上海人家、地铁站中的乞丐甚至脚手架上的农民工等。然而小说对它们的书写，不是用来衬托富裕者的物质丰厚和优良的生活习惯，而只是后者生活环境的一处点缀。尽管小说已经指出上海是"最美好也最肮脏的海市蜃楼"①，却仅仅将笔触轻轻掠过这些阴暗处，而并未将它们当作叙述的重点。如果说，曾经的《萌芽》作者群对城市的书写缺乏深入的观照和挖掘，而只将城市展现为少年故事发生的底景；那么在《小时代》三部曲中，城市被进一步扁平化，而被呈现为充斥着物质与商品、一切都待价而沽的商业殖民之下的都市景观。不仅如此，这一扁平化的景观反而成为小说实际上的主要表现对象。在《小时代》三部曲中，都市景观看似仍是这些青少年故事发生的背景，但实际这一景观具有的影响已经深入人物生活的各个层面，成了一种主导性的生活模式。

首先，《小时代》三部曲中对物质毫不掩饰地强调和突出，正是商品殖

---

① 郭敬明：《小时代 1.0：折纸时代》，长江文艺出版社 2008 年版，第 177 页。

民作用的体现。"景观就是商品完全成功的殖民化（l'occupation）社会生活的时刻。商品化不仅仅是可见的，而且那就是所见到的全部：所见到的世界就是商品的世界。"①而小说对物质的刻意凸显甚至已经造成小说叙述的断裂。在《小时代2.0：虚铜时代》中，林萧前往周崇光葬礼时，小说对这一悲伤场景的描述却突然中断，突兀地插入了对号称含有钻石粉末的护肤品的使用体验。而这一近200字的描述实则只为比喻天气的阴冷。这段文字的插入使小说叙事中断，并影响了小说对悲伤情绪的营造和渲染。与这种突兀的插入形成对照的是，小说中出现了直接以品牌名称来取代对事物进行描写的现象，如对顾里、宫洺等人的衣饰与生活习惯的描写，往往直接以各种奢侈品牌的堆砌来完成。这种堆砌损害了小说的表现能力，甚至使小说像一本奢侈品牌的花名册。《小时代3.0：刺金时代》中提到，顾里的购物原则已经变成"贵，很贵，非常贵"②，《小时代》三部曲似乎也是以这样的原则来选择与其人物和故事场景"相衬"的道具。在这一意义上，与其说《小时代》三部曲是对当下都市生活的描述，或青年成长的一个横截面，不如说是在对金钱与商品在社会中的急剧扩张的直接呈现。

其次，这一都市景观无处不在。置身于这一都市景观中的人们只能被动地接受景观。对他们而言，无论是劳动时间还是闲暇时间，生活的模式都是由景观事先制造和提供的。小说不惜笔墨，呈现了宫洺等精英们优雅的形象和舒适的生活享受。这些都是常人所不可企及的社会劳动成果的副产品。而在小说中，这些副产品正如德波所言，"竟魔法般地将自己置于社会劳动成果之上，并作为它的最终目标：权力和休闲——决策和消费是这一永远不被置疑的过程的主要部分"③。换而言之，小说中，每一个努力工作的个体，或是

---

① ［法］居伊·德波：《景观社会》，王昭风译，南京大学出版社2006年版，第16页。
② 郭敬明：《小时代3.0：刺金时代》，长江文艺出版社2011年版，第153页。
③ ［法］居伊·德波：《景观社会》，王昭风译，南京大学出版社2006年版，第22页。

为了攫取更大的权力，或是为了占有更多的财富，获得更奢侈的生活享受。另外，在小说中，这一景观社会为不同阶层的个体准备了不同的楷模。同为"金字塔顶端的贵族们"[①]，比顾里更早进入职场，并拥有更多社会资源的宫洺，是顾里效仿的楷模和竞争的对象。而 Kitty 作为宫洺的助理，无论是宫洺工作方面还是个人癖好方面的要求，她都能够有条不紊、滴水不漏地完成。这样的工作能力使她迅速成为林萧的楷模。有趣的是，在这里，林萧自觉地将 Kitty 作为她的楷模，而不会"僭越"阶层，直接将宫洺作为她的奋斗目标。如果说，这一景观社会呈现出一种金字塔式的阶层分化，那么它已经先在地为身处社会不同阶层的个体制造和提供了不同的生活模式。当这些不同阶层的个体通过内化这些生活模式而接受这一阶层分化时，他们将被彻底地捆绑于他们所属的阶层之中，从而使阶层的分化得到固化。

而《小时代》三部曲对景观社会的接受更体现在小说企图对这些金字塔顶端的少数者占有资本进行合法化，以及对金字塔底层的人的彻底贬抑。顾里是小说四个女主角中唯一的"富二代"，却不是貌美而无脑、只会坐吃山空的富家女。相反，在小说中，顾里是聪明并且勤奋的形象。大学时，顾里读双学位、拿奖学金，并已经在顶尖的专业财经时政杂志上发表文章；父亲过世之后，顾里接管公司，更借助 Constanly 集团收购盛古集团的机会，顺利度过了公司的财务危机。尽管已经有了如此能力，但顾里仍然勤勉努力。在顾里成为《M.E》的财务总监之后，小说更通过林萧的眼睛来描述她甚至在早上五点就已化好了精致的妆，精力充沛地准备工作。不仅是顾里，小说中其他的"富二代"如顾源、宫洺等，也一样地刻苦努力。"当我沉睡在被窝里的时候，当我为我的爱情心花怒放的时候，他们喝光了新的一杯咖啡，揉揉眼

[①] 郭敬明：《小时代 3.0：刺金时代》，长江文艺出版社 2011 年版，第 177 页。

睛，继续新的事情。他们握着手机在沙发上稍微闭眼休息一个小时。"①小说希望借此传达的，是这些资本占有者占据的财富实际来自他们本人的努力，来自一种天道酬勤的公平逻辑，并将这一阶层分化并逐渐固化的景观社会描述为"最残酷也最公平的寒冷人间"②。于是，这些居于塔尖之上的人群不仅占有资本，还占据了舆论与道义的优势。这看似公平合理的逻辑，掩盖的是那些被严苛要求和对待、被迫匍匐的下属和底层。这是对商品全面殖民后的金钱至上原则的再度认可，也正是景观社会颠倒逻辑的又一体现。

尽管《小时代》三部曲也在叙述中强调，进入上海的金字塔尖，便意味着"踩着尸体和刀尖往前冲……没有灵魂地一步一步朝巅峰疯狂地跑"③。但是小说对顾里、宫洺的呈现却恰恰弱化了这一点。无论是顾里对待林萧等"姐妹淘"，还是宫洺对待弟弟周崇光，都表现出了一种重情重义的负责甚至是纵容。不同于其他一些文学作品对资本占有者只问经济收益而摒弃道义良心的形象塑造，《小时代》三部曲中的这些资本占有者，被突出的是一种赤诚和至情的品质。在这一小说之中，脉脉温情并非这些资本占有者们的面纱和遮羞布。它在小说中的存在使有钱有权阶级的形象更加高大完美，是小说合法化与理想化这些资产者的重要手段。被赋予了"人类品质的全部声誉"④之后，他们被作为都市景观之中的明星和楷模而隆重推出。相形之下，顾里的刻薄、宫洺的洁癖等缺点，反而成为无损其声誉的点缀，以使他们的形象略有瑕疵，从而能够更贴近日常生活中的平凡个体。而这种高高在上却又贴近生活的形象，也暗示了一种模仿的可能性，更进一步地将理想导向了以资本为主导这一同一式的陈腐。

---

① 郭敬明：《小时代 1.0：折纸时代》，长江文艺出版社 2008 年版，第 87 页。

② 郭敬明：《小时代 1.0：折纸时代》，长江文艺出版社 2008 年版，第 87 页。

③ 郭敬明：《小时代 1.0：折纸时代》，长江文艺出版社 2008 年版，第 136 页。

④ ［法］居伊·德波：《景观社会》，王昭风译，南京大学出版社 2006 年版，第 22 页。

而在顾里等资产者的理想化形象的映照下，林萧、南湘等弱势群体则被进一步弱化。小说中对顾里等人热忱赤诚的表现自然是建立在他们与林萧等人的友情上的，他们的精明能干也是通过与林萧等人的对比来传达的。可以说，林萧、南湘、唐宛如等人，实际就是顾里这些"明星"们必不可少的反衬。正如上文所引的文字所表明的，当已跻身精英的顾里仍在时刻为提升自己和投入工作而兢兢业业时，林萧等却沉溺在爱情的幻梦中。而林萧等人制造的麻烦往往也是由顾里等人来完美地收拾残局的：无论是在简溪倾慕者之一的林汀跳楼时，顾里指导同是自杀推动者的林萧伪装不知内情的路人；还是顾里轻而易举地为南湘解决了她在夜店陪酒后携带客人的钱款潜逃的事端。大小麻烦，顾里都能游刃有余地化解。在这里，作为反衬与凸显的底景，林萧等"塔底人群"如同一面变形的镜子，映照出资本占有者的高大和理想化。因此，尽管在四个女孩中，林萧看似小说的叙述者和线索人物，但真正的主角实际却是顾里。而作为对比的，是林萧这些人对顾里的寄生和臣服。小说中所呈现的是，她们心安理得地居住在顾里提供的高级公寓里，并在顾里"我买单"的保证下，以陪同顾里为名进出各种高级消费场所。与此形成对照和呼应的则是林萧等对顾里刻薄、嘲讽的逆来顺受、无动于衷。林萧等人形象地诠释了底层人物在景观社会中栖身的途径：臣服。这种彻底的臣服使林萧即使在顾里手术前最需要她的时候因为胆怯几乎缺席，差点导致手术无法进行，却仍然能被宽宥而未被排除出这一景观社会。同时，尽管小说往往将顾里对林萧等人的嘲讽和挖苦处理为一种对后者忠言逆耳的劝告和无伤大雅的玩笑，但这些话语之中仍然满含对后者的贬抑。小说对这一贬抑的掩盖，也需要借助被嘲讽者的彻底臣服这一前提才能实现。而小说的这一掩盖，正意味着资产者对话语权的攫取和占有，又一次地传达了对金钱至上原则的确认和强调。

（二）少年情谊的危机

这一金钱至上原则的介入也影响了《小时代》三部曲中关于少年情谊的叙述。对林萧、顾里、南湘、唐宛如四人从高中到工作的友谊的叙述是小说最主要的部分。事实上，友谊也是贯穿郭敬明小说创作的最为重要的主题之一。如傅小司与陆之昂（《1995—2005 夏至未至》）、齐铭与易遥（《悲伤逆流成河》），关于这些人物的故事，都在诠释着郭敬明对友谊的定义："我的朋友是我活下去的勇气，他们给我苟且的能力，让我面对这个世界不会仓皇。"[①]在郭敬明这里，友谊是他构筑少年理想的重要依凭。在《小时代》三部曲中，作者试图将这一定义再度赋予林萧等人的友谊。

因此，在《小时代》三部曲中，林萧等人的少年情谊首先就被建构为对抗后现代都市的少年乌托邦。《小时代》三部曲可以被视为林萧们成长的过程。显然，小说延续了少年世界与成人世界对立的主题。大学时的学生宿舍和毕业后她们共同居住的高级公寓，正是少年世界的化身。而小说中，四个女主角从校园之中无话不说、心心相印的姐妹之情，到工作之后的相互猜忌、怀疑，便可被视为现实秩序的不合理之处对少年情谊的倾轧。基本上，《小时代》三部曲的情节都是沿着误会、猜忌、决裂、重归于好的模式推进的。正如在《小时代 3.0：刺金时代》中，当南湘与林萧、顾里等关系恶化时，关于顾源与简溪的暧昧玩笑适时出现了。这是少女时代为她们所熟悉的话题。在此时矛盾一触即发的情况下，却使她们仍然能够不约而同地交换心照不宣的眼神，而使冲突免于激化。这样，借助对少年往事的追忆，小说使少年情谊得以延续。过去的少年时光犹如一个光芒四射的梦境。借助这一梦境的光亮，小说无数次地化解了四姐妹决裂的危机。只有依赖这一对过去的回想和纪念，

---

① 郭敬明：《回忆中的城市——不是后记的后记》，载《幻城》，春风文艺出版社 2003 年版，第221 页。

少年乌托邦才至少在表面上具有了不可摧毁性——只有在"我们曾经无话不说、掏心掏肺"[①]的基础上,才能有现在"往彼此身上泼咖啡,然后再抱在一起哭哭啼啼地说我爱你"[②]。

但也正是由于借助了这个光芒四射的梦境,小说悬置了四姐妹间的矛盾真正的解决过程,而往往呈现为一种语焉不详的想象性和解。当顾里与南湘的男朋友席城发生肉体关系,南湘怒不可遏地往顾里脸上泼红酒时;当唐宛如暗恋的卫海成了南湘的男友,而唐宛如举报了南湘藏毒时;当顾里阻止了南湘试图在《M.E》谋一份助理的工作而被林萧等误会时,小说都以少年回忆的出场来轻易地化解争端,挽救日趋倾圮的少年乌托邦。但这些未获得真正解决的矛盾不断累积,最终唐宛如、南湘等纷纷搬离顾里的高级公寓,少年世界终于濒于分崩离析。此时,小说以顾里病危之时的姐妹重聚来冰释前嫌,以弥合少年世界的裂缝。但实际上,这是对那些矛盾争端的再度悬置。这种悬置实际暗示了少年友情在现存秩序时的无力感:少年友情只能倚仗想象性的方式出场,将日益激化的矛盾不断延宕,从而维持自身的想象性完满。因此,随着顾里病愈、解决经济危机这些主要矛盾的消失,四姐妹间的矛盾可能再度显露时,小说最终以一场大火永远终结了危机降临的可能性——唯有死亡,才能力保少年乌托邦的完整。这也正如小说所言:"大家一起活活埋葬在水晶般闪耀的冰块里,千年万年,青春常驻,永垂不朽。"[③]少年乌托邦的圆满借助死亡而降临。但这一圆满也意味着生命与希望的永远终结。它最终将小说所建构的少年乌托邦指认为一个虚妄的想象。事实上,这正意味着少年乌托邦面对着成人世界时的全面惨败。

少年往事之所以谓之往事,即意味着一种被时代的前进所抛弃的过去。

---

① 郭敬明:《小时代 3.0:刺金时代》,长江文艺出版社 2011 年版,第 55 页。

② 郭敬明:《小时代 1.0:折纸时代》,长江文艺出版社 2008 年版,第 272 页。

③ 郭敬明:《小时代 1.0:折纸时代》,长江文艺出版社 2008 年版,第 269 页。

虽然小说在叙述中不断地强调少年时光的美好和友谊地久天长，然而也正是在追忆中，少年时代最终成为被告别和抛弃的时光。少年乌托邦也随之风雨飘摇。而这也正是为什么当林萧在再度与顾里、唐宛如共坐饮茶的熟悉场景里，却再也找不到曾经的安全感。即使她身处少年乌托邦之中，也知道外面世界的危机已悄然逼近。正如小说所言，"我们都想停留在青春的花园里，但世界却朝前迈着巨大的步子"①，而她们只能跟随，不可停留。在《小时代》三部曲中，林萧们对于时代的裹挟和秩序的异化与其说是垂死挣扎，不如说是听之任之。而随着其他三个女孩子大学毕业，进入职场，尚未找到工作的唐宛如实际成为她们少年乌托邦的遗迹。是唐宛如收藏了有关她们学生时代的种种纪念品，并命名为"最美好的时光"；也正是唐宛如被无端卷入其余三人的争端中而受伤毁容，而中断了几乎要激化而爆发的矛盾。在这里，唐宛如作为她们少年时光的化身，化解了由现存世界与秩序为她们制造的矛盾。但同时，她也受到了无辜的伤害。这也意味着少年乌托邦在面对现存秩序时的无力和尴尬。因此，尽管在与唐宛如相处时，林萧往往"有一种时间倒流的错觉……我们依然是骑着单车在大学校园里追着鸽子跑的菁菁学子"②。然而这种温情的回忆是林萧一厢情愿的自欺欺人。事实上，此时的唐宛如不仅已经无法跟上其余三人的变化，并变本加厉地成为被她们嘲笑和遗弃的对象。而唐宛如所受到的伤害、嘲笑和遗弃，实际正是其他人对她们少年时光的真正态度。小说实际上否决了重建少年乌托邦、重返少年时光的可能性。唐宛如"最终活成了一个过去的幽灵……她看着我们的时候，目光里有一种不舍，和一份连她自己都不抱希望的期盼"③。这种"不抱希望的期盼"，正是对无法重返的少年时光的期盼。也正是在无法重返的意义上，少年时光才被赋予了

① 郭敬明：《小时代 1.0：折纸时代》，长江文艺出版社 2008 年版，第 290 页。

② 郭敬明：《小时代 1.0：折纸时代》，长江文艺出版社 2008 年版，第 262 页。

③ 郭敬明：《小时代 1.0：折纸时代》，长江文艺出版社 2008 年版，第 161 页。

"最美好的"含义。小说对这一美好的强调，实际传达的是对现存秩序的一种臣服和归顺。《小时代》三部曲借助少年们对抵抗的放弃，更为彻底地妥协于秩序。

（三）"小时代"何谓

《小时代》中少年情谊面对商品"殖民"的全面归顺，也为理解何为小说标题中的"小时代"提供了路径。

小说对顾里、宫洺等人理想化与合理化的塑造，显示了这是一个由资本占有者统治，而被剥削者彻底贬抑的时代。在这个时代中，资本占有者的生活成为理想的具体投影，而对宏大理想的书写已然缺失。当顾源直接将金钱作为礼物赠予顾里时，尽管顾里并不领情，但在林萧与南湘的眼里，这却是一种梦寐以求的、货真价实的浪漫——借助这一书写，顾里、顾源二人的爱情才在金钱的介入下更具有了"金童玉女"式的理想化色彩。这是通过被剥削者来达到的对资本占有者的又一次认可。有趣的是，在此，曾被《萌芽》作者群鄙视的金钱反而成为浪漫的最佳注脚。理想与不合理现实的同化，再度体现了这个时代为商品与金钱原则所殖民的结果。同时，这种单一的理想也使这个时代呈现出了平面化和单向度。阶级的差别在小说中被弱化甚至遮蔽。宫洺作为《M.E》杂志的执行主编，以他的容貌、才华、家世、社会地位而成为无数人向往的神话。当林萧向她的好友们抱怨宫洺的种种怪癖时，她们却将讨论的焦点集中在宫洺的容貌以及他昂贵的外套上。而这其中不仅包括了作为四个伙伴隐在核心的"富二代"顾里。平民出身的南湘，小康家庭的林萧、唐宛如与顾里共同分享了相同的理想与向往——尽管以宫洺为代表的"理想生活"是建立在对她们的贬抑和剥削之上的。这正意味着在这个景观社会中阶级差别的被弱化。这种相似的理想"并不表明阶级的消失，而是表明现存制度下的各种人在多大程度上分享着用以维持这种制度的需要和满足"①。这同时也意味着批判与抵抗的消解。

如上文所述，林萧等的彻底臣服是这一时代抹杀阶级差别的平面化的另一表现。正如顾里的目标是宫洺，林萧选择的楷模是宫洺的助理 Kitty。Kitty 在小说中是一个微妙的存在。尽管从一个小助理的工作开始到现在，她已经与顾里一样，可以使用各种高档衣饰并出入各种高级办公与消费场所。但与其说这样的生活来自她的努力，不如说是来自她对资本的臣服。作为宫洺的助理，她完成工作时恪尽职守。但同时，她也为宫洺的父亲宫勋监视宫洺的行动。对于 Kitty 而言，这并未带来道义上的矛盾和冲突。她所臣服的并非宫洺或宫勋个人，而是这一时代中金钱至上的原则及弱肉强食的逻辑。而 Kitty 所获得的，正是这个"小时代"所应允给它的臣服者的。从小助理到高级白领，Kitty 的成长在某种意义上也是一种奋斗的过程。然而她的奋斗过程实际是一种对臣服的贯彻。它并未超出过"小时代"的秩序为她划定的阶级和位置。作为林萧所选择的榜样，Kitty 也预示了林萧所可能拥有的未来。它与林萧在当下对顾里／资本的臣服也是相互应和的。作为景观社会所展示的被贬抑者的楷模，Kitty 显示出了一种异质性。作为被贬抑者，她在景观社会中只能完成景观社会所允许做到的事，而非真正可以做到的事，显示了"人在景观社会中是被隐性控制的，不得不无意识地臣服于景观制造出来的游戏规则"②。

因此，对于林萧等被贬抑者来说，"小时代"正意味了一个抑制性的社会。在这个世界中，资本占有者成为当之无愧的宠儿；而被贬抑者只能通过寄生与臣服分得一星冷炙。但小说通过对被贬抑者之抵抗的消除将平面化的

---

① ［美］赫伯特·马尔库塞：《单向度的人：发达工业社会意识形态研究》，刘继译，上海译文出版社 2008 年版，第 8 页。

② 张一兵：《代译序：德波和他的〈景观社会〉》，载［法］居伊·德波《景观社会》，王昭风译，南京大学出版社 2006 年版，第 29 页。

都市生活进一步呈现为一片和谐的景象。这是这一抑制性社会的新的统治方式。在小说所展现的世界中，上海这座大都市之中的日渐扩大的贫富差距被刻意掩盖；日益尖锐的阶级冲突被有意消弭；个体历史的作用也逐渐薄弱；原本承担抗衡意义的少年情谊渐被废弃。这一世界最终淹没于被消费与恋物所煽动起的"伪节日"① 氛围中。然而正是在这个"伪节日"的氛围中，消费所刺激的对物质丰厚的需求带动了抑制性社会继续发展。它"愈是合理、愈是有效、愈是技术强、愈是全面，受管理的个人用以打破奴隶状态并获得自由的手段与方法就愈是不可想象"②。同时，正如德波对景观社会的认识，在这个社会中，"真实发生的事情是景观正在更高的强度上展示自身、复制自身，那些作为真实生活展示的东西，结果证明不过是一种更加真实的景观的生活"③。这正是小说通过林萧、顾里等分属不同阶级的人所展示的。他们所未抵达、期盼抵达的未来，被证明不过是一处又一处的都市景观，且永无止境。当林萧自我安慰，一觉醒来，自己还是"在这个盛世的时代里，被宠幸的一群人"时，实际上她自身也进入了这一景观社会所给予的"甜美而又虚伪的谎言"中。④ 以此观之，《小时代》三部曲所展示的并非当下青年人的生活。作为都市景观的一部分，这些青年只是表现在经济制度中，表现在资本的活力中。这一资本的动力就是："物的统治和永远年轻；物的竞争和相互替代。"⑤ 而这正是《小时代》三部曲所能呈现的"小时代"。

---

① ［法］居伊·德波：《景观社会》，王昭风译，南京大学出版社 2006 年版，第 71 页。

② ［美］赫伯特·马尔库塞：《单向度的人：发达工业社会意识形态研究》，刘继译，上海译文出版社 2008 年版，第 7 页。

③ 张一兵：《代译序：德波和他的〈景观社会〉》，载［法］居伊·德波《景观社会》，王昭风译，南京大学出版社 2006 年版，第 70 页。

④ 郭敬明：《小时代 1.0：折纸时代》，长江文艺出版社 2008 年版，第 108、220 页。

⑤ ［法］居伊·德波：《景观社会》，王昭风译，南京大学出版社 2006 年版，第 24 页。

三、"有人瞩目就好，不管大时代小时代"①：殊途同归

2014 年 7 月，由郭敬明执导的电影《小时代 3：刺金时代》和由韩寒执导的电影《后会无期》相继上映。这成为当年暑期档热门的话题之一。郭敬明与韩寒作为曾经 80 后写作者的代表人物，媒体与评论对他们二人的对比从未中断。此次的电影也不例外。相比《小时代》系列电影对金钱与物质毫不掩饰的呈现和臣服，《后会无期》在海报和片花曝光之后便被评论赋予了更多的理想主义、艺术至上的色彩。然而事实上，《小时代》系列电影②与《后会无期》相去并不遥远。无论是《小时代》系列电影中令人眼花缭乱的都市景观，还是《后会无期》中一路荒凉的旅途，最终都走向了对主流的认同和臣服。这两部电影，看似不同的酒杯，所浇的却是相似块垒。

（一）《小时代》系列电影：臣服的再度强调

2013 年暑期，郭敬明导演的《小时代 1：折纸时代》与《小时代 2：青木时代》相继上映，成为当年暑期档引发热议的文化事件。2014 年 7 月，《小时代 3：刺金时代》上映，再度引起热评。《小时代》系列电影在小说情节的基础上进行了些微修改，但中心故事所讲述的仍然是林萧等四个女孩的成长故事。与小说相比，电影对小说的影像化使后者对"小时代"的记述获得了更为直观的表现。

从某种意义上说，《小时代》系列电影之中也存在着与现存秩序角力的企图。电影对小说强调少年情谊的延续正表明了这一点。《小时代》系列电影的前三部，电影都是以林萧等人中学的场景开始的；第四部则在简短交代了四

---

① 电影《小时代》片尾曲。
② 《小时代》系列电影实际上是一个整体，因此，本书将之视为一个整体进行讨论。

个主角不同的童年生活之后，也迅速切入了四姐妹学生时代的场景，开始叙述她们的友谊是如何开始的。而电影《小时代 1.0：折纸时代》开场时与《小时代 4：灵魂尽头》结束时林萧等人所演唱的歌曲《友谊地久天长》首尾呼应，正契合了片中所宣称的"时代姐妹花，永远不分家"[①]。这也是电影阐述的主题之一。另外，电影叙事的主要内容是林萧等四人少年情谊在成长过程中所经历的危机，并通过这些危机的化解来达到对上述主题的阐释。不同于小说中四姐妹之间的冰释前嫌往往借助回忆中的少年情谊来完成，在电影中，危机化解的过程常常直接被悬置了。如在《小时代 2：青木时代》中，南湘因为顾里与她的男友席城发生肉体关系而与其余三人决裂。然而在《小时代 3：刺金时代》中，南湘已经返回由顾里租下的、与林萧等人同住的公寓之中。而对于矛盾化解的交代，只有南湘的一句"顾里，谢谢你可以原谅我"[②]。这样，电影所呈现只有姐妹决裂和重归于好的结局，危机化解过程的缺失使得"时代姐妹花，永远不分家"的少年情谊只能是一种想象性的完满。而这种以想象来弥合少年情谊也是每部电影片头关于中学时代姐妹四人齐心合力的小故事所意图达到的。而正是这一想象性弥合也暗示了在这样一个时代，少年情谊意图历久弥新所面对的艰难。

在描写少年情谊的同时，后现代大都市的景观在电影中得到了更加不遗余力的展现。在前三部电影的片头回忆中学时代的叙事之后，电影接续以大全景展现的上海林立的高楼大厦。除此之外，都市景观对物质的突出也在电影中随处可见。如《小时代 1：折纸时代》中宫洺所住的位于市中心的玻璃房子；《小时代 2：青木时代》中的"这里的洗手间真不错，和林萧家的客厅差不多"[③]的餐厅；《小时代 3：刺金时代》中在顾里等人遭打劫后追赶抢匪之

---

① 电影《小时代》台词。

② 电影《小时代 3：刺金时代》台词。

③ 电影《小时代 2：青木时代》台词。

.

时，安排顾里进入名牌店中疯狂购物；《小时代4：灵魂尽头》之中顾里摆满名牌衣饰的宽敞客厅。不仅只是对商品景观的展示，物质与商品在电影中也为失意的主角们提供安慰。《小时代1.0：折纸时代》中，在平安夜里，林萧、顾里、南湘、唐宛如四人都遭遇了爱情的挫折与打击。她们集聚在顾里的家中，在姐妹四人互诉衷肠、追忆往事之后，是顾里向姐妹打开了自己的衣柜。这场疗伤最终被呈现为四人身着礼服，手捧香槟的狂欢。当镜头拉过顾里巨大的衣柜里琳琅的衣饰鞋包时，与其说这是一种情感创作的疗治，不如说是一次商品的展示。讽刺的是，亲近的情感带来伤害，而带来安慰的反而是冰冷的物质与商品。在此，物质已不再仅仅是林萧们生活的背景，它以不可阻挡之势进入了她们的情感和生活之中。而这正显示了商品殖民的无处不在。同时，也只有作为资本占有者的顾里，能够为姐妹疗伤提供物质基础，并向姐妹赠送奢侈品牌的衣饰作为礼物。电影在印证了景观社会中颠倒的逻辑的同时，也表现了对资本的臣服。

正是在这种景观社会的统治之下，在电影中，顾里更为明显地成为姐妹之间的核心人物。比之小说，顾里在电影中展示了更为突出的才能。《小时代1.0：折纸时代》故事的高潮是《M.E》与林萧等人在读的大学合办的一场时装设计大赛。而在这一次比赛中，顾里不仅仅只是校方的代表。首先，她解决了南湘因为不符合参赛资格而无法参加比赛的问题；其次，在林萧选定的户外秀场由于大雪而无法投入使用时，顾里又及时地提供了备用场地。在《小时代3：刺金时代》中，当唐宛如受袭重伤而人事不省时，林萧等人的第一个求助对象也是顾里。而《小时代4：灵魂尽头》中，当四姐妹矛盾激化、少年乌托邦濒于倾覆之际，是顾里的一系列举动为她们的姐妹情谊修补了裂痕：她为受伤毁容的唐宛如找到上海最好的整容医生；赠送北京的房产给正在北京独自打拼的南湘；为林萧买好她喜欢的婚纱。尽管电影与小说一样，以顾里在高中时期就已在学习大学的课程来表明她本人的智商之高、能力之强。但显然，顾里能够如此神通广大，显然是由于她所占有的资本和由此带来的人脉，正如顾里帮助南湘进入比赛并不是由于她的口才说服了校长，而是因为学校的负责老师是她的舅舅。《小时代 4：灵魂尽头》中顾里为修补姐妹情谊的种种作为，没有坚实的物质基础根本就不可能做到。而相比之下，林萧这样的被贬抑者只能充当顾里的跟班，或是给宫洺买咖啡、送文件的小助理。他们在不堪的处境里扮演不堪的角色。电影中她们对顾里、宫洺这样的资本占有者的顶礼膜拜通过两个细节表现得更加彻底：一是林萧等姐妹之间不断搬演的对顾里的"女王加冕仪式"；二是林萧面试时在宫洺面前"五体投地"的一摔。无论是顾里高傲地居于画面中心，还是宫洺在仰拍画面中的冷漠眼神，都在与被贬抑者的毕恭毕敬的相互映照中，形象地显示了这个"小时代"究竟以何为中心。正是因为如此，电影中四姐妹的和好如初必须发生在顾里大病初愈的病榻之前。有趣的是，在这一场景中，顾里往往处于画面的主导位置，而曾经被她伤害与背叛的林萧们环绕她周围，成为讨好的、乞求原谅的那一方。在顾里 / 资本占有者的刻薄、高傲与林萧们 / 被贬抑者的自我贬低之中，又一次"女王加冕仪式"完成了。而与此同时发生的情节是，此前一度为父亲遗留下的财政危机逼至绝境的顾里发现父亲竟为她留下一屋金矿砂。少年情谊的修复与财富的获得同时发生，意味着顾里不仅重新成为四姐妹的"女王"，也重新成为这一"小时代"的"女王"。

另外，《小时代》这一系列电影另一条叙事主线是顾里与宫洺这两个资本占有者之间的斗争。而林萧等人被裹挟其中，如若不愿意像唐宛如一般成为"顾里养的一条狗"①，摆脱对顾里的依附，就只能投靠宫洺。正如《小时代 3：刺金时代》中所呈现的，南湘因为经济的拮据而被宫洺收买以监视顾里；而林萧为了保住自己的工作向顾里隐瞒了从宫洺处得知的对她不利的消息。对

----

① 电影《小时代 3：刺金时代》台词。

于林萧等被贬抑者而言，奋斗就是要么依附这个资本占有者，要么投靠那个资本占有者，电影并未给予他们其余的道路。对于被贬抑者来说，如果无法占有资本，那么就只能是永远的臣服者。那么在此意义上，影片所指的奋斗和励志①又究竟何谓？同时，林萧与南湘争取独立的奋斗在电影中又被直接与"背叛"画上了等号："顾里对你那么好，你都可以背叛她。"②这与顾里对朋友"不锈钢的嘴，棉花糖的心"③式的外冷内热再度形成了对比。而在这个对比中，顾里作为慷慨的施予者与最终的被损害者，一次又一次地谅解了林萧、南湘等人，并一次又一次不计前嫌地对她们施以援手，从而在道义上再度占领了制高点。可以说，这里少年情谊的分裂与团结实际被等同于对顾里的背叛与回归。而回归的关键在于顾里对朋友的宽宏大量。事实上，顾里的台词"每个人都应该有一次被原谅的权利"④所针对的并非顾里本人，而是林萧等人的背叛。事实上，正是由于顾里的谅解，四姐妹的少年情谊才有弥合和延续的可能性。从这一意义上说，少年情谊趋于弥合的关键，是资本占有者的宽容和被损害者的再度臣服。在此，以资本占有者的更加高大和被贬损者的愈加渺小，资本的地位在电影之中再度被凸显。

尽管电影不断强调林萧、顾里等四姐妹少年情谊的完整与稳固，并试图以此来传达与景观社会角力的含义。但这一意图在电影的叙事中被动摇了。从这一少年情谊所置身的外部环境来说，是物质和商品对亲近情感的异化作用；而从少年情谊本身来说，是它的延续必须建立在对顾里这一资本占有者

---

① 2013年7月15日，《人民日报》刊登批评《小时代1：折纸时代》价值观不正确的文章。对此，《小时代》出品方回应质疑，表示"会在《小时代2》的宣传上，重点强调影片中积极、励志的正面价值观"。参见关力制《"小时代2"出品方：会重点强调励志正面价值观》，《长江日报》2013年7月17日。
② 电影《小时代3：刺金时代》台词。
③ 电影《小时代3：刺金时代》台词。
④ 电影《小时代2：青木时代》台词。

作为核心的确认和臣服之上。就此而言，电影对少年情谊的强调与它对物质、商品的呈现是一体的，最终都指向了对资本的臣服。在这一意义上，电影《小时代》只是对小说更进一步的具象化。它同样既是对景观社会的表现，也是景观社会的产物。

（二）《后会无期》：无法突破的收编

较之电影《小时代》对物质和拜金毫不掩饰的推崇，韩寒的《后会无期》一开始是被定位为一部文艺片的。因为其更为朴素的风格和对不追求票房目标的标榜等，在与《小时代》对比中，《后会无期》被认为承载了更多的理想主义色彩。① 电影《后会无期》借用了韩寒小说《1988：我想和这个世界谈谈》中"在路上"这一形式。电影以送江河前往西部工作为由，由马浩汉驾驶汽车，胡生陪同，串起了三人的一次汽车之旅。这同行的三人都来自偏僻贫穷的东极岛。三人中，马浩汉曾离开东极岛在外闯荡，似乎熟谙人情世故，显得大胆而油滑；江河是东极岛上的老师，谦和、纯良而富有正义感；胡生则有智力的缺陷，显得愚钝而天真。他们这一路的遭遇，和这些遭遇所带来的改变是电影叙述的重点。

这一旅途首先是一个信念不断破灭的过程。以他们一路遭遇的周沫、苏米、刘莺莺、阿吕这四个人物，电影可以被分为四个部分。而这四个部分正是四次否定的过程。周沫是马浩汉与胡生童年的玩伴，是故乡东极岛的象征。而他们与周沫告别时，周沫正在工作的片场拍摄一场枪决的戏。此时片场有人对频频回首告别的周沫说："别再回头看了。"② 这显然是对故乡和过去的否定。同时，周沫在城市闯荡多年，仍然只是一个替身演员。尽管她相信城市

---

① 参见罗薇薇《韩寒宣传〈后会无期〉：我一直很克制地在做这部电影》，2014 年 7 月 27 日，南报网（http://www.njdaily.cn/2014/0727/900408.shtml）。

② 电影《后会无期》台词。

的遭际会比小地方公平一些，但电影在此仍然传达了对天道酬勤的质疑。苏米是江河爱情幻想的具象化。然而三叔等人的出现使这一幻想旋即破灭。在苏米的脆弱、怯懦之后隐藏是三叔等人的暴力和金钱骗局。而苏米参与骗局的原因在于她被始乱终弃，怀有身孕却无钱出国。这表明秩序并未给予受伤的弱者以帮助。尽管苏米"从小到大都是优"①，然而能力的高下却未必能够使她在秩序中获得相应的地位。这是对秩序不合理又一次揭露。对马浩汉而言，刘莺莺不仅是爱情的破灭，更是父亲权威的幻灭。在马浩汉的叙述中，他的父亲在 1994 年的强台风中死于海上，以冒险精神成了他的偶像。但在刘莺莺揭露的真相中，马浩汉的父亲实际借助那次台风，以伪装自己的死亡而彻底离开东极岛，重返刘莺莺母女身边。与马浩汉长期通信的刘莺莺实际是马浩汉同父异母的姐姐。父亲形象的消解在此并不只意味着一种象征意义上的弑父冲动，它更多地指向了马浩汉精神偶像的坍塌。在影片中，父亲的形象实际联系着马浩汉所认同的理想自我。这一偶像坍塌则意指了马浩汉自我认同的危机。刘莺莺之所以给马浩汉写信，只是因为他们的父亲仍牵挂马浩汉。这使马浩汉在刘莺莺写给他的信件中所感受到的崇拜和掌控感，以及因此而树立起来的自信心反而成为对自己的一次嘲讽。而这再度指向了马浩汉的认同危机。

如果说，与周沫、苏米、刘莺莺的相遇所带来的破灭感是由外界所造成的，仍然具有揭露和控诉不合理秩序撕裂梦想的意味，那么电影中马浩汉与江河从阿吕身上所感受到的破灭则是对他们自身信念的一种讽刺和否定。阿吕本应是投射电影自由主题的角色。他多次骑摩托车环游中国的经历，传达了一种对自由生活的向往和实现；而电影又以他对旅行者一号卫星的崇拜试图将这种向往升华。电影以一个仰拍的长镜头来表现阿吕叙述旅行者一号卫

---

① 电影《后会无期》台词。

星历史的场景。而阿吕描述旅行者一号卫星时提到的"它像这样在外太空孤独的漂流，只为了一个简单的理由，就是要到外面的世界看一眼"①，与其说这是对卫星历史的总结，不如说这更是一句自况。影片中，随着阿吕一边讲述一边逐步登上山峰，镜头逐渐抬升，并最终在平拍中将阿吕定格为一个剪影，而背景是茫茫天幕和山下风景。

当阿吕将自己命名为"旅行者二号"时，反打镜头中是马浩汉和江河对他的仰望。电影借助这一组镜头，为阿吕赋予了偶像的神性光彩，实现了阿吕的这一自我命名。然而也正是这个亲身践行对自由之向往的阿吕，最后成了压垮马浩汉和江河精神的最后一根稻草。阿吕偷走了马浩汉和江河的车，使他们的矛盾激化。偷车这一行为使得此前电影所塑造的阿吕的形象被彻底解构。而在这背后更隐藏了对挣脱束缚、为自由而出走这一行为本身的解构。阿吕的这一行为也导致了马浩汉与江河最终的分道扬镳。他们在第五代三号旅行者卫星发射的残骸前分开这一场景具有了某种象征的色彩。如果说，离开东极岛的旅途以向往广阔天地开始，那么在此处却是实践自由者扼杀了旅途继续的可能性。而这"在路上"的两个志同道合者，他们的分道扬镳又恰好发生在被阿吕建构为自由之偶像的旅行者卫星之前。而这形成了一个具有隐喻意义的场面——是作为自由之践行者的阿吕制造了马浩汉和江河的分裂，就作为追逐自由之象征的旅行者卫星见证了他们的决裂。那么，阿吕究竟是秩序的叛逆者，还是更为残忍的合谋者？这种形象的暧昧性，传达了对实现自由这一行为本身的质疑。

与阿吕形象的暧昧性形成对照的是电影对马浩汉和江河两人的塑造。马浩汉在电影中所扮演的是叛逆者的角色。影片在起始处就已交代了他四处闯荡的经历。显然，马浩汉是一个渴望挣脱束缚，在广大天地中施展拳脚的角

---

① 电影《后会无期》台词。

色。因此他怀抱建设东极岛的心愿返回故乡，却因为东极岛的闭塞束缚而再度离开。马浩汉自述，因为在外闯荡的经历，他见多识广，交游广泛。然而，随着电影情节的展开，我们看到，马浩汉的行为并非他所描述的那样成熟世故。无论是在与三叔的交锋中，还是和阿吕的交流中，所显示出来的都是他的涉世未深轻信于人。外面世界的复杂远超他的预计。这使他对自我的吹嘘也成为一种外露的天真。正如电影中马浩汉出场时的那一次当众演讲，当他站在舞台上决定展示自己时，却因为麦克风的故障而失去了观众。而这几乎可以概括马浩汉在旅途中的所有遭遇：每一次以为大局在握，却都以失败告终。尽管在"温水煮青蛙"的实验之前，马浩汉坚信青蛙终将在热水中麻木而死。但他在电影中的任性与张扬，显然并非一种麻木和顺应。与其说马浩汉是世故者，不如说他是挣脱束缚并冲撞秩序的天真叛逆者。由此观之，电影的结尾便显得含义不明。电影在江河取得成功的同时，却悬置了马浩汉的结局。而马浩汉在分开前对江河断语："你这样的人不适合在这个社会生存。你不像我。我这样的人满地都是朋友。"①电影的结尾是对这一断语的否定，也暗含了马浩汉的失败。然而，这已不再是对谙熟秩序规则的世故者的批判，反而是对叛逆者叛逆行为的否定。

而江河作为马浩汉的对比与补充，在电影中被赋予了天真纯洁的品质。在与苏米、与阿吕的接触中，江河显得简单而直接。他对生活没有野心，安贫乐道的同时也具有责任心，因此对准时往西部入职固执地念念不忘。他相信青蛙会根据环境的变化做出反应，最终跳出难以生存的热水。正如在江河与马浩汉分开时，电影以小狗马达加斯加选择江河所具有的隐喻意味，电影在结尾处也试图以江河的成功和马浩汉的失败，来表现对天真的褒奖和对世故者的批判。但与电影中马浩汉形象的模棱两可相对照的是，电影并未给江

---

① 电影《后会无期》台词。

河这样的内心纯洁者一块超脱世外的梦想之地。相反，他重新进入了秩序对于成功者的定义和描述之中。在电影中，他关于这一次汽车之旅的书畅销，被改编成极受欢迎的电视剧，并因此使东极岛摆脱了不为人知的边缘地位，成为旅游胜地；同时，他得到了苏米的爱情。在这里，江河的成功是名利双收，成为"救世主"，抱得美人归。江河的存在看似是对不合理秩序的抵抗，然而电影给予他的成功又再度暗示了一种妥协，一种对秩序的重新进入。由此观之，如果说，江河与马浩汉等人置身其中的现存秩序是一锅不断加热的水，那么，尽管江河相信青蛙会对逐渐升高的水温做出反应，但他最终也不曾跳这锅热水，而是在某种意义上融合于秩序。这样，江河与马浩汉的并置和对比也不再是坚持纯真者终获成功的一种想象性完满，反而是对秩序的又一次应和。可以说，江河的结局，是电影叙事暴露出的一个漏洞。在此，电影试图完成对于秩序的批判，却意外地达到了一次合谋。

事实上，智力受损的胡生才是电影中真正的天真淳朴者。胡生在电影中呈现出了孩童式的稚拙和愚钝。电影本是以胡生的叙事视角展开叙述的。在这里，电影似乎试图沿用以智力残疾者进行叙事的模式，以借助这样的叙事者提供的观察世界的独特角度，在这种陌生化的效果中展现世界不为人知的一面。然而有趣的是，胡生这个人物在电影中很快就消失了——在旅途的第一天，马浩汉和江河就把胡生"弄丢了"。叙事视角随之转移到江河身上。这一转换使电影的叙事也转而成为江河所著畅销书的内容。而胡生则在等待多时后从一个路人的书中读到了这一故事。胡生的消失不仅仅意味着叙事视角的转移，以及以智力障碍者观察世界这一方式的失效。这更意味着在电影的汽车之旅中，真正的天真者被彻底地抛弃了。就成功而言，天真者永远是一个被遗忘的旁观者。在此，电影无意间再度暗示了对秩序的认可。电影所谓的"后会无期"，或者恰恰意味着对天真纯粹的一次彻底告别。

可以说，在《后会无期》的汽车之旅中，马浩汉等人遭遇的一系列破灭本应具有的批判意义，却因为电影人物的暧昧性和叙事的漏洞而被动摇了。因此，《后会无期》看似以反抗、抨击秩序的渠道入手，最终却抵达了对反抗对象的认同。而对比韩寒的媒体形象——从当初批判教育制度的叛逆少年，到揭露现存社会不合理的"公民"韩寒，再到开通微博之后适时、频繁的话题炒作，如 2014 年频频公开女儿照片而被称为"国民岳父"等。从应试教育的叛逆者到传媒明星，这些形象转变的背后所隐含的正是韩寒逐渐被收编为景观社会合谋者的过程。而在被收编的同时，他也分享景观社会为合谋者提供的资本与资源。可见的是，在《后会无期》进入宣传期之后，微博成为电影重要的辅助宣传平台。除了电影主创，甚至影片中的小狗马达加斯加都注册了认证微博。而这些微博以不定期公布电影台词等策略来引起观众的注意和期待，以至于在电影上映前，"喜欢就会放肆，但爱就是克制"①等台词就已成为微博上的流行语。借助微博将"路人"转化为"粉丝"，再以此推广电影，保证票房，这正是电影的推广策略之一。② 从这一意义上看，《后会无期》其实具有粉丝电影的色彩。借助传媒，韩寒以可炒作的话题保持了知名度，从而提高其作品的销量；而媒体也从这样的话题性人物身上获得收益。这种双赢的结果意味着作者已经成为景观社会的一部分。这正对照了电影《后会无期》在反抗的外衣下遮掩的合谋事实。仍具有讽刺意味的是，韩寒曾经是《萌芽》作者群中最为叛逆的个体之一，在此却完成一个与秩序合谋的故事——正如德波所说的，随着景观势力不断扩大，"一半有利害关系的精英分子献身于维持景观体系的统治"③。此处正可见景观社会的统治。

可以说，电影《小时代》系列与《后会无期》尽管看似差异极大，但最

---

① 电影《后会无期》台词。

② 参见胡媛《〈后会无期〉营销启示：将路人转粉很关键》，2014 年 9 月 23 日，新浪娱乐（http：//ent.sina.com.cn/m/c/2014-09-23/17464215085.shtml）。

③ ［法］居伊·德波：《景观社会》，王昭风译，南京大学出版社 2006 年版，第 107 页。

后却都殊途同归地承认了景观社会的逻辑。在此意义上，无论是对青春励志的强调，还是对理想主义的标榜，都成为电影宣传的噱头。事实上，与电影和电影主创们意图达到的万众瞩目的结果同时表现出来的，正是这个景观社会的产物——"那些与他自己经历的任何方面相比，都被贫乏的景观思想打下深深标志的个人，一开始就把自己置于对既定秩序权力的效力中"①。

第二节　张悦然、周嘉宁：这一代人的孤独症

与韩寒、郭敬明在媒体上的高曝光率相比，同样曾被视为 80 后写作领军人物的张悦然则显得低调得多。实际上，张悦然是 80 后作家中较早也较多受到主流文坛关注的作者。2004 年，张悦然在《花城》"从花城出发"栏目第 5 期发表了《谁杀死了五月》(短篇)、《吉诺的跳马》(短篇)；在《小说界》第 5 期发表《红鞋》《谁杀死了五月》(短篇)；在《青年文学》第 9 期头条发表了《夜房间》(中篇)。除了较早在主流文学期刊上发表作品外，张悦然也较早受到主流文学界的肯定。2003 年，张悦然获得了由《上海文学》主办的"文学新人大奖赛"二等奖。获奖作品得到了包括铁凝、赵丽宏、王蒙在内的作家的肯定。对于 80 后写作"偶像派""实力派"之争，她表示，"愿意接受'鉴定'和'评审'，也有自信会站在实力派的那边"②。另一位较有影响力的80 后作家周嘉宁的发展道路与张悦然颇为类似。自第二届新概念作文大赛获

---

① [法]居伊·德波：《景观社会》，王昭风译，南京大学出版社 2006 年版，第 121 页。
② 刘晨：《韩寒、郭敬明落选再引争议：张悦然是否偶像作家》，2004 年 4 月 28 日，搜狐教育
（http://learning.sohu.com/2004/04/28/66/article219986671.shtml）。

得一等奖以来，周嘉宁也基本保持了一年一本书的出版节奏。同时，周嘉宁的创作勇于尝试各种风格，如 2004 年的《夏天在倒塌》是对其早期青春叙事的延续，但同年的《女妖的眼睛》则是对魔幻现实主义的模仿。周嘉宁与 80后写作市场保持了相当距离，因此较少为市场左右。这使她能较为自主地在写作上进行开拓与突破。张悦然与周嘉宁表现出某些相近的文学趣味，并早在 2004 年便与苏德共同出版了小说集《倦怠阴天》。而从 2008 年开始，张悦然、周嘉宁二人合作，共同编辑、出版《鲤》系列丛书。《鲤》系列丛书所表现出的文学趣味相对单一，受众面也并不广泛，但也因此与喧嚣的图书市场拉开了一定的距离，而为张悦然与周嘉宁相似的文学趣味和共同的纯文学追求保留了空间。不仅如此，尽管写作风格不大相同，作品面目各异，但事实上，她们的写作是具有某些相似倾向的，甚至她们所面临的写作困境也具有某种相似性。基于此，本节将在比较的基础上对二人进行探讨。

一、"所有的绝望还会继续延续下去"①：绝望的"失败者"

就张悦然与周嘉宁二人总体的创作而言，从早期持续至今，她们都在致力于营造小说的悲剧色彩。其小说的悲剧色彩往往是通过主角不断受挫的经历来营造的。这就在小说中制造出一种绝望感。这个绝望的失败者，在张悦然那里是接连不断的噩运的承受者；而在周嘉宁那里则呈现为彻底隔绝外部世界的弃绝者。

2005 年，张悦然出版《水仙已乘鲤鱼去》。这是张悦然告别早期青春写作的尝试，也意味着她开始尝试写作的转型。《水仙已乘鲤鱼去》的故事本意在力图突破当时 80 后写作局限于城市与校园的狭窄视野。小说讲述的是女

---

① 周嘉宁：《荒芜城》，上海人民出版社 2013 年版，第 136 页。

作家陆一璟从童年到青年的经历。陆一璟自小承受母亲对她的厌憎和暴食症的折磨，又相继经历了祖母、父亲去世，继父车祸，挚友入狱，书稿被剽窃，弟弟病故等事故，并最终在一场大火中失去一切。可以看出，每当小说中的陆一璟在困境中似乎看见一线曙光时，生活便将她推向更糟糕的境遇。正是陆一璟这样的人生遭际为小说制造了绝望感。尽管《水仙已乘鲤鱼去》似在行文间意图向《悲惨世界》致敬，然而小说对人物悲惨境遇的生硬堆砌却并未如后者一般获得升华的可能。如果说小说中陆一璟的苦难在很大程度上来自母亲曼的爱慕虚荣、不负责任，那么小说中有关苦难的叙事仍可以被视作对本书第二章所分析的少年世界 / 成人世界对立模式的延续。然而在小说的结尾处，当爱人在大火中丧生后，陆一璟决定放弃腹中的孩子。在这里，陆一璟避免重蹈覆辙的方式是对孩子生命的彻底抹杀，这实际并未提供一个真正善待生命的途径。事实上，这更是对曼隐秘而委婉的认可。而与陆一璟的这一决定形成对比的是，母亲曼在被男人骗去大部分收入后仍决定生下孩子，并从腹中的胎儿身上获得了力量。而陆一璟与母亲的此次相遇动摇了她的决定，并促使她谅解了母亲。这种突如其来的、由曼来完成的母爱的升华和陆一璟的原谅，并未升华小说给予陆一璟的苦难遭遇，反而再度抽空了这些苦难的意义。那么，这些接踵而至的苦难是否仅仅为了制造小说的绝望感？另外，在张悦然早期的写作中，理想化的爱与友谊曾在小说中成为少年乌托邦的具象化之一。但在《水仙已乘鲤鱼去》之中，爱与友谊在陆一璟的生命中往往都是极为突兀地停止的。情节过渡的失败，使这些中止的爱与友谊并未指向对少年幻梦的反思，而只是一次又一次完成对苦难的堆砌式书写，抵达对绝望的渲染。

可见，小说对苦难的堆砌并未产生批判的意义，也未提供升华的途径。小说构成了令作者沉溺其中的绝望的世界。这种对绝望感的耽溺影响了作品意义的建构。显然，张悦然本人也意识到了这一问题。于是在被视为其真正的转型之作《誓鸟》中，张悦然试图重新为文本建构意义。在《誓鸟》中，春迟对骆驼，宵行对春迟、淙淙对春迟的三对人物关系，基本都可归结为前者对后者强烈地需索着爱，却得不到满足。由此而带来的苦难和绝望使《誓鸟》再度成为一个关于失败者的文本。在这一小说中，爱作为伤害、仇恨与宽宥最根本的动机，同时也为苦难的遭遇赋予意义。小说试图以爱来升华失败者的受挫经历，同时力图将绝望改写为希望。但值得注意的是，再一次地，"爱"产生的真正原因在《誓鸟》中缺席了。动机的缺乏使这些失败者遭受的苦难成为可疑的存在，转而成为营造绝望感的途径，从而再度落入"刻意的绝望"这一窠臼之中。从某种意义上说，《誓鸟》之所以被视为张悦然的转型之作，在于其所叙之事突破了作者的青春与代际经验；并试图以不甚清晰的历史背景与宗教的引入为小说提供一个画面广阔的历史背景，同时也企图将小说的人物与叙事置入东南亚华人的历史之中。但这些企图最终隐没在小说对"爱"的书写中。正是对"爱"的过度强调，使《誓鸟》之中的失败者们最终仍重复了张悦然第一部长篇小说《樱桃之远》的主题。在绝望的窠臼与主题的重复之下，张悦然的转型是否成功，仍颇值得商榷。

而这种"刻意的绝望"也成为此后张悦然小说的突出症候。其最近的短篇小说《动物形状的烟火》中，落魄画家林沛的心理可以归纳出从希望到失望，到更进一步的破灭，直至绝望的发展脉络。再见旧友画商宋禹，对方的冷漠使林沛想与他重归于好的希望落空；再见旧情人颂夏，对方的庸俗使林沛再续前缘的希望破产。而遭遇可能是自己女儿的小女孩时，林沛燃起了对新生最强烈的希望；但当他被包括这个小女孩在内的孩子们的联合恶作剧而锁进车库时，产生了小说中最为强烈的失望。这层层递进的失望最后归结为深重的绝望感。同时，小说的描述不断烘托这种绝望感。无论是"头顶上是两排白炽灯，熏黑的罩子被取掉了，精亮的灯棍裸露着，照得到处如同永昼一般，让人失去了时间感"①，或是"上星期下的雪还完好地留在路边，流浪猫已经不再来房子前面查看它的空碗了。傍晚一到，到处黑漆漆的一片荒凉"②，还是林沛在激烈的炮仗声中倚着锁住的车库卷门哆嗦着点燃最后一根烟，这些描述都在将小说引向绝望。但也正是因此，小说在情节设置与描写这两方面对绝望感的着力营造都显得太过直露和刻意。③ 以这样的刻意安排来抵达绝望，来揭露人物承受到的压抑异化，反而使这种揭露显得无力，同时也抽空了作品的真实感，在小说与真实世界之间树立起了隔绝的壁垒。这种真实感的缺失在张悦然的其他作品如《一千零一个夜晚》《怪阿姨》中也有所表现。小说以细腻笔法来描述人物的绝望感，反而越凸显了某种刻意性，因此使人物遭遇的挫折流于失真从而显得可疑。这种失真意味着小说与现实之间的联系被割断。小说丧失了介入现实的能力，也暴露了作者在观照现实时仍是比较无力的。

这种对绝望感的沉溺，在周嘉宁的小说中呈现为一种对"失败者"身份心甘情愿的自居。与张悦然转型后的小说相比，周嘉宁转型后的小说大多并不着意于情节的安排，结构也显得松散，并多聚焦日常生活。然而正是在对平淡生活稍显平淡的书写中传达出了浓郁的绝望感。其 2013 年出版的长篇小说《荒芜城》即是如此。

《荒芜城》以保罗先生的猝死为线索，联结起"我"在上海与北京的生活经历。离开北京时，"我"携带的是事业无成、爱情失败的记忆；而重返上海后面对的是不能亲近的父母和日渐生疏的朋友。"我"在小说中所呈现出的一事无成又无所事事的状态，正是被成人世界所定义的"失败者"，正如母亲

① 张悦然：《动物形状的烟火》，载《我循着火光而来》，北京联合出版公司 2017 年版，第 4 页。
② 张悦然：《动物形状的烟火》，载《我循着火光而来》，北京联合出版公司 2017 年版，第 5 页。
③ 参见霍艳《一种对绝望的热爱：张悦然 2006 年后的小说》，《上海文化（新批评）》2014 年第 6 期。

对"我"的叹息:"现在你还有什么地方是值得我们骄傲的。"①《荒芜城》所书写的正是以"我"为代表的一群生活的"失败者"的经历和心路。但同时,小说也显示了这样的"失败者"身份是由"我"自己所选择的。如在表妹婚礼上,"我"对昔日同窗示好的躲避;"我"对大奇的拒绝等。因为接受这样的婚姻即意味着向庸常生活的归顺。这也与当"我"和微微在物是人非的面馆外听到的两个女孩对择偶的讨论:"家里没房子的想都不要想""不能嫁给医生,因为医生都是三班倒的,而且医院里面那么多小护士天天盯着,这可怎么吃得消"②时,微微所流露出的鄙视是呼应的。不仅是对琐屑生活的拒绝,当"我"面试的画廊的老板将他在意大利的私人城堡中喝酒到深夜的生活定义为真的生活时,"我"则认为,"这种生活和那种生活的区别到底又是什么"③。可见,无论是对平常人世俗婚姻家庭的计划,还是对富裕者对奢靡生活的描画,都是不符合他们理想的。对这两种生活方式的拒绝,实际搁浅了一般大众对"安稳人世"与"出人头地"的想象。他们也因此被视为"失败者"——并自居为"失败者"。

然而此处,引发疑问的正是他们对理想生活的描述。事实上,理想的生活在《荒芜城》中则是一个不甚清晰的概念。正是对这种理想所指的缺失,使得"我"等青年人虽然甘愿为"失败者",但他们并未寻找到适应这一"失败"生活的自洽方式,因此而透露出了苦闷与绝望。显然,这仍然是一个关于现实不尽如人意但理想虚无缥缈的描述——同时,再度重复了对现实不满却又逃避改变的姿态。这实际是《萌芽》杂志中那些迷惘青春的延续。但此时,当年虚设的成长危机已然来临,长大的少年已无法再躲避于青春的幻梦中。也正是在这一意义上,《荒芜城》之中"我"曾在咖啡馆

---

① 周嘉宁:《荒芜城》,上海人民出版社 2013 年版,第 136 页。

② 周嘉宁:《荒芜城》,上海人民出版社 2013 年版,第 136 页。

③ 周嘉宁:《荒芜城》,上海人民出版社 2013 年版,第 202 页。

打工的日子才会被建构为不能重返的最好的时光，甚至无法复刻那时一道菜肴的滋味，因为"地方不对，人不对，世界也变得不对了"①。另外，如果"理想生活"可以归纳为对周嘉宁关于"情怀"②的解释——包括对名利的淡泊、对自我的坚持等，那么小说中保罗先生的猝死就具有了其他的意味。作为"我"曾打工过的咖啡馆的常客，保罗先生的死亡不仅仅只是召唤往日时光的契机。在小说里，除了偶尔写作、发表一些英文小文章，保罗先生往往只是在咖啡馆中消磨度日，谋生的无能使他最后一贫如洗，甚至因为无钱更换心脏起搏器的电池而孤独地死去。但是，保罗先生在小说中又具有另一种形象。他先远走印度，后又来到中国，是为了拒绝平庸的家庭生活，解决心灵的困惑。在此，小说实际将保罗先生归为"有情怀"的人。那么，对于同样"有情怀"的"我"和微微而言，保罗先生的命运或者正暗示着她们的将来。通过保罗先生的经历，情怀与现实再度构成了一组对立冲突，并且情怀毫不意外地成为这一冲突的败北者。保罗先生的死亡否决了情怀改变现实的可能性。保罗先生的追思会则成为她们对未来的失望与死亡的先行的祭奠。同时，那间咖啡馆象征着"我"那不可重来的、美好的青春时光，那是不怯于疼痛与亲密关系的勇气和对生活的信心。而保罗先生的追思会恰恰选择在咖啡馆进行，这便并置了可见的悲剧性未来与不可返回的美好过去。在这种并置中，对"失败"的恐惧和绝望感产生了。以此反观，在小说中，无论是北京还是上海，都是荒芜的城市。而这些荒芜的城市最终意指的是荒芜的、不知安放于何处的少年心。这样的苦闷与绝望在周嘉宁的小说集《我是如何

---

① 周嘉宁：《荒芜城》，上海人民出版社 2013 年版，第 17 页。

② bololo（周嘉宁豆瓣用户名）：《做到难过的梦，也不要难以相信》，2013 年 8 月 29 日，豆瓣读书（http://book.douban.com/review/6252236/）。

一步步毁掉我的生活的》①中得到了不同角度的呈现。其中,《爱情》②记述了对青春恋情的回忆,而现实中的两个恋人却将要分手;《末日》③选择了"我"搬家之后遭遇小车祸这样一个生活截面,呈现的是"我"的孤独与处理人际关系时的无措;《尽头》④描写了在祖父的葬礼前后,一事无成的"我"与同样一事无成的父亲濒于崩溃的心态和两人之间难以磨合的亲子关系。在这些小说里,他们面对世俗的日常生活时显得束手无策、无法应对,使得日常生活成为一个接一个潦草、冰冷的梦境。而在这些梦境之中,关于理想生活的叙述却缺席了。无论这是一种遗忘,还是叙述者已经无力提及,这都意味着他们将在这些难过的梦境之中一直泥足深陷下去,从而显示了一种真正的绝望。

如果说张悦然小说的绝望来自情节的刻意安排,那么周嘉宁小说的绝望则更深地产生于人物本身的迷惘和恐惧。而实际上,这二者都是不直面现实的方式。这又指向了对张悦然、周嘉宁等人始终没能解决的问题:当时光流转,他们最终无法再躲避于少年世界之中时,如果拒绝为主流世界的逻辑所收编,那么理想以何为继,现实又以何改变?

二、"孤独原来如此辽阔,如此恒久"⑤:孤独的"多余人"

在叙述失败者的失败人生与绝望情绪之时,张悦然与周嘉宁也不约而同

---

① 周嘉宁:《我是如何一步步毁掉我的生活的》,中信出版社 2014 年版。

② 周嘉宁:《爱情》,载《我是如何一步步毁掉我的生活的》,中信出版社 2014 年版,第 2—16 页。

③ 周嘉宁:《末日》,载《我是如何一步步毁掉我的生活的》,中信出版社 2014 年版,第 34—50 页。

④ 周嘉宁:《尽头》,载《我是如何一步步毁掉我的生活的》,中信出版社 2014 年版,第 67—84 页。

⑤ 张悦然:《卷首语》,载张悦然主编《鲤·孤独》,江苏文艺出版社 2008 年版,第 3 页。

地将自己小说中的这些失败者塑造为孤独者。可以说，这些人物自我隔离式的孤绝是与小说刻意营造的绝望感相伴而生的。

一方面，这种孤绝感来自失败者对于交流的拒绝。在《水仙已乘鲤鱼去》中，这表现为陆一璟在从母亲处受挫后对弟弟小卓的隔膜与冷淡。小说意图将此解释为陆一璟与小卓两人共同经历的缺失。成长于温暖与明亮之中的小卓无法理解陆一璟在贫困与缺爱的成长岁月之中备受折磨的心灵创痛。尽管如此，但这种隔膜与失败者的敏感与怯懦也不无关系。从某种意义上说，在交流发生之前，陆一璟就已经先行放逐了交流的可能性。因此，这种孤绝所应允的只能是对创痛的自我封闭。小说中，陆一璟的暴食症正是她的内心孤独的一种外化。正如陆一璟在挚友优弥的陪伴下暂时地治愈了暴食症，小说中，陆一璟暴食症的发作、缓解、再发作，总对应着为她提供爱与陪伴之人的到来与离去，所显示的正是交流与陪伴对于失败者的疗治作用。那么，此处对聆听者的拒绝，则意味着陆一璟必须独自承受成长与往事的重量。这种拒绝延迟了疗治的到来，加剧了小说的绝望感。同时，这种拒绝也显示了一种封闭，呼应着失败者们面对现实时的逃避。交流的失败也来自追求目的的不同。如在《荒芜城》中，尽管"我"渴望着人与人之间无限的贴近和亲密关系，但"我"对"情怀"的执念与大奇对世俗生活的追求成为二者之间靠近的阻碍，而最终剩下的只有肉体的交流。可以说，"我"与大奇之间存在着的实际是拒绝收编者与被收编者的交流障碍。这也是"我"与小说中的大多数人之间所存在的阻碍。而"我"的孤独感正产生自这种阻碍。但值得注意的是，"我"从未曾迈出一步来直面、解决这种阻碍。再一次地，他们选择了背对阻碍。正如他们自居为失败者一样，这种对于交流的拒绝也是他们的自动选择。就此而言，这种自怨自艾的孤独尽管于事无补，但也正是他们使自己区别于、屈服于秩序者的标识之一。而孤独所带来的痛苦正为他们营造了悲剧英雄式的假想，并使他们从中获得了慰藉。

另一方面，孤独也产生于亲密情感的落空。张悦然在她的短篇小说《怪阿姨》①中杜撰了一个寻找嫉妒的故事。怪阿姨患有会因嫉妒而死的遗传病，因此自小就生活在与世隔绝甚至连情感都被抽空的环境中。当她重返俗世之后，迫切渴望感受嫉妒情感的滋味。但她的种种尝试最终都失败了。如果说，嫉妒情感发生的前提是亲密关系的建立；那么在这里，感受嫉妒的失败显然意味着亲密关系建立的失败，从而意指了怪阿姨心灵的孤绝与冷漠状态。如果说张悦然的这一小说具有明显的虚构性，那么周嘉宁的《轻轻喘出一口气》则是来自现实生活的。小说选取了日常生活之中一对母女之间的一个微小片段。叙述基于女儿同母亲的一次旅游。在小说中，这次旅行不仅是女儿失恋之后的一次散心，也是改善母女关系的一种企图。然而不仅母女之间生活习惯的差异大如鸿沟，母亲对女儿的关切实际更是对女儿隐私的打探。母女俩言语的交流酝酿着关系恶化的危机，每一次靠近的企图都成为加深隔膜的推力；而每一次的尝试加剧了对交流的不信任，并最终导致了彻底的自我隔绝。周嘉宁的另一短篇小说《夜晚在你周围暗下来》②则显示了面对亲密情感时的矛盾性。小说中，孤独带来的乏味促使"她"去约见陌生人；同时她却对这种见面可能产生的亲密关系感觉不安，并最终落荒而逃。这种矛盾的态度成为这些孤独者的形象描绘。不是对孤独的安于接受，而是挫败与敏感无限度地放大了对外界的恐惧和交流的困难，因此而彻底放弃了对于亲密情感的建构。

同时，精神的交流缺席之后，身体接触被凸显。这是身体在张悦然与周

---

① 张悦然：《动物形状的烟火》，载《我循着火光而来》，北京联合出版公司 2017 年版，第 221—243 页。

② 周嘉宁：《夜晚在你周围暗下来》，载《我是如何一步步毁掉我的生活的》，中信出版社 2014 年版，第 135—150 页。

嘉宁转型之后的作品中不断出现的重要原因。但身体的交流显然无法抵达精神的深度。这种短暂的亲密相处并不能有效地解决精神上的孤独与绝望。因此，性在这些作品中往往又被呈现为无关紧要的随意之事。以这种随意的性所呈现的身体接触，一方面显示了突破孤独的努力，另一方面更意味着这种努力的失败。正如《荒芜城》之中"我"与大奇在发生性关系之后仍然彼此疏远，身体的亲密接触凸显了精神的隔膜——甚至他们在性关系之中所感受到的也是陌生与生硬。亲密关系或许从未发生过。而在张悦然的《怪阿姨》中，怪阿姨对情感极度冷漠，以至于连目击情人身体的背叛也无动于衷。这则表示了交流彻底而决绝的失效。这种交流的失效将他们隔绝于自我的小世界之中，并最终成为新时代的一群"多余人"。

此处的"多余人"概念借自俄罗斯文学。"多余人"形象是俄国 19 世纪文学中贵族知识分子的典型形象之一。这些"多余人"多出身贵族家庭。由于对本阶级的弊病和由此所导致的社会黑暗了然于心，因此不愿与上流社会同流合污；然而他们的出身也将他们与人民相互隔绝。更重要的是，他们缺少反抗贵族社会的勇气，因此空有革命的抱负，却无有效的实践。既不能安身于贵族阶级，也不能融入人民大众，而成为悬浮的"多余人"。总体说来，这些"多余人"往往不满现实，却少行动的能力；拥有理想，却无实现的策略，最终只能在彷徨、忧郁之中消磨人生。

可以看出，张悦然与周嘉宁所书写的这些孤绝的"失败者"，从某种意义上再现了这些"多余人"的形象。他们的孤独苦闷正是对"多余人"彷徨游移的精神状态的复现；同时，他们无法直面现实又隔绝现实的游离状态再现了那些"多余人"的怯懦无力。最终，这些孤独的失败者们在拒绝疗救和对绝望的过度沉溺中放弃了改变的努力和可能，从而显示了一种彻底内撤的姿态。尽管他们的绝望与痛苦很大程度上正是来自现实社会和秩序的不合理，但在小说中，这种压抑产生的重要原因却恰恰被忽略了。如在周嘉宁的小说集《我是如何一步步毁掉我的生活的》中所收录的 13 个故事，分别对亲情、友情、爱情、事业等多方面的寄托进行祛魅，突出主人公所感受到的压抑与不适。但这些祛魅发生的原因却在文本中消失了。又如在张悦然《动物形状的烟火》中，林沛的绝望来自其不得志的抑郁在这一天内的总爆发。然而在小说的叙述中，他的不得志的遭遇实际开始于作画灵感突然的丧失。更重要的是，灵感的丧失未必是来自社会秩序的不合理对林沛的束缚和打击。小说对这一丧失发生的原因语焉不详，似乎仅仅是为了能够顺利地推进情节并走向绝望。但也正因如此，小说书写林沛之困境的目的反而显得暧昧不明。同时，小说为林沛制造的孤独处境也未能取得批判的效果。换而言之，小说对孤独的描写与对绝望的营造并未指向对现实不合理的发现和批判。另外，小说试图在嫌贫爱富、趋炎附势之中为林沛保留一点人性的温暖和理想的辉光。然而小说的结尾却是对这一点温暖和辉光的嘲讽。它使林沛最后遭遇的困境更像一场自作多情与自作自受。这反过来又模糊了作品对社会秩序不合理的诘问。综合以上，张悦然与周嘉宁笔下的这些"孤独者"形象所欲传达的控诉力度令人生疑。

如果说，早在《萌芽》时代，这些 80 后作者写作中的颓废源自一种自我卑贱化并以此建构主体性的企图；那么在此处，这种"多余人"的姿态本应是对这一企图的继承。然而理想世界的缺席使得束缚理想、贬抑自我的现实在这些文本中成为一个无物之阵。这一无物之阵动摇了自我卑贱化的目的。因此，尽管通过这种"多余人"的姿态，小说试图传达对当下现实的厌弃，并试图以此重构新的现实与主体。但也正是这种"多余人"无法归属任何阶层与群体的姿态，导致了这种重构的落空。另外，叙述者本身也对这种"多余人"身份表现出了疑虑与怯懦。这正是《荒芜城》中"我"在表妹的婚礼上所感受到的紧张不安。这种不安来自"我"从表妹的事业有成、家庭和美中所感受到的无形的对比和压力。可见，压力并不仅仅来自现实对理想的束缚和压抑，也来自在理想暧昧不明的情况下对坚持理想本身的怀疑。从这一意义上说，这种"多余人"的姿态，或者并非仅仅是出于自愿的选择，而更在于对突破孤绝状态的无力。这样，自我卑贱化从曾经的质疑秩序、现实对个体的规训，变成了对自我无力的暴露。正如周嘉宁在《夜晚在你周围暗下来》中对"她"的矛盾态度的书写所传达的，在这种孤绝状态中，自我卑贱化成就了真正的卑贱化。

三、"安静却孤独的生活仿佛还显得更妙一点"①：完满的自我世界与写作的困境

从另一角度来看，尽管最终仍指向了一种失效的尝试，但无论是《怪阿姨》中怪阿姨对嫉妒体验的不断尝试，还是《夜晚在你周围暗下来》中"她"与陌生人之间的约会，都可被视作一种突破孤绝状态的尝试。事实上，如何直面、应对这种隔绝，是张悦然与周嘉宁在创作中一直试图去解决的问题。

2017 年，张悦然出版了长篇小说《茧》。小说表现了从无归属的零余个体的孤独体验之中接续历史、返归历史的企图。这是张悦然又一被称为"转型之作"的小说。而正如"茧"这一颇具深意的标题所显示的，这一小说既显示了张悦然对突破自身以往写作，尤其是青春期写作的局限，同时却也凸显了这种局限的存在。

与之前的《誓鸟》相比，《茧》的故事有着极为明确的时代背景：如"文革"十年、1989 年的政治风波等，显示了小说摆脱个人经验的狭隘、寻找个人话语与历史叙事契合点的企图。程恭的祖父是如何变成植物人的，这显然

---

① 周嘉宁：《一个人住第三年》，载张悦然主编《鲤·上瘾》，江苏文艺出版社 2010 年版，第 18 页。

是《茧》的中心事件。从某种意义上说，《茧》正是以程恭、李佳栖二人对这一真相的追寻为线索来组织全文的。毋庸置疑，《茧》显示了张悦然书写历史的企图。在小说中，程恭不断尝试发明去"灵魂对讲机"，希望能与祖父的灵魂对话，以此来发现祖父变成植物人的真相；李佳栖不断追寻着去世父亲李牧原的种种线索，希望能够拼凑出父亲的形象。这些都指向了对历史的追溯。在某种程度上，这些书写不仅反映小说的叙述者李佳栖与程恭，也反映了张悦然本人对获得历史在场的渴望。

但是，作为小说的中心事件，当程恭祖父遇害的过程在少年获得的破碎线索中逐渐被呈现出来的时候，小说反而对事件发生年代的关注十分有限。在对"真相"的叙述中，小说叙述了祖父的遇害、警察的调查、旁人的猜测、程恭父亲性格的转变，但这些书写却并未有效地标识出"文革"这一独特的时代背景。"文革"背景的选择似乎只是为了使祖父的头颅之中被插入铁钉，最终却找不到凶手只能不了了之这一情节进行得更为合理与顺利。事实上，当叙述返回旧日时空之中时，置于小说中心的始终仍只是"事件"本身，而非历史。历史在《茧》中，是被局限在程、李、汪三家人的遭际与恩怨纠葛之中的。而这些个体所遭遇的变故与悲欢也并未成为呈现时代的窗口。如小说写到当汪露寒的父亲畏罪自杀后，李牧原先是出于歉疚默默地照顾她，渐渐地这种感情转变为爱慕。在这一段叙事中，无论是二人一同阅读小说，还是二人一同烹制晚餐，小说对李牧原与汪露寒之间关系的描述似曾相识。这显然是一段纯粹的少年恋情，甚至与张悦然早期的作品如《黑猫不睡》《葵花走失在 1890》中对爱情的叙述具有某种相似性。可以说，在张悦然对父亲那一代人的历史进行叙述时，或曾无意中套用了自己的青春经验。有趣的是，小说为汪露寒的母亲秦太太选择的疯病是将自己锁在衣柜中避不见人，使汪露寒不得不因陪伴母亲而滞留家中。这使小说更为自然地避开了对大时代的呈现，而将场景局限在汪露寒家中，将叙事集中在李牧原与汪露寒两人之间。

正如小说的这段描述所呈现的，当李牧原与汪露寒共处时，"她一边洗衣服一边听他念小说，听到优美的段落，她会让他再读一遍，慢一点。有时候故事很滑稽，他干脆表演起来，逗得她哈哈笑。阳光好的时候，她忍不住撬掉图钉，打开所有的窗帘，一边擦地抹窗台，一边哼起歌来"①，动荡混乱的时代被金色的阳光隔绝于室外，而这段年少的恋情被置于汪露寒家狭小的室内。被凸显的是个人情感与体验。它们与大时代的联系显得极为稀薄，从而为这段恋情构筑出了一个从历史之中断裂而出的、独立于时代的空间。在此，历史再一次地成为个人的背景。

　　另外，《茧》在对这些过往事件进行叙述时往往采用了第三者转述的视角。《茧》是轮流以程恭与李佳栖的视角来叙述故事的。无论是程恭发现的祖父遇害的真相，还是李佳栖叙述的汪露寒与父亲的少年恋情，都是非参与者的转述。这种转述的角度虽然提供了从总体上把握事件的可能性，但是它也导致了叙述无法真切贴近人物的结果。正如小说叙述了李冀生实施了谋杀，但李冀生在实施谋杀前后、实施谋杀之时经过了怎样的忖度与思虑却被叙事忽视与悬置了；又如小说讲述了汪露寒在父亲自杀之后受到的排挤与打击，但她精神的创伤却被以她与李牧原无法延续的恋情轻描淡写地带过了。与《茧》对李佳栖、程恭等一代人的青春期及成长创痛的细腻揣摩与绵密书写相比，小说对历史往事的叙述显得颇为粗疏，从而显示了其与历史的亲历者之间始终存在着某种隔膜。一个有趣的例子是，小说提及 1989 年夏天的那场政治风波，其实并不关涉政治立场，而仅仅是将其视作青春激情与理想的象征，同时再次将逝去的 80 年代指认为无法重返的理想之境——用以反衬李佳栖、程恭这一代人青春的苍白无力，甚至叛逆都只能以无所事事的态度来呈现。就《茧》对历史的重返而言，对外，小说未曾对大时代进行有效的关

① 张悦然：《茧》，人民文学出版社 2016 年版，第 155 页。

照和再现；对内，小说对父辈们在特定时代背景中的心灵史与情感交锋的把握也失之无力。从某种意义上说，程恭与李佳栖对历史的隔阂正显示了《茧》的某种位置——在面对往事时，《茧》的叙述所拥有的始终只是一份旁观者的地位。它观看历史，却无法真正地进入历史。有趣的是，《茧》还引入了对讲述李冀生生命历程的纪录片片段。这些片段借助不同受访者的叙述来展示李冀生的一生。在纪录片中，李冀生不再是李佳栖叙述中那个严厉、冷淡而权威的家长，他也是清高的知识分子、背井离乡的游子、妙手仁心的医生，等等。但是无独有偶的是，这些叙述的呈现仍然无助于使李冀生成为一个立体而血肉丰满的真实人物，他甚至在纪录片冷静的观照下显出某种符号化的扁平和空洞。如果说，程恭与李佳栖对往事不懈的追问显示了某种介入历史的企图，那么小说以纪录片这一形式对历史进行的再现反而确认了叙述者旁观者的地位——永远无法获得一份历史的在场。而在小说的结尾处，宽宥终于伴随着李冀生的死亡而来临。李佳栖与程恭由此而获得解脱。然而，也正是李冀生的死亡再一次将他们指认为历史的旁观者——面对不得不背负的历史，他们始终无法参与和改变。这一由历史参与者们纷纷退场而带来的解脱，实际却意味着再一次的断裂。

如果说寻找谋杀的真相是《茧》借以进入历史、呈现个体命运与历史交锋的重要途径，那么在此，小说对历史的追溯实际上只完成了有关这一谋杀事件的叙述。尽管正如小说所言，李牧原与汪露寒的生命从此被这一谋杀连在一起，所有人的命运也因此而被牢牢钉死，然而当谋杀的真相被一步一步揭开时，历史却被呈现得极为简化与单薄，甚至在某种程度上被抽离，而仅仅被处理为这段往事的模糊背景。这一背景甚至在某种程度上是可被替换的。小说对历史的叙述在此呈现出了某种搁浅。这或许正意味着作者尚未寻得能够真切观照历史的钥匙。可以说，小说不断重返历史之时，叙述仍被局限在李佳栖与程恭这一代人的经验之中。换而言之，个人话语与历史叙述之间仍然存在着某种断裂。尽管张悦然表示,"在写《茧》的时候,我完全无意于构建什么宏大的背景,我只是关心我的人物的命运"①,但是,人物命运实际与历史是息息相关的。如果说,特定历史时代下的个人命运所指的是个人与历史叙述之间的契合,那么《茧》在重返历史时的尴尬与失效,也搁浅了其对个人命运的深入挖掘。因此,当《茧》悬置了对历史背景的叙述之后,小说中个人话语也难以深入,甚至在某种程度上重复了似曾相识的青春话语——李佳栖与程恭二人与旁人格格不入的孤僻性格,李佳栖对于祖父之家的叛逆、程恭与陈莎莎之间没有情感基础却发生的性爱,以及李佳栖和程恭在存放人体标本的"死人塔"中感到的心灵暂时的平静。这些都与张悦然的青春期写作存在着某种相似。《茧》尝试以 80 后的代际经验为基础观照和诠释历史,打开个人经验的局限,以获得与历史的沟通,从而对自我 / 个体进行重新定位。对张悦然而言,这是对其写作中人物惯常孤绝状态的一次突破尝试。但是在书写个人命运的名义下,《茧》对历史的叙述颇令人遗憾地断裂在有限的个人经验之中。这不能不令人遗憾。

与张悦然的突破尝试相比,周嘉宁选择了以接受孤绝状态的方式来应对孤绝,并形成了一个自我完满的小世界。这一小世界在一定程度上具有主体建构的可能与抵御虚无的力量。《一个人住第三年》正是这一小世界的反映。在《一个人住第三年》中,身居举目无亲的北京导致了孑然一身的"我"形成了孤岛式的生活状态。而远方朋友的电话问候与 MSN 等社交软件的介入则凸显了彼此之间距离的存在和孤独感的巨大。为了能与他人进行面对面的交谈,"我"刻意去往菜市场,获得的却不是期待中的融入。对菜市场的呈现反而凸显了一种旁观者的身份。而关于"我"始终没买到厚而四方的馄饨

皮的细节描述，并非为了表现一种纯粹的怀乡病，它再现了"我"的他者身份——不仅是相对于菜市场，也是相对于北京这个城市。在这座陌生的城市里，饮食方面的差异其实暗示了一种文化的缺失。这种缺失抽空了"我"之主体建构的土壤，而导致了一种不知往何处安身立命的茫然。因此，《一个人住第三年》中对食物的描述也成了一种有意味的形式。从一开始潦草地冻在冰箱里的饺子和牛肉酱，到学会做在北京见不到的家乡菜，到最后不知何故在深夜里烹炸肉丸子，食物的烹制在此不仅是一种对虚空时间的填补，也并非怀乡病的抒解。在文化缺失的语境下，借助于记忆中食物的复现，建构出的是一条文化脉络，而使"我"获得安身的可能性。在此，饮食构筑了"一个人的历史"，并满足了建构主体文化的需索。而在烹制食物和享受食物的过程中，知觉变得细致，而开始倾听到"自己的节奏"[①]。从菜市场的旁观者到自己的节奏的出现，文本中呈现了一种主体建构的过程。但同时，对自我节奏的倾听也意味着对菜市场等外在世界的逐步弃绝。因此，这个被重新建构的主体实际建基于自我隔绝的世界。这并非真正的历史主体，而带有一定程度的虚妄性。如果说张悦然的《怪阿姨》书写了甚至连身体交流都已失效的孤独，从而昭示了对交流的彻底放弃和绝望，那么周嘉宁的《一个人住第三年》则试图在这种孤独发现建构自我完满的可能性。但这实际上也是对封闭隔绝的个体世界的构筑。也正是这种完满，体现了这个时代的碎片化——每一个力图达到完满的自我，都是相互隔绝的碎片。事实上，这更进一步地加剧了小说中所呈现出的孤绝，尽管孤独在此也构成了一种相互联系的可能，这一共通的经验成为他们指认出彼此的基础。这正是张悦然自己所指出的，"彼时我在和我的孤独作战，而你正和你的孤独对峙。我们忽然被打通了。孤独，

---

① 周嘉宁：《一个人住第三年》，载张悦然主编《鲤·上瘾》，江苏文艺出版社2010年版，第18页。

原来也可以是一座鹊桥"①。正是在以孤独组织一代人经验，使其免于零碎地消失于时代的同时，孤独被扩大为一代人的病症，从而将碎片化呈现为时代的症候。

值得注意的是，《一个人住第三年》是描写个人生活的散文。其中的某些细节与周嘉宁的小说在某些方面形成了对应。这正在某种程度上说明了周嘉宁的创作对个人经验的倚重。而这也导致了周嘉宁写作上故步自封的困境。虽然周嘉宁在 2003 年发表《流浪歌手的情人》之后，就在不断地尝试着写作风格与题材的突破。尤其是其 2010 年后的作品，写作风格明显转向利落简洁，多关注个体在日常生活之中微末却又难以忍受的精神创痛。然而由此也可发现，在小说的主题上，在对个体孤独体验的书写上，在对个人经验的倚重上，周嘉宁却在某种程度上返归了其《萌芽》时期的写作道路。与此形成对应的是，张悦然在突破个人经验去书写历史和现实时也显得力不从心。从《水仙已乘鲤鱼去》的准备，到《誓鸟》的推出，再到《茧》的问世，张悦然的"转型之作"往往都以突如其来的宽容来统领、结束小说的探讨。而诸如《我循着火光而来》这一作品集中经常出现的将小说刻意导向绝望的倾向，在某种程度上也是对早期创作中有意营造悲剧气氛的延续。同时，张悦然转型之后的小说仍然受限于个体的表述。这与作者对写作的观点是相关的。早期，张悦然曾指出写作与生活无关，只与作者的审美有关，并认为依靠想象经验并不会导致小说的封闭②；在 2013 年关于 80 后写作的创作谈《我们能够带着理想走多远》③ 中，张悦然仍然将个人化表述作为她强调的重点。经历的薄弱和对个人化的过分倚重使张悦然的创作难以进行更为深入的拓展。

---

① 张悦然：《卷首语》，载张悦然主编《鲤·孤独》，江苏文艺出版社 2008 年版，第 3 页。

② 参见张悦然《我杜绝以经历来写作》，《新京报》2005 年 4 月 13 日。

③ 张悦然：《我们能够带着理想走多远》，2013 年 11 月 25 日，中国作家网（http://www.chinawriter.com.cn/bk/2013-11-25/73342.html）。

此外，这些完满的自我世界使创作的视野过分地集中于个人。这种局限使作品的内容狭隘而重复，也导致了作品与时代之间隔膜的形成。这一局限极为明显地呈现在周嘉宁的创作中。其小说集《我是如何一步步毁掉我的生活的》分别从不同角度对当下都市人群的孤独症进行了描述。居于小说集中心的是个体的孤独体验和面对庸常时的束手无策。虽然在一些小说中，父母偶有出场，但他们往往作为另一个孤独个体，陪衬地突出孤独的沉重和交流的无效。同时，由于个体历史的缺失，这些父母的形象也成为空洞的孤独符号。事实上，这 13 个短篇尽管所选择的角度各不相同，但只是以不同的方式对一种代际经验进行了表达。小说集实际上重复谈论了一个个体，或者说是作者本人的经验。将《我是如何一步步毁掉我的生活的》与《荒芜城》对读，甚至可以发现相同经验在不同文本之中的不断重复。周嘉宁所面临的困境来自无法介入现实导致了对内心世界的过分关注。在对"自己的节奏"①的倾听中，在自我世界不断完满之际，小说逐渐放逐了外部现实。但是，她对内心的挖掘浅尝辄止地停留在与外部现实格格不入的孤独体验与无力应对之上。这样，向外无法拓展广阔的社会经验，向内无法深入心理的疾痛。这使她的创作看似细致入微地描写个人经验，但实际难以获得明显的突破。从这一意义上看，从《萌芽》时期始，周嘉宁的创作风格虽多有改变，但在主题的选择上，最终呈现出了一种全面的内撤。有趣的是，周嘉宁在其长篇小说《密林中》借助同样身为写作者的阳阳直面了自己的这一困境。再一次地，小说中阳阳的精神困境来自不肯屈服于庸常然而庸常已灭顶而来的危机。"密林中"显然是这种精神困境的某种隐喻，意指了阳阳们的探索如同在密林之中茫然的狼奔豕突。而这探索的出路却是未知的。与此前的创作相比，《密林

---

① 周嘉宁：《一个人住第三年》，载张悦然主编《鲤·上瘾》，江苏文艺出版社 2010 年版，第 18 页。

中》的一个重要不同在于，周嘉宁赋予了阳阳一个写作者的觉悟和抱负。写作为阳阳精神的痛苦带来唯一的抚慰，但同时写作也加剧了她于理想和琐屑庸常之间挣扎的精神焦虑。而令人感动的恰恰是阳阳面对困境时战士一样的姿态。哪怕她已注定是一个失败者之时，阳阳始终保持了对生活与世界进行"正面强攻"的姿态。无论是离开大澍，离开山丘，还是在写作与生活之中屡败屡战，每一次行动，阳阳的姿态都显示出一种决绝。《密林中》或许又是一份失败者的手札。但重要的并非在于阳阳的跋涉能否带来光明的前景或辉煌的胜利，而正在于她跋涉的过程和始终保持的战斗姿态。以一种"反心灵鸡汤"的方式，周嘉宁在这几乎不可打败的琐屑与庸常中，为"正面强攻"的信念给予了一点点菲薄的信心。恰如其后的小说集《基本美》中显示的对个人与重大历史事件关系的思考（《了不起的夏天》[1]），以及个人如何承担社会责任的探讨（《基本美》[2]），尽管这些仍都是关注个体精神困境的文本，但是"正面强攻"的姿态已经为打破僵局显示了某种可能性。

这一脱离现实的困境在张悦然的写作中也同样存在。虽然张悦然的小说看似提供了更广阔的经验和更深刻的内心体验，如《水仙已乘鲤鱼去》《誓鸟》《茧》中对青春经验的努力突破，《怪阿姨》《好事近》等对人物心理内面的关注等。但其小说实际仍呈现出拒绝现实的倾向。一个问题是在情节上过分刻意的斧凿痕迹。情节的刻意安排虽然营造了小说的绝望氛围，但并不意味着对心理疾患的深入挖掘和对现实的关注所能抵达的深度。如《一千零一个夜晚》与《动物形状的烟火》，小说情节上的刻意经营反而折损了小说关注现实的深刻。从某种程度上说，这正是由上文所述的个人阅历贫乏、现实无法为创作提供必要的给养而产生的。张悦然小说的另一个问题以《怪阿姨》

---

[1] 周嘉宁：《了不起的夏天》，载《基本美》，广西师范大学出版社 2018 年版，第 1—26 页。

[2] 周嘉宁：《基本美》，载《基本美》，广西师范大学出版社 2018 年版，第 175—249 页。

为代表。这一小说细腻地描述细节，而力图将故事呈现为真实，但却以神鬼之说消解了真实的尝试。问题并不在于小说引入了鬼魂作为叙述者，而在于对"怪阿姨"背景与经历的处理经不起逻辑的推敲。当这与鬼魂叙述相结合的时候，小说对人性的探讨就在真实与虚幻之间被消解了。《怪阿姨》显示了一旦作者的经验无法承担作品对后现代社会带来的心理疾患的探讨时，只能转而借助鬼神之说。这样，小说所倚借的象征最终流于虚假性，从而使小说的揭露和探讨变得无力。《茧》可以被视作她意图改变这一困境的尝试。小说以李佳栖与程恭对历史真相的寻找为中心，试图沟通个人话语与历史叙事。但《茧》对历史的观照与呈现实际仍显得浅显而有限。在讲述个人命运的名义下，《茧》依然未完成对历史的有效书写。但尽管如此，《茧》仍说在努力地寻找个人话语与历史之间的契合点，以此超越对个体经验及内心世界的强调。对张悦然而言，这已显示了其写作的一次突破。

可以说，张悦然和周嘉宁近期的创作体现了《萌芽》作者群成长的又一面向。从某种意义上说，她们在不断地寻找突破时却延续了自己青春期的写作——她们小说中对孤独的表现和对自我的关注正延续青春期写作主题。然而，随着成长的发生，写作不仅未完成对理想与现实激烈碰撞的呈现，反而出现了全面内撤的倾向，由此而导致的无法脚踏实地的姿态比之青春期写作并未有太大的突破。而她们近期的小说聚焦于自我世界的完满与个体的表述，实则进一步回避了现实——此处引起我们注意的仍是那个老问题：当我们聚焦乃至封闭于个体的世界之中时，我们又如何谈论对不合理现实及其规训的反抗和改变？在这里，面对现实不合理想又无力改变之时，应对的策略只剩下逃避和隔绝现实。她们在写作上的困境与此也不无关系。如果说，"为了有效地消灭景观社会，需要的是把实践的力量置入行动中"①，那么上述

---

① ［法］居伊·德波：《景观社会》，王昭风译，南京大学出版社 2006 年版，第 107 页。

这种回避的姿态显然是无法击中现实的要害的。尽管她们在写作中致力于个体的表述，也努力使个体世界臻于完满，但这在某种意义上也是对现实的一种适应。同时，这种个体的孤独感实际也是都市生活潜在本质的一种表现。由于个体之间的隔离是一种最为有效的控制手段，因此，城市化也意味着一种分离的技术，以消除个体的危险聚集对景观社会和都市生活所可能带来的威胁。① 正如第二章所述，80 后们恰恰成长于改革开放后中国城市化进程快速推进时期。在青春期时，城市生活曾为他们提供一处相对独立空间，使他们的个性得到一定的张扬。但这一空间实际作用如同一把双刃剑。在提供抚慰的同时，也将这些少年分隔为相互独立的个体。即使能在绝望的共同经验上指认彼此，也仅仅是"作为孤独的集合而汇集"②。"自我"将这一代人隔绝为无法交流联合的个体，而进一步悬置了改造现实、颠覆不合理秩序的可能性。另外，这个自我也造成了他们与现实之间的隔绝。詹明信指出："摆脱自我，从而使自己能够更充分地、更审美地、更直接地去经验和体验种种社会和文化的现实。"③ 完满的自我世界使得关于一代人经验的叙事呈现出各自为政的零散性，也阻碍了他们对现实的参与。这使理想的实现更显得遥遥无期。因为，"不是在自我上下功夫，或抓住某种信仰和信念，你就能让世界变得连贯起来"④。显然，张悦然与周嘉宁等对这一情况亦有所警觉。她们的近期创作也显示了对突破这一困境的努力，尽管突破还较为有限。但是，应引起我们思考的或许并不仅仅在于他们书写了什么，还在于他们究竟逃避了什么，在于他们为何被围于这一困境之中难以挣脱。这种对现实的回避与无

---

① 参见［法］居伊·德波《景观社会》，王昭风译，南京大学出版社 2006 年版，第 107 页。

② ［法］居伊·德波：《景观社会》，王昭风译，南京大学出版社 2006 年版，第 107 页。

③ ［美］詹明信：《晚期资本主义的文化逻辑：詹明信批评理论文选》"代序"，张旭东编，陈清侨等译，生活·读书·新知三联书店 1997 年版，第 43 页。

④ ［美］詹明信：《晚期资本主义的文化逻辑：詹明信批评理论文选》"代序"，张旭东编，陈清侨等译，生活·读书·新知三联书店 1997 年版，第 43 页。

力感，正体现了在"告别革命"之后，"情怀"与"绝望"都只是一场想象中的抗争。

第三节　颜歌："平乐镇"寓言

　　作为同样坚持纯文学追求的 80 后作家，颜歌显示了《萌芽》作者群成长和发展的又一方向。发表在《萌芽》杂志上的《锦瑟》与《朔夷》，具有代表性地呈现了颜歌早期的写作风格。在这一时期，其小说故事的背景往往有意构造远离都市生活的边地，或选取遥远的历史时期，甚至传说中的远古。收录在其这一时期的作品集《马尔马拉的璎朵》中的小说想象空灵瑰丽，文字浏亮绮靡。但此时其小说悉心经营的文字往往是用来弥补叙事上的薄弱的。但是，颜歌当时的小说虽长于想象，却一样表现出无法贴近现实的问题。这样，小说往往成为青春期构筑的幻梦。在《马尔马拉的璎朵》之后，颜歌又推出了《良辰》[①]与《异兽志》[②]。虽然这两部小说集在关注现代人的都市病与生存面临的精神困境等方面都有所突破。但在关注现实人性的同时，小说大量借助了魔幻手段。这种非真实元素的引用正是为了弥补作者现实经验的欠缺——只有在魔幻因素的参与下，小说的叙述才能自圆其说。不得不说，直至《异兽志》，颜歌仍面临着如何拓展现实经验，如何与现实接轨的问题。但从《五月女王》开始，颜歌的写作产生了明显的变化。一方面，是对早期写作风格的放弃，文字一改华丽繁复，文风洗尽铅华；另一方面，是与现实人

---

① 颜歌：《良辰》，长江文艺出版社 2005 年版。

② 颜歌：《异兽志》，中信出版社 2006 年版。

生的接洽。至此，四川小镇平乐镇成为颜歌小说铺演故事最为重要的平台。借助对平乐镇的构筑，特别是对地域文化的引用，颜歌获得了写作连接现实、拓展视野的"根据地"。

一、"除了袁青山，平乐镇还有什么可说的呢？"[①]：代际经验的呈现与突破

《五月女王》是颜歌建构平乐镇的最初尝试，并在小说之中呈现出了一个初具规模的四川小镇。小说的故事基于两条线索而展开。一是关于"我"对童年记忆的寻找和重构，一是关于以袁青山为代表的一代人的叙事，并最终在平乐镇上将两条线索合二为一。而平乐镇即在这两条线索的交叉中，成为一个可感知的存在。

可以说，以袁青山为代表的平乐镇一代人的人生遭际是小说的主线。尽管小说并没有明确指明这些人物的年纪与生活的时代背景，但在对这群人的描述中显然可以寻找到 80 后一代人经验的蛛丝马迹。小说中，袁青山们童年的游戏，长大后学校的生活，伙伴间组成的小帮派，放学后的电子游戏机、漫画书等，都依稀存在着 80 后一代人的生活轨迹。相比《萌芽》作者群的其他作者多以书写城市生活为主，《五月女王》所呈现的一代人的生活有些不同。小说提供的是成长于小镇背景下的 80 后们的生活。《五月女王》中的平乐镇是狭小的四川小镇。"平乐镇最有出息的孩子们都想离开这里……离开满街嘴碎而无聊的人，离开下雨时候就会变成泥潭的家门口的路，离开街上闪着廉价亮片和蕾丝的大红大绿的衣服们。"[②] 显然，平乐镇的庸俗与狭隘已经成为禁锢

---

① 颜歌：《五月女王》，重庆出版社 2008 年版，第 4 页。
② 颜歌：《五月女王》，重庆出版社 2008 年版，第 199 页。

这些少年的力量。小说中袁清江的经历最有代表性。一方面，作为从清溪河边捡来的弃婴，袁清江对自己不明的身世一直存有一种隐约的优越感，因为这意味着她可能并非平乐镇人。直到被姐姐袁青山告知她实际是父亲的私生女，"她听见她想要飞起来的一根弦清脆地断裂了"①——身世的确认，对袁清江来说意味着她被与自己所鄙视、所力图挣脱的平乐镇世界牢牢地联系了起来。另一方面，袁清江与江乐恒的私情很大程度上是由于江乐恒成功离开平乐镇、进入永安市的经历给袁清江所带来的希望。而这也最终成为将袁清江推向死亡的致命一击。这种离开的渴望与挣脱束缚的绝望也存在于张沛、存在于乔梦皎、存在于"我"，存在于这些企图离开平乐镇却又被迫返回平乐镇的少年身上。这种束缚与自由之间的角力和挣扎在《萌芽》作者群笔下并不是一个陌生的、鲜见的主题。在《五月女王》里，平乐镇成了这种束缚的具体存在。

但这一主题在《五月女王》里实际又发生了某种程度的扭转。与袁清江、张沛等人形成对比的是小说的中心人物袁青山。一方面，袁青山对平乐镇的束缚表现出了一种逆来顺受。正是在这个基础上，袁青山的妹妹、好友、爱人都相继离开了她。从这一意义上说，袁青山实际象征了那个被不断抛弃的平乐镇。另一方面，小说又安排这些渴望离开或已经离开的少年们在平乐镇以外的世界不断受挫，并最终又返回了平乐镇。而袁青山在此则扮演了包容者与倾听者的角色，成为提供精神抚慰的所在。与此相应的是，袁青山被作者赋予了隐忍悲悯的情怀。尽管自小没有母亲，缺少宠爱，只能在臆想里拼凑出一个扮演母亲角色的鬼魂来获得抚慰。她对一同长大的少年张沛执着的爱恋虽然无果，却一生不曾改变。袁青山的孤独与自我抚慰的方式在其他的80后作者那里可以寻找到某种熟悉而相近的呈现。而最为致命的是，作为一个原本就身世可疑、相貌平平的普通人，袁青山异于常人的高大使她最终变

---

① 颜歌：《五月女王》，重庆出版社 2008 年版，第 354 页。

成了平乐镇的一个"怪物"，一个众人避而不谈的"那个"，因此她不得不躲避在北二仓库中以杜绝好奇人士无意或恶意的围观甚至是侮辱。然而尽管在颜歌这里，袁青山是一个处境凄凉、一生坎坷的人物，尽管小说呈现了她的孤独，但却未将她导向彻底的绝望。这并非一个病态的灵魂。相反，她最终被赋予了地母一般博大而慈悲的心，甚至在清溪河决堤时以身堵住了决口。在此，袁青山与平乐镇终于合二为一。因此，小说中袁青山的被抛弃正是平乐镇的被抛弃；袁青山的包容性正是平乐镇的包容性。就像给袁青山立碑的那块荒地最终成为平乐镇全镇的墓地，其中袁青山的碑是最高大的一块，在此平乐镇借助袁青山而具体化了。

于是，小说中，袁青山/平乐镇成了离开者的落叶归根之处，既是禁锢之地，又是庇护之所。在这里，小说所欲传达的实际并非"离开"这一行为及其可能带来的自由，而是对回归的强调和一处最终的安身立命之所的向往。小说因此突破了 80 后代际经验的局限，为悬空的一代人寻找到了一处立足之地。

二、"说起它来的时候，就像在说别人的事情，但事实并非如此"[①]：寻找自我的立足点

《五月女王》是借助双线并行的脉络来结构的。如果说，袁青山是小说得以建构平乐镇的主要依据，那么"我"的回忆则是小说开始建构平乐镇的契机。事实上，关于平乐镇的叙述正来自祖父对"我"的期待，也开始于祖父去世后"我"对祖父的回忆。"袁青山刚刚住进北二仓库那会儿，我爷爷经

---

① 颜歌：《五月女王》，重庆出版社 2008 年版，第 2 页。

常牵着我去北二仓库看她"①——"我"的回忆从一开始就与袁青山的故事相互交织。这样，在平乐镇渐次浮现的过程中，"我"的个人记忆也被建构起来了。

一方面，"我"的回忆是对袁青山故事的补充。小说双线并行的叙事方式在其结构上极其明显地表现出来。在结构上，两条线索交叉进行，在叙述袁青山故事的同时，又以人物为关键词插入了"我"关于平乐镇的回忆。而这些单章出现的人物最终都在小说另一条线，即关于袁青山的叙述中得到了对应。这样就使袁青山的故事得到了多角度的呈现，而不致成为一个扁平化的叙事。同时，这里的每一个人物都可以被视为解读平乐镇的一个符号，如曾寡妇对应着对血腥死亡的热衷，邓爪手对应着对情欲的窥视，茅厕娃对应着对权力的讽刺，花疯子对应着对忠贞爱情的幻想。这样，平乐镇得到了更为立体的展示，而避免使平乐镇仅仅成为袁青山故事的背景。另一方面，《五月女王》中的两条线索实际是一种相辅相成的关系。借助有关袁青山的叙述，这些看似以零散而破碎的方式所呈现的个人记忆得以被组织起来，从而获得了完整性。

事实上，此处对记忆中的故乡的寻找，实际就是对自我记忆的打捞。这是与个人的主体性建构相联系的。而小说借助对记忆中的平乐镇的建构，使"我"获得了有关故乡的记忆的完整性。从某种意义上说，"我"因此而获得了一个观照世界的依托，也是"脚踏实地"的支点。这样，"我"便在这个记忆的世界之中完成了一次对自身起源处的重新发现，从而不再是一个无根飘零的个体。在此意义上，这个被打捞出的平乐镇是否真实，是否被少年的记忆赋予了新的面目并不重要，即使"这平乐和现在无关，和我要回去的地方无关，他们是属于我爷爷，叶瞎子，还有袁青山的。这个平乐镇永远都在我

---

① 颜歌：《五月女王》，重庆出版社 2008 年版，第 3 页。

的心里了"①。重要的正是平乐镇的存在本身，正是这个"在心里"。借助这一存在，《五月女王》为一代人寻找到了一种建立主体性的方式。

但小说同时也透露出，这个从记忆中打捞出来的主体性的建立所倚仗的个人世界似乎仍然是一个以自我为中心的世界，"我们沉入的世界是自己的，对别的任何人，都是一片永无的黑暗"②。然而通过平乐镇这一载体，这个自我世界尽管完满却不是一个完全向内的、封闭的系统。少年记忆是与平乐镇息息相关的一部分。同时，小说中的平乐镇不再是一个死板单调的空间。既不是一个与城市对立的世外桃源，也并非一去不返的乐园。小说中这个偏僻遥远、不为人知的平乐镇，一方面通过对袁青山故事的讲述，成了一个真实可感的存在；另一方面则通过借助对一些具有特色的文化语码的引用，显示出生动的地域特色和生活气息。四川方言是其中极为突出的一个语码。方言本就与方言使用区的风俗、文化不可分割。在对这一特定地区人们生命状态的表现和情感的传达，以及民间世界的呈现上，方言的作用突出而形象。《五月女王》利用四川方言来组织小说中的人物对话，这使平乐镇的地理位置、地域特色不言自明。而到《我们家》中，除了四川方言，颜歌又借助了"豆瓣"这一极具四川特色的食物，更进一步地使平乐镇显得具体可感。这些文化语码在颜歌小说中的作用是，当建构平乐镇需要一些具体的细节时，它们就会被使用，而使描述对读者显得自然。同时也显示了平乐镇背后潜藏的文化脉络，尽管这是一种不无取巧的方法。这个包容一切又生动可感的平乐镇，使颜歌为其笔下的 80 后们所构筑的自我世界不再是虚无或空洞的。与《锦瑟》中缱绻温柔的北宋洛阳或《朔夷》中磅礴瑰丽的远古大荒相比，平乐镇呈现出了烟火人间的面貌；与韩寒旅途或郭敬明的后现代都市相比，平乐镇强调

---

① 颜歌：《五月女王》，重庆出版社 2008 年版，第 276 页。
② 颜歌：《五月女王》，重庆出版社 2008 年版，第 363 页。

了与景观社会的距离；与张悦然、周嘉宁笔下的个人空间相比，平乐镇意指了交流的可能性。一方面，平乐镇显示了与世俗的平常人世沟通的企图，一种打开个人世界，与现实接轨的欲望。另一方面，再度借助平乐镇，颜歌获得了将代际经验与文化脉络接续的可能性，较为巧妙地解决了张悦然等人所面临的写作困境。

三、"颜歌有永安平乐镇"[①]：平乐镇之于写作的意义

可以说，平乐镇之于颜歌，不仅是对一代人代际经验呈现与突破的依托，或是主体建构的立足点。平乐镇还为颜歌小说的叙事与情节安排提供了合理化的依据。

如上所述，《五月女王》小说的叙事是借助两条线索来完成的。在对以袁青山为代表的一代小镇青年的讲述中，作者构造了颇为精妙的故事，并较为圆熟地处理了人物之间的复杂关系。这其中包括袁青山、袁清江两姐妹的身世；袁青山、袁清江姐妹与张沛之间的情感纠葛；袁青山一家与岑仲伯一家的恩怨爱恨；袁清江、张沛与江乐恒之间包含几代人在内的情欲网络。这些错综的关系环环相扣、层层推进，最终统一于对袁青山身世的解谜（母亲与岑仲伯父亲的私奔）、袁青山对命运的宽容（对父母、妹妹的理解，对张沛一生隐忍的爱）之上。尽管从这些人物的安排与情节的设置中仍存在着一种刻意安排的巧合性的嫌疑，但由于平乐镇只是一个单薄狭隘的小镇（"在平乐镇走一百米不遇到个熟人简直是不可能的事"[②]），这种巧合的发生又有其合理性。这在一定程度上冲淡了情节的刻意性，使小说行文相对流畅、自然。

---

① 颜歌：《我们家》"封底"，浙江文艺出版社 2013 年版。
② 颜歌：《五月女王》，重庆出版社 2008 年版，第 147 页。

借助平乐镇这一狭小的生活环境来推进小说情节、安排小说人物在颜歌的另一作品《我们家》中也存在着。相比《五月女王》,《我们家》弱化了巧合性的情节在小说中的重要性。但一些推动小说发展关键情节,如薛胜强出轨之后却将情人钟馨郁的住房安排在母亲薛英娟家楼上,并因为母亲做寿之前在钟馨郁的床上发病不省人事而曝光;段知明与"花椒西施"周小芹的久别重逢再续前缘;薛胜强的岳父陈修孝与师父陈修良是堂兄弟;在薛英娟的寿筵上,陈修孝则以一副寿联曝光和讽刺她与陈修良的暧昧往事。而这些情节以薛胜强为母亲做寿一条主线串联起来。小镇生活面的狭窄与人物关系的相对简单,使小说情节与人物安排的偶然性得到了比较合理的解释。借助平乐镇,颜歌使自己的小说摆脱了明显的斧凿痕迹,获得了较为自然的表述。

但如上文所述,颜歌对平乐镇的建构借助了方言和食物等文化语码。这些本身就挟带着地域特色的语码是作为细节在颜歌的小说中出现的,能较为直接地引导读者进入对平乐镇的想象。然而,正如詹明信曾指出的,"在不厌其烦地列举细节的同时,实质性的东西却悄悄溜走了"①,这些文化语码的引入确实有助于进入对平乐镇的建构和想象;但同时,对作者与读者双方而言,它们也对想象的深入产生制约,从而将平乐镇导向刻板化。这使颜歌对平乐镇的描述虽然看似生动具体,但也难免带有一些模式化的色彩。如《五月女王》中平乐镇人对智障的刘全全的戏弄,对不符合男性化标准的钟腻哥的嘲笑,以及算命的张仙姑、钓鱼的姜有余所意味着的神秘色彩;而在《我们家》中,是被拆毁了的曾经聚集着妓女的幺五一条街,加速建设却又混乱不堪的街道等,在这样的描述中所呈现出来的平乐镇和平乐镇人,无疑暗合了读者阅读经验中对偏僻而神秘、蒙昧而又在追赶时代发展的内地小镇的刻板印象

---

① [美]詹明信:《文本的意识形态》,载《晚期资本主义的文化逻辑:詹明信批评理论文选》,张旭东编,陈清侨等译,生活·读书·新知三联书店 1997 年版,第 73 页。

相吻合。因此，尽管颜歌是在对平乐镇进行描绘的基础上引入这些文化语码的，但事实上，它们更多的是借用了先验图式来调动读者的经验。如同贡布里奇所描述的在主体与客体之间所插入的一块艺术和感知的语码领域①，这些文化语码在颜歌这里制造了一系列熟悉然而在某种程度上仍是刻板的印象。而读者则根据这些印象来完成对平乐镇这一客体的想象，也难以逃脱刻板化。同时，在《五月女王》和《我们家》中所塑造的人物也具有某种脸谱化的倾向，如前者中隐忍、沉默、地母式的袁青山，渴望挣脱小镇束缚的袁清江；后者中颐指气使而又粗鲁的豆瓣厂厂长薛胜强。这些略带扁平的、脸谱化的人物与带有刻板色彩的平乐镇仍然与作者现实经验的单薄有关。

正如詹明信所言，"尽管我们说要抓住历史变化中的环境、打破旧有的关于变化的叙事形态并着眼于活生生的事物间的矛盾，但这一切没有一样是实物。随之而来的问题便是怎样描述这些事物，怎样为你的意识捞到一个模型。寓言就在此刻出现"②，平乐镇在颜歌这里所起到的正是这样一种"寓言"的作用。从《五月女王》到《我们家》，可见的是，小说中的神秘性与传奇色彩减弱，但小说也呈现出了向通俗化甚至庸俗化的倾向。对于颜歌而言，平乐镇应该更多地被作为剖析心灵与人性的一个切面而呈现，而不应满足于对一则有趣味的故事的讲述。如何深入庸常小镇生活的内面，在借平乐镇这一立足点的同时突破平乐镇的限制，是颜歌需要注意和解决的新问题。颜歌本人对此似也有所察觉。在《平乐镇伤心故事集》③中，颜歌开始有意识地淡化平乐镇的传奇和地域色彩。借助这一小说集所收录的五个故事，颜歌试图更

---

① 参见［美］詹明信《文本的意识形态》，载《晚期资本主义的文化逻辑：詹明信批评理论文选》，张旭东编，陈清侨等译，生活·读书·新知三联书店1997年版，第77页。

② ［美］詹明信：《晚期资本主义的文化逻辑：詹明信批评理论文选》"代序"，张旭东编，陈清侨等译，生活·读书·新知三联书店1997年版，第37页。

③ 颜歌：《平乐镇伤心故事集》，广西师范大学出版社2015年版。

进一步地、多角度地呈现平乐镇的凡夫凡妇及其平常人生，并由此而书写个人的经验和历史，建构自我的主体性——"这就是我所看到的世界"①。在这本小说集中，《白马》通过少女的眼睛来观察、叙述父亲和姨妈之间的情感纠葛；《江西巷里的唐宝珍》叙述漂亮的服装店老板唐宝珍的婚姻遭遇；《三一茶会》将目光投向了老年人的生活和心理，显示出了借鉴中国古典小说的意向；《照妖镜》描写平乐镇厂区的一群中学女孩在青春期的懵懂中，似懂非懂地探索自己的身体与情欲世界；《奥数班 1995》关注中国望子成龙式的家庭如何面对、处理培养子女与家族经济困局之间的矛盾。从这几部作品来看，某种程度上，"平乐镇"这个载体在颜歌小说中呈现出一种"退场"的倾向，所凸显的是生活于其中的芸芸众生。但也正是在此，颜歌创作的矛盾显现了出来。一方面，她力图摆脱自己小说中那个呈现得过于"圆熟"的平乐镇及其对她的创作所造成的制约。这是无可疑的。另一方面，《平乐镇伤心故事集》中完成度较高的仍是地域色彩与符号化较为明显的，尤其是将地域性与青春经验成功结合的作品。前者如《江西巷里的唐宝珍》，后者如《照妖镜》。那是打开个人经验，使之与外部的现实世界成功结合之时为文字所赋予的灵氛。由此可见，颜歌在当下可以熟练调用的资源，仍然来自模式化的四川小镇与个人的青春经验。而另一处引起我们注意的是，尽管《平乐镇伤心故事集》中的五个故事书写的对象包括了青少年、中年人与老年人，跨越多个年龄段，但小说切入的视角却往往是男女两性间的情感纠葛。尽管小说试图以此为线而勾勒出平乐镇的众生相与日常生活图景，也尽管爱是文学作品的永恒图景，但是，这个切入的视角到底还是较为有限的。正如颜歌清醒地认知到，自己只是一个"小"作家，对于平乐镇，"我了解得太少，想得太浅，能写出来的

---

① 颜歌：《代序：可是我哪里都不想去》，载《平乐镇伤心故事集》，广西师范大学出版社 2015 年版，第 iii 页。

也就是一点点"①。颜歌目下仍尚未处理好作为"这一个"的平乐镇，和由此出发所能抵达的普遍而深广的人类心灵。但无论如何，颜歌正借助平乐镇而不断地成长着。假以时日，颜歌将借助平乐镇真正地接续现实与历史，并进一步完成写作上的真正突破与成熟。

---

① 颜歌：《代序：可是我哪里都不想去》，载《平乐镇伤心故事集》，广西师范大学出版社 2015 年版，第 v 页。

结　语

　　时至今日，80后的写作者们已经羽翼渐丰。他们的创作不再仅仅是在图书市场上具有相当的号召力，也引起了主流文坛的关注，成为一个不容忽视的创作群体。但同时，诸如写作为市场和媒体所左右、写作过分缠绕自身经验、写作难以获得突破等自身的问题也随着80后写作的发展日益显现。事实上，这些问题在他们的《萌芽》时期早期的创作中就已经存在，只是在"少年写作"或"中学生写作"的名义之下被遮蔽和忽略了。为80后写作在当下所遭遇的困境寻找解决之道，重返其早期写作及其历史现场之中显然是极为必要的。

　　1999年，《萌芽》杂志社联合七所知名高校，成功举办了第一届新概念作文大赛，为80后写作登场提供了契机。而一批80后作者借助新概念作文大赛及《萌芽》杂志而进入了公众视野，并成为当下80后写作群体的重要组成部分。本书将这些作者以"《萌芽》作者群"来统称之，将其作为考察80后写作的中心。2004年2月，春树、韩寒等人登上《时代》周刊亚洲版，本书将此视为80后被正式命名的标志。在此基础上，本书将《萌芽》作者群从1999年到2004年的创作视为其当下写作的"前史"，作为重点考察的对象。

　　新概念作文大赛的出台与《萌芽》杂志的改版密不可分。从1996年起，

《萌芽》杂志开始进行改版，并在 1999 年逐渐稳定了"贴近青年生活"这一新风格。在这个过程中，第一届新概念作文大赛产生了至为关键的作用。一方面，新概念作文大赛为《萌芽》杂志寻找到了合适且相对稳定的作者群，解决了杂志的稿源问题；另一方面，大赛也为杂志打开了知名度，扩大了读者群，进一步保证了销量。而大赛最为重要的影响是，它为这一批 80 后的中学生写作进入公众视野提供了契机。它的成功显示了一批生于 20 世纪 80 年代的，当时仍是中学生的少年们在挣脱课堂作文模式之后，写作所能抵达的高度与深度。而当时的语文教学，尤其是作文教学模式之僵化与弊端也因此进一步暴露，并在某种程度上得到了改变。新概念作文大赛正在此意义上与当时的高考语文改革相呼应，影响了当时的语文教学。

在第一届新概念作文大赛之后，《萌芽》杂志成为这些中学生作者发表作品的重要平台，并逐渐形成了一个以《萌芽》杂志为中心的交流空间。这正是此后 80 后写作的重要基础。借助《萌芽》杂志这一平台，这些少年作者对这一代人的青春进行了重新讲述。这种言说自我的欲望和实践首先反拨了成人世界以往对 80 后少年的定义，传达出了一种建构主体的企图。而在这些作者关于自我的叙述中，逐渐形成了一个成人世界与少年世界对立的模式。在此，成人世界成为现实与秩序不合理的简单化和具象化载体；而少年世界则被建构为备受成人世界的束缚和挤压的乌托邦之地。由此，少年们衍生出了对成人世界的拒绝。然而，对这些无力建构新世界的少年们而言，成人世界是他们必将前往的未来。因此，他们对成人世界的拒绝导致了成长的去向不明，使青春成为一个悬置的时空而呈现出颓废的"面相"。尽管少年们试图从城市提供的物质和独立空间中，从理想化的爱与友谊之中，从对逃亡的想象和幻想之地的建构之中获得抚慰，以缓解和释放由这种颓废所带来的苦闷，但他们并未为这些抚慰的途径寻找真正实现的可能性。换而言之，在《萌芽》作者群的创作中，展现出了这些少年们面对现实时向内转的姿势。而事实上，这一"向内转"发生在现实的重压真正到来之前。这正是一种对现实的拒绝和逃避。这使他们的青春书写形成了两种层面上的卑贱化。颓废青春是第一层面的自我卑贱化。这实际是相对于成人世界的卑贱化。这是一种拒绝和抗议，同时也是一种退守，一种对自我情绪的把玩和耽溺，从而再度悬置了他们对理想的实践。然而，理想的不可实现与青春的必然告别，最终导致了他们对成人世界的妥协，这是第二个层面上的卑贱化。这一卑贱化是针对少年理想而言的。随着这一自我卑贱化的发生，《萌芽》作者群的创作从抵抗的青少年亚文化转向了服从秩序。而在这个过程中，其写作所暴露出来的突出症候都与他们无法介入现实，甚至干脆回避现实相联系。如何在现实中安放自身从而建构自我的主体性，成为这一代少年在写作中无法解决的问题。这样，他们对主体的建构最终只能成为一种对文化身份的获得——"不是指向什么具有普遍性的主体意识，而是意图创造一个保持'个体特殊性'的身份"①，一种在与成人世界的对立及共同经历着的悬空青春的基础上建立起来的文化身份。

这种对现实的回避也呈现在《萌芽》作者群对代际外部资源的推介和"盗猎"中。《萌芽》杂志不仅为这些作者发表作品提供渠道，也是这些作者接受、交流代际外部的文化资源提供平台。在他们对村上春树、王小波、摇滚乐等外部资源的"盗猎"过程中，这些文化资源背后的历史语境被抽空，从而使它们远离现实。与此相对应的是，《萌芽》作者群则是在强调个体遭遇与青春短暂的共振基础上选择了安妮宝贝、校园民谣作为自己的"盗猎"对象。与写作中所呈现的自我卑贱化一样，这种"盗猎"再度印证了由于现实基础的缺失，《萌芽》作者群面对无处安顿的自我时的迷惘。而这种迷惘感并

---

① ［英］多米尼克·斯特里纳蒂：《通俗文化理论导论》，阎嘉译，商务印书馆2001年版，第75页。

非《萌芽》作者群所独有的。在与国内其他的 80 后作家如春树、李傻傻及台湾的"七年级"写作群体等，以及国外的 80 后作家如日本的青山七惠的横向对比中，可以看出，回避现实，无法从现实获得营养以及难以有效书写现实，是 80 后写作的共同问题。而它也正是 80 后一代人的代际经验。

这种"悬而未决"的身份使《萌芽》作者群当下的写作仍然面临难以突破的困境。从韩寒与郭敬明对消费逻辑的应和中，呈现出了少年理想的进一步缺失；而张悦然与周嘉宁则在书写时代的失败者与孤独者时，或与历史发生断裂，或使自我世界趋于完满，从而显示了对个体世界和个体经验的耽溺。尽管颜歌的"平乐镇"意味着一个进入现实的立足点，但平乐镇也反过来限制了她观照现实的深度。可以说，如何进入现实，如何使个体与历史接续，是《萌芽》作者群甚至也是 80 后写作者从创作早期一直持续至今的问题。如何解决这个问题，是他们写作突破的关键。

此处所指的"现实"，并不仅仅是在现实主义意义的层面所使用的"现实"，而更多地包含了一种立言的基础和观察的视角，以期在认识自身所处的文化历史脉络、时代的精神维度的基础上，解决"我"该居于何处，"我"该前往何处的问题。以《萌芽》作者群为代表的 80 后写作实际是 80 后一代人代际经验的呈现。因此，在 80 后写作无法进入现实的背后，实际是这一代人对历史与社会复杂性的回避，也是他们自我反思能力的丧失。事实上，80 后写作的困境反映了这一代人所共同面临的困境。要让悬置的青春找到出路，需要贴地而行；将观照的视野投向时代与历史的深处，使批判与抵抗能够直面现实，而非在假想与虚构的层面获得想象性的解决和抚慰。唯其如此，80 后写作才能突破困境和瓶颈；也唯其如此，80 后作者们才能建立起真正的主体性，并获得安顿自我的可能。

参考文献

期刊

《萌芽》(1996—2004)。

作家作品集

郁秀:《花季·雨季》,海天出版社 1996 年版。

陈佳勇等:《首届全国新概念作文大赛获奖作品选（A、B 卷）》,作家出版社 1999 年版。

韩寒等:《第二届全国新概念作文大赛获奖作品选（A、B 卷）》,作家出版社 2000 年版。

郭敬明等:《赤道划破城市的脸》,南海出版公司 2003 年版。

韩寒:《三重门》,作家出版社 2000 年版。

郭敬明:《左手倒影，右手年华》,上海译文出版社 2003 年版。

韩寒等:《第二届全国新概念作文大赛获奖作品选》,作家出版社 2000 年版。

郭敬明:《幻城》,春风文艺出版社 2003 年版。

苏德:《赎》,上海译文出版社 2005 年版。

苏德:《离》,湖南文艺出版社 2005 年版。

张悦然:《葵花走失在 1890》,作家出版社 2003 年版。

张悦然：《樱桃之远》，春风文艺出版社 2004 年版。

周嘉宁：《陶城里的武士四四》，浙江文艺出版社 2003 年版。

韩寒：《长安乱》，中国青年出版社 2004 年版。

颜歌：《关河》，南海出版公司 2004 年版。

张悦然：《是你来检阅我的忧伤了吗》，上海译文出版社 2004 年版。

张悦然：《红鞋》，上海译文出版社 2004 年版。

苏德：《次马路上我要说故事》，浙江文艺出版社 2003 年版。

颜歌：《马尔马拉的璎朵》，中国工人出版社 2003 年版。

苏德：《赎》，湖南文艺出版社 2005 年版。

安妮宝贝：《蔷薇岛屿》，作家出版社 2002 年版。

安妮宝贝：《八月未央》，作家出版社 2001 年版。

安妮宝贝：《告别薇安》，中国社会科学出版社 2000 年版。

王小波：《黄金时代：时代三部曲》，花城出版社 1999 年版。

张悦然主编：《鲤·孤独》，江苏文艺出版社 2008 年版。

春树：《北京娃娃》，远方出版社 2002 年版。

春树：《春树的诗》，重庆大学出版社 2012 年版。

春树：《2 条命——世界上狂野的少年们》，上海译文出版社 2012 年版。

春树：《光年之美国梦》，文化艺术出版社 2010 年版。

李傻傻：《红 ×》，花城出版社 2004 年版。

朱宥勋、黄崇凯编：《台湾七年级小说金典》，台北秀威资讯科技股份有限公司 2011 年版。

杨富闵：《花甲男孩》，九歌出版社有限公司 2010 年版。

韩寒：《1988：我想和这个世界谈谈》，国际文化出版公司 2010 年版。

韩寒：《像少年啦飞驰》，二十一世纪出版社 2006 年版。

郭敬明：《小时代 1.0：折纸时代》，长江文艺出版社 2008 年版。

郭敬明：《小时代 2.0：虚铜时代》，长江文艺出版社 2010 年版。

郭敬明：《小时代 3.0：刺金时代》，长江文艺出版社 2011 年版。

郭敬明：《1995—2005 夏至未至》，春风文艺出版社 2005 年版。

郭敬明：《悲伤逆流成河》，长江文艺出版社 2007 年版。

周嘉宁：《流浪歌手的情人》，东方出版中心 2004 年版。

周嘉宁：《夏天在倒塌》，春风文艺出版社 2004 年版。

周嘉宁：《女妖的眼睛》，上海人民出版社 2004 年版。

周嘉宁：《荒芜城》，上海人民出版社 2013 年版。

张悦然：《水仙已乘鲤鱼去》，作家出版社 2005 年版。

张悦然：《誓鸟》，光明日报出版社 2006 年版。

张悦然主编：《鲤·嫉妒》，江苏文艺出版社 2008 年版。

张悦然主编：《鲤·上瘾》，江苏文艺出版社 2010 年版。

张悦然等编：《鲤·荷尔蒙》，江苏文艺出版社 2010 年版。

周嘉宁：《我是如何一步步毁掉我的生活的》，中信出版社 2014 年版。

张悦然：《茧》，人民文学出版社 2016 年版。

张悦然：《我循着火光而来》，北京联合出版公司 2017 年版。

周嘉宁：《密林中》，广西师范大学出版社 2015 年版。

周嘉宁：《基本美》，广西师范大学出版社 2018 年版。

颜歌：《良辰》，长江文艺出版社 2005 年版。

颜歌：《异兽志》，中信出版社 2006 年版。

颜歌：《五月女王》，重庆出版社 2008 年版。

颜歌：《我们家》，浙江文艺出版社 2013 年版。

颜歌：《平乐镇伤心故事集》，广西师范大学出版社 2015 年版。

［日］村上春树：《挪威的森林》，林少华译，漓江出版社 1989 年版。

［日］村上春树、安西水丸：《村上朝日堂》，林少华译，上海译文出版社 2005 年版。

［日］青山七惠：《一个人的好天气》，竺家荣译，上海译文出版社 2007 年版。

专著及论文集

贺桂梅：《"新启蒙"知识档案：80 年代中国文化研究》，北京大学出版社 2010 年版。

李泽厚、刘再复：《告别革命》，（香港）天地图书有限公司 2004 年版。

南帆：《后革命的转移》，北京大学出版社 2005 年版。

戴锦华：《隐形书写》，江苏人民出版社 1999 年版。

王晓明：《人文精神寻思录》，文汇出版社 1996 年版。

夏晓虹选编：《胡适论文学》，安徽教育出版社 2006 年版。

邵燕君：《倾斜的文学场——当代文学生产机制的市场化转型》，江苏人民出版社 2003 年版。

曾一果：《中国新时期小说的"城市想象"》，北京大学出版社 2014 年版。

杨炳菁：《后现代语境中的村上春树》，中央编译出版社 2009 年版。

韩袁红编：《王小波研究资料》（上），天津人民出版社 2009 年版。

钟子林编著：《摇滚乐的历史与风格》，人民音乐出版社 1998 年版。

雪季编著：《摇滚梦寻——中国摇滚乐实录》，中国电影出版社 1993 年版。

［法］居伊·德波：《景观社会》，王昭风译，南京大学出版社 2006 年版。

［美］赫伯特·马尔库塞：《单向度的人：发达工业社会意识形态研究》，刘继译，上海译文出版社 2008 年版。

［德］弗里德里希·尼采：《查拉图斯特拉如是说》，钱春绮译，生活·读书·新知三联书店 2012 年版。

［加］马塞尔·达内西：《酷：青春期的符号和意义》，孟登迎、王行坤译，四川教育出版社 2011 年版。

陶东风主编：《粉丝文化读本》，北京大学出版社 2009 年版。

［美］斯坦利·霍尔：《青春期：青少年的教育、养成和健康》，凌春秀译，人民邮电出版社 2015 年版。

［英］多米尼克·斯特里纳蒂：《通俗文化理论导论》，阎嘉译，商务印书馆 2001 年版。

［美］迪克·赫伯迪格：《亚文化：风格的意义》，陆道夫、胡疆锋译，北京大学出版社 2009 年版。

［德］齐奥尔格·西美尔：《时尚的哲学》，费勇等译，文化艺术出版社 2001 年版。

［美］赫伯特·马尔库塞：《爱欲与文明：对弗洛伊德思想的哲学探讨》，黄勇、薛民译，上海译文出版社 2008 年版。

［美］马泰·卡林内斯库：《现代性的五副面孔——现代主义、先锋派、颓废、媚俗艺术、后现代主义》，顾爱彬、李瑞华译，商务印书馆 2002 年版。

［法］米歇尔·福柯：《古典时代疯狂史》，林志明译，生活·读书·新知三联书店 2005 年版。

［英］雷蒙·威廉斯：《乡村与城市》，韩子满等译，商务印书馆 2013 年版。

［德］汉娜·阿伦特编：《启迪：本雅明文选》，张旭东、王斑译，生活·读书·新知三联书店 2012 年版。

［英］安吉拉·默克罗比：《后现代主义与大众文化》，田晓菲译，中央编译出版社 2006 年版。

［德］霍克海默、阿道尔诺：《启蒙辩证法——哲学断片》，渠敬东、曹卫东译，上海人民出版社 2006 年版。

［法］朱莉娅·克里斯蒂瓦：《恐怖的权力：论卑贱》，张新木译，生活·读书·新知三联书店 2001 年版。

［美］詹明信：《晚期资本主义的文化逻辑：詹明信批评理论文选》，张旭东编，陈清侨等译，生活·读书·新知三联书店 1997 年版。

积木工作室：《写得像郭敬明一样好》，长江文艺出版社 2006 年版。

期刊论文

白烨：《"80 后"的现状与未来》，《当代文学研究资料与信息》2005 年第 3 期。

白烨、张萍：《崛起之后：关于"80 后"的问答》，《南方文坛》2004 年第 6 期。

江冰：《论"80 后"文学》，《天津师范大学学报（社会科学版）》2007 年第 3 期。

徐妍：《在依附中独立：2006 年青春文学的生存图景》，《南方文坛》2007 年第 2 期。

朱德发：《文学革命的核心理念——解读胡适文学进化观》，《山东师范大学学报（人文社会科学版）》2007 年第 5 期。

白烨：《我与"80 后"——〈我看"80 后"〉后记》，《文艺争鸣》2010 年第 5 期。

江冰：《试论 80 后文学命名的意义》，《文艺评论》2004 年第 6 期。

杨庆祥、金理、黄平：《"80 后"写作与"中国梦"（上）——"我们时代的文学想像与文学生产"之一》，《上海文学》2011 年第 6 期。

金理：《多重视野中的"80 后"文学》，《中国图书评论》2013 年第 7 期。

赵长天：《从〈萌芽〉杂志 50 年历史谈起》，《文艺争鸣》2007 年第 4 期。

孙云晓：《夏令营中的较量》，《学前教育》1994 年第 3 期。

曹文轩：《他们的意味——"80 后"写作与时代》，《中关村》2005 年 1 月号。

［法］福柯：《另类空间》，王喆译，《世界哲学》2006 年第 6 期。

邵燕君：《由"玉女忧伤"到"生冷怪酷"——从张悦然的"发展"看文坛对"80 后"的"引导"》，《南方文坛》2005 年第 3 期。

王芳：《偶像的建构与祛魅：媒介镜像中的韩寒（2000—2012）》，《青年研究》2012 年第 6 期。

林少华：《村上春树在中国——全球化和本土化进程中的村上春树》，《外国文学评论》2006 年第 3 期。

孙树林：《论"村上春树现象"》，《外国文学》1998 年第 5 期。

俞睿：《叛逆的声音与颠覆的年代——试论美国 1960 年代摇滚乐对美国传统价值观念的影响》，《东南大学学报（哲学社会科学版）》2009 年第 3 期。

霍艳：《一种对绝望的热爱：评张悦然〈动物性形状的烟火〉》，《上海文化》2014 年第 6 期。

其他资料

陈熙涵：《〈萌芽〉成功突围》，《文汇报》2003 年 4 月 14 日。

吴怀尧：《45° 已成过去式"首富" 郭敬明其实古板而传统》，《华西都市报》2011 年 11 月 22 日。

黄咏梅、赵利平：《苏童痛批"作家富豪榜" 称不看 80 后作家作品》，《西安晚报》2009 年 12 月 8 日。

林娜：《陈忠实：我从不看 80 后作家的书》，《沈阳晚报》2006 年 11 月 1 日。

曾丹：《正在发育的女孩——专访 12 岁少女作家蒋方舟》，《北京青年报》2001 年 10 月 17 日。

《〈北京娃娃〉用身体写作 17 岁少女赶超九丹卫慧》，《华西都市报》2002 年 5 月 30 日。

黄兆辉：《花城社全力打造李傻傻》，《南方都市报》2004 年 7 月 6 日。

倪方六：《李傻傻凭啥登上〈时代〉周刊?》，《江南时报》2005 年 7 月 6 日。

关力制：《"小时代 2"出品方：会重点强调励志正面价值观》，《长江日报》2013 年 7 月 17 日。

罗薇薇：《韩寒宣传〈后会无期〉：我一直很克制地在做这部电影》，2014 年 7 月 27 日，南报网（http：//www.njdaily.cn/2014/0727/900408.shtml）。

胡媛：《〈后会无期〉营销启示：将路人转粉很关键》，2014 年 9 月 23 日，新浪娱乐（http：//ent.sina.com.cn/m/c/2014–09–23/17464215085.shtml）。

刘晨：《韩寒、郭敬明落选再引争议：张悦然是否偶像作家》，2004 年 4 月 28 日，搜狐教育（http：//learning.sohu.com/2004/04/28/66/article219986671.shtml）。

武靖雅：《张悦然：承载在个体身上的历史，并不比集体、国家的历史要微小》，2016 年 8 月 9 日，界面新闻（http：//www.jiemian.com/article/789698.html）。

苏德：《!!! 黑锅!!!》，2008 年 8 月 2 日，豆瓣小组（http：//www.douban.com/group/topic/3847436/）。

恭小兵：《总结：关于"80 后"》，2004 年 4 月 25 日，天涯社区（http：//bbs.tianya.cn/post-culture-113980-1.shtml）。

周嘉宁：《做到难过的梦，也不要难以相信》，2013 年 8 月 29 日，豆瓣读书（http：//book.douban.com/review/6252236/）。

张悦然：《我杜绝以经历来写作》，《新京报》2005 年 4 月 13 日。

后　记

　　我拥有的第一本《萌芽》杂志是 2001 年的 4 月号。那一期杂志中"小说家族"栏目的第一篇小说是职烨的《刻在生命线上的故事》，写得并不算好，但却一直记到了今天。只要想起，便闻到了小说中潮湿氤氲的气味，像彼时漫长的少年时光。

　　现在我们说起郭敬明，总会带着一点自嘲说："我曾经竟然喜欢过郭敬明。"然而当时，郭敬明的作品单行本出版时，也是连夜读完。那句"还未轰烈，便已皓首"，虽然矫情，然而那种惊惶也确曾真切地痛在自己的心里。那时的我像《萌芽》杂志里那些同龄的少年一样，怀抱着太多莫名的惊惶和忧虑，担心自己折堕在不尽如人意的生活里，担心自己不能变成更好的样子，担心理想的未来永不可及，即使对于未来其实从未有过清晰明朗的计划和设想。很多年以后都记得刚读到《朝北教室的风筝》时，那种急惶惶得几乎要掉眼泪的感觉。那时读《萌芽》，像是在另一个自己在对自己说着话。那些不甘不愿不快乐，都在杂志里一点一点地写着。十多年以后到上海，特地去看巨鹿路 675 号的院子。那种心情仿佛是探望旧友。它看着我，了解我所有秘而不宣讳莫如深的少年心事。

　　我的高中在我家外面的那条街上。下午放学的时候，总有很多像我当初一样的孩子涌上街道。我不知道他们是否与我当初一样心事重重；也不知道他们是否如我曾经一样幸运，遇到一群睹文如交心的作者。或许总有人跋涉在泥泞的少年岁月中，但所幸已理所当然地长大，顺理成章地走出那段晦暗的日子。回头看的时候，才晓得当时是怎样地沉溺在自己的情绪中。借张悦然后来写的一句话，我们从未让青春连着陆地。皆因着那一颗高傲敏感的少年心，才有了无处安放的自己，才有了那些慌张和焦虑。整理旧杂志的时候，看到原来那段潮湿的旧时光，摊开来也不过几本杂志。只是因为曾经度日如年，所以现在念念不忘。而这部书稿，便权且算是为那段岁月那本杂志那些人留在我生命中的印痕，做一点菲薄的纪念。

在这部文稿即将付梓的初夏，首先感谢我的导师曹文轩教授在十年前给了我进入北大梦想成真的机会，以及在写作过程中也给予我的指导和关怀，既给我悉心的引导，也给我充分的自由。然而自己力有不逮，实在惭愧。感谢邵燕君老师在选题时给我的建议。更要感谢北大中文系当代文学教研室的老师们，陈晓明老师、张颐武老师、韩毓海老师、李杨老师，对我的写作提出的修改和建议。

感谢我的父母，从我敏感偏执的青春期到仍然任性固执的现在，给予我的慈爱与保护。希望我这一路走来，未令你们失望。感谢给我关怀与温暖的家人，尤其是送我《首届全国新概念作文大赛获奖作品选》的李玫姐姐。我的少年时光因此而改变。

感谢陈静和凌艳。2014 年暮春时候的成都，听见下雨的声音，仿佛毕业那一年 7 月的厦门。我们分享着关于大海、上弦场与凤凰花有关的青春记忆，因此我将用力去记住我们每一次告别时的拥抱。可惜的是，还未等到苍老的那一天，我们的联席夜话便永远缺少一人。夜深的时候，凌艳，记得常到梦里看看我们。

感谢贾嘉，那些天南海北的胡说许多次将我从低迷之中拉回来。记得静园的天色，燕南园的花，海淀公园里下过雨的草坪，夜风里讲过的心事，暖晴的天气里融化在手里的冰淇淋。感谢雷雯给予我的信任、关心和友爱，虽然我未曾表现得像个好师姐。感谢陈冠豪和翁彪在我挫败的时候给过我的安慰，抱歉我间歇的消沉或曾影响你们的情绪。感谢我的同门同窗四年来的相互砥砺和支持。感谢欣玥小师妹给予我的帮助；也感谢她的猫咪们。何以解忧？摸摸猫咪柔软的肚皮便可。

感谢我一同长大的小伙伴们，宽容我写作期里暴躁刻薄的言语，不厌其烦地听我各种抱怨和唠叨。若我显得冷漠又偏激，那并非我本意。抱歉 Miss M.，我错过了你的婚礼，欠你一场一醉方休的纵情。还有网络上的好朋友，数面之缘，已是故交，感谢你们给我的支持和信心。

感谢我所有的朋友们，但愿我们的故事有始无终。

感谢北大教会我的成长。

感谢这一路上所有的相遇和分别，来过又离开的人们，生命因此不再是一段苍白的岁月。